#상위권_정복
#신유형_서술형_고난도

일등전략

Chunjae
Makes
Chunjae

▼

[일등전략] 중학 영어 중문 독해

개발총괄 김덕유
편집개발 조원재, 김채원
영문교열 Ryan P. Lagace
디자인총괄 김희정
표지디자인 윤순미, 권오현
내지디자인 박희춘, 안정승
제작 황성진, 조규영
조판 동국문화

발행일 2022년 6월 15일 초판 2022년 6월 15일 1쇄
발행인 (주)천재교육
주소 서울시 금천구 가산로9길 54
신고번호 제2001-000018호
고객센터 1577-0902
교재 내용문의 02)3282-8837

시험에 잘 나오는

대표 구문 ZIP

중학 영어 **중문 독해**

BOOK 1

특목고 대비

일등 전략

시험에 잘 나오는

대표 구문 ZIP

중학 영어 중문 독해

BOOK 1

이 책의 차례

BOOK 1

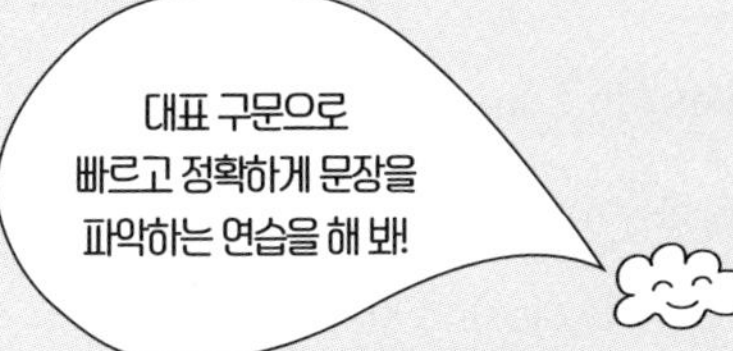
대표 구문으로
빠르고 정확하게 문장을
파악하는 연습을 해 봐!

대표 구문 1 문장의 기본 구조 – 1, 2형식

- 주어 자리에는 ❶ [   ]와 대명사가 올 수 있다.
- 1형식 문장은 「주어+동사」로 구성된다. 장소, 시간, 방법 등을 나타내는 수식어(구)가 덧붙기도 한다.
- 2형식 문장은 「주어+동사+보어」로 구성된다. ❷ [   ]는 주어의 성질이나 상태를 보충 설명하며, 명사(구), 대명사, 형용사가 올 수 있다.

답 ❶ 명사(구) ❷ 보어

Alice / lives / in a small village.
S(명사) V 수식어구(장소)
Alice는 작은 마을에 산다.

His concern / is / losing some weight.
S(명사구) V C(명사구)
그의 관심사는 살을 빼는 것이다.

Being on time / is / important / to make a good impression.
S(명사구) V C(형용사)
제시간에 도착하는 것은 좋은 인상을 만들기 위해 중요하다.

간단 체크

다음 문장이 몇 형식인지 쓰시오.

1 The art museum tour lasts for 2 hours. ______

2 She kept silent all through the meeting. ______

>> 정답과 해설 40쪽

구문 연습 S와 V, C에 표시한 뒤, 문장을 끊어 읽고 해석하시오.

1 Even in the 1990s, most people's primary consideration when purchasing pet food was price.

BOOK 1 p.8

긴 수식어구가 있는 문장은 주어와 동사를 정확히 찾아서 해석하는 게 중요해!

2 Milk is a good source of calcium, protein, vitamin D, vitamin A, and other nutrients.

BOOK 1 p.10

3 Then a social media detox might be a great idea.

BOOK 1 p.15

대표 구문 2 문장의 기본 구조 – 3형식

- 3형식 문장은 「주어+동사+ ❶ 」로 구성된다.
- 목적어 자리에는 명사(구), 대명사가 올 수 있으며 주로 '~을/를'로 해석된다.
- discuss, marry, enter, reach 등의 동사는 ❷ 없이 뒤에 목적어가 바로 오는 것에 유의한다.

답 ❶ 목적어 ❷ 전치사

My little brother broke / the window / yesterday.
S(명사구) V O(명사)
나의 어린 남동생이 어제 창문을 깼다.

James brought / the cookies / to his grandmother.
S(명사) V O(명사구)
James는 그의 할머니께 쿠키를 가져다드렸다.

He entered / university / in 2008.
S(대명사) V O(명사)
그는 2008년에 대학에 입학했다.

간단 체크

다음 문장의 목적어에 밑줄 치시오.

1 The police arrested the bank robbers.

2 They will discuss the issue with their boss tomorrow.

>> 정답과 해설 40쪽

구문 연습 S와 V, O에 표시한 뒤, 문장을 끊어 읽고 해석하시오.

1 Native American tribes have employed the talking stick during council meetings and other key tribal ceremonies.

BOOK 1 p.14

수식어구를 동반하는 목적어는 길이가 길어지므로 해석에 유의해야 해.

2 The system includes thin, flexible sensor gloves.

BOOK 1 p.19

3 According to one study, labels with environmental information reduce a person's carbon footprint by about 5%.

BOOK 1 p.26

대표 구문 3 문장의 기본 구조 – 4형식

- 4형식 문장은 「주어+동사+간접목적어(I·O)+ ❶ ______ 목적어(D·O)」로 구성된다.
- 간접목적어와 직접목적어로 ❷ ______ (구) 또는 대명사 등이 올 수 있다.

답 ❶ 직접 ❷ 명사

Henry asked / me / the same question.
S(명사) V I·O(대명사) D·O(명사구)
Henry는 내게 같은 질문을 했다.

Our English teacher gave / us / a high mark.
S(명사구) V I·O(대명사) D·O(명사구)
우리 영어 선생님은 우리에게 높은 점수를 주셨다.

Alex offered / her / cheese and milk.
S(명사) V I·O(대명사) D·O(명사구)
Alex는 그녀에게 치즈와 우유를 권했다.

I gave her beautiful flowers.
나는 그녀에게 아름다운 꽃을 주었다.

간단 체크

다음 문장의 간접목적어에 밑줄 치시오.

1 My grandmother showed me some pictures.

2 Mr. Brown offers students textbooks for free.

>> 정답과 해설 41쪽

구문 연습 S와 V, I·O, D·O에 표시한 뒤, 문장을 끊어 읽고 해석하시오.

1 I asked Amy if I might put it in the dish of her dog, Sandy.

BOOK 2 p.7

직접목적어로 접속사 that, if 또는 whether, 의문사가 이끄는 명사절 등이 쓰이기도 해.

2 When we got home our mom asked us which was darker, the floor or us.

BOOK 2 p.14

3 At the end of the summer, they finally gave me a full-time position, much to my joy.

BOOK 2 p.24

대표 구문 4 문장의 기본 구조 - 5형식

- 5형식 문장은 「주어+동사+목적어+ ❶ ______ (O·C)」로 구성된다.
- 목적격 보어는 목적어의 상태나 동작 등을 보충 설명해 주는 것으로 명사(구), 형용사, to부정사(구), 분사 등을 쓴다.
- '(~로 하여금) …하게 하다'라는 뜻을 가진 사역동사 let, make, have 등이 오면 목적격 보어로 to부정사(구)가 아닌 ❷ ______ 를 쓴다.

답 ❶ 목적격 보어 ❷ 원형부정사

They call it / the Fourth Industrial Revolution.
S(대명사) V O(대명사) O·C(명사구)
그들은 그것을 4차 산업혁명이라고 부른다.

We should keep our classroom / clean.
S(대명사) V O(명사) O·C(형용사)
우리는 우리의 교실을 깨끗하게 유지해야 한다.

The letter made her / feel puzzled.
S(대명사) V O(명사) O·C(원형부정사)
그 편지는 그녀를 당혹스럽게 했다.

간단 체크

다음 문장의 목적격 보어에 밑줄 치시오.

1 Some people considered her a liar.

2 Jake made me wait for an hour.

>> 정답과 해설 41쪽

구문 연습 O·C에 표시한 뒤, 문장을 끊어 읽고 해석하시오.

1 BOOK 1 p.26 Nutritional information on food packaging helps consumers purchase food for their health.

'(~가) …하는 것을 도와주다'라는 뜻의
동사 help는 목적격 보어로 원형부정사와
to부정사(구) 둘 다 쓸 수 있어!

2 BOOK 1 p.39 In their research, they had some participants wear white lab coats for scientists or doctors.

3 BOOK 1 p.39 Galinsky and Adams found that the white coats made the participants feel more confident and careful.

대표 구문 5 주어로 쓰이는 (대)명사와 명사구

- 명사(구)와 대명사는 문장의 ❶ ______ 로 쓰일 수 있다.
- 주어가 「명사+수식어」 형태의 명사구면 '수식어 → 명사'의 순서로 해석한다. 동사는 명사의 수에 일치시킨다.
- to부정사(구)와 ❷ ______ (구) 역시 문장에서 주어로 사용될 수 있으며, '~하는 것은'으로 해석한다. 이때 주어는 단수 취급한다.

답 ❶ 주어 ❷ 동명사

Mr. Smith / congratulated / me / on my graduation.
S(대명사) V
Smith 씨가 나의 졸업을 축하해 주셨다.

The bark of the baobab tree / can be used / to make rope and cloth.
S(명사구) V
바오밥나무의 껍질은 밧줄과 천을 만드는 데 쓰일 수 있다.

To bake her a chocolate cake / was / my plan for yesterday.
S(to부정사구) V
그녀에게 초콜릿케이크를 구워 주는 것이 어제의 나의 계획이었다.

간단 체크

다음 문장의 주어에 밑줄 치시오.

1 The colors in paintings have a major influence on our emotions.

2 Winning awards is the goal of the research.

>> 정답과 해설 42쪽

구문 연습 S와 V에 표시한 뒤, 문장을 끊어 읽고 해석하시오.

1 BOOK 1 p.36

Artistic movements like Fauvism and Cubism were blossoming in France then.

2 BOOK 1 p.41

The reduction of minerals in our food is the result of using pesticides and fertilizers that kill off beneficial bacteria, earthworms, and bugs in the soil.

「명사+수식어」 형태의 명사구는
'수식어 → 명사' 순으로 해석해.

3 BOOK 1 p.43

Learning a foreign language can help you learn about its culture.

대표 구문 6 주어로 쓰이는 명사절

- 접속사 that, whether, 관계대명사 what, 의문사가 이끄는 명사절은 문장의 주어로 사용될 수 있고, 모두 ❶ ______ 취급한다.
- that절 주어는 「That+주어+동사 ~」의 형태이고, whether절 주어는 「Whether+주어+동사 ~ (or not)」의 형태이다. 이때 That절과 Whether절 모두 ❷ ______ 한 문장 구조를 이룬다.
- 관계대명사 what절 주어는 「What+(주어+)동사 ~」의 형태로, 불완전한 문장 구조를 이룬다. 의문사절 주어는 「의문사+주어+동사 ~」의 형태로 쓰인다.

답 ❶ 단수 ❷ 완전

That the man in his 70s can dance / surprised / many people.
S(that절) V
70대의 나이에도 그 남자가 춤을 출 수 있다는 것은 많은 이들을 놀라게 했다.

Whether she likes it / is / not important.
S(whether절) V
그녀가 그것을 좋아하는지는 중요하지 않다.

What they found / was / remarkable.
S(관계대명사절) V
그들이 발견한 것은 놀라웠다.

That laughter is the best medicine **is true.**
웃음이 최고의 명약이라는 것은 사실이다.

간단 체크

다음 문장의 주어에 밑줄 치시오.

1 Where he put the key was not a secret.

2 What I want to do in the future is to help people in need.

>> 정답과 해설 42쪽

구문 연습 S와 V에 표시한 뒤, 문장을 끊어 읽고 해석하시오.

1 What mattered was how they had used their money.

BOOK 1
p.18

2 How you approach your day may impact everything else in your life.

의문사절 주어는 의문사에 따라 '누가[무엇이/어느 쪽이/언제/어디서/왜/어떻게] ~하는지는'으로 해석할 수 있어!

3 Whether it will snow or not is not the problem.

대표 구문 7 가주어 it과 다양한 주어 표현

- to부정사구나 명사절이 주어로 쓰일 경우, 주로 가주어 ❶ ______ 을 쓰고 진주어인 to부정사구 또는 명사절을 뒤로 보낸다. 이때, 가주어 it은 해석하지 않는다.
- 「It seems[appears] that ~」은 '~인 것 같다'로 해석한다.
- 「It is[was] ~ that …」은 '…한 것은 ~이다[이었다]'라는 뜻으로, ❷ ______ 하고자 하는 내용을 It is[was]와 that 사이에 쓰고, that 뒤에 나머지 부분을 쓴다.

답 ❶ it ❷ 강조

It is impossible / **to live without air**.
가주어 / 진주어(to부정사구)
공기 없이 사는 것은 불가능하다.

It seems that / Jack has a special plan / for his daughter.
~인 것 같다
Jack은 그의 딸을 위한 특별한 계획이 있는 것 같다.

It was my brother / **that** ate my cookies.
It was / 강조하는 내용 / that / 나머지 내용
나의 쿠키를 먹은 것은 나의 남동생이었다.

It **is exciting** to play soccer with my friends.
친구들과 함께 축구를 하는 것은 매우 즐겁다.

간단 체크

다음 문장을 우리말로 해석하시오.

1 It was shocking that Kate lost the race.

2 It is a new computer that I need to buy.

구문 연습 **가주어와 진주어에 표시한 뒤, 문장을 끊어 읽고 해석하시오.**

1 BOOK 1 p.22

While perspectives differ, it is vital to understand the benefits of any security system.

2 BOOK 1 p.27

It is not possible for someone to overhear the texting of another person.

「It is[was] ~ for[of]+목적격+to부정사구」
형태로 의미상 주어가 함께 쓰이기도 해!

3 BOOK 1 p.32

It is, however, not recommended to eat it on days of tests, job interviews, and the like.

대표 구문 8 목적어로 쓰이는 (대)명사와 명사구

• (대)명사와 명사구는 문장의 ❶ ______ 로 쓰일 수 있고 주로 '~을/를' 또는 '~에게'로 해석한다.
• 동명사(구)와 ❷ ______ (구)는 목적어 역할을 하고, '~하는 것을'로 해석한다. 이때, 동명사와 to부정사만을 목적어로 쓰는 동사가 있으므로 유의한다.

※ 동명사를 목적어로 쓰는 동사: avoid, enjoy, finish, keep, mind, quit, deny 등
to부정사를 목적어로 쓰는 동사: agree, decide, hope, expect, plan 등

답 ❶ 목적어 ❷ to부정사

Some experts(S) warn(V) **us**(O(대명사)) / about the danger of global warming.
일부 전문가들은 우리에게 지구 온난화의 위험에 대해 경고한다.

He(S) just finished(V) / **repairing the old car**(O(동명사구)).
그는 이제 막 오래된 자동차를 수리하는 것을 마쳤다.

We(S) expect(V) / **to see snow**(O(to부정사구)) / at Christmas.
우리는 크리스마스에 눈을 보기를 기대한다.

She kept crying for a while.
그녀는 한동안 계속 울었다.

간단 체크

괄호 안에 주어진 말을 동명사 또는 to부정사로 바꿔 쓰시오.

1 They avoid (mention) the problem to each other. ______

2 I planned (take) the next year off to study abroad. ______

>> 정답과 해설 43쪽

구문 연습 S와 V, O에 표시한 뒤, 문장을 끊어 읽고 해석하시오.

1 Museums are attempting to provide these individuals with artistic experiences.

BOOK 1 p.16

like, begin, attempt, intend 등의 동사는 동명사와 to부정사를 둘 다 목적어로 쓰기도 해.

2 You should also avoid going to the gym if you experience shortness of breath.

BOOK 1 p.21

3 They agreed to transport the clothes to Africa on their next trip.

대표 구문 9 목적어로 쓰이는 명사절

- 접속사 that과 whether가 이끄는 명사절은 문장의 목적어로 쓰일 수 있다.
- 「that+S+V ~」 형태의 명사절 목적어는 경우에 따라 that을 ❶ ______ 하기도 한다. 「whether+S+V ~」 형태의 명사절 목적어는 whether를 if로 바꾸어 쓸 수 있다.
- 관계대명사 ❷ ______ 과 의문사가 이끄는 명사절도 목적어 역할을 할 수 있다. 「what+(S+) V ~」 형태의 명사절 목적어는 '~하는 것을'로 해석한다.

답 ❶ 생략 ❷ what

I've heard / **that he moved to Washington.**
O(that절)
나는 그가 Washington으로 이사 갔다는 것을 들었다.

Jake doubted / **whether he could win the race.**
O(whether절)
Jake는 그가 경주에서 이길 수 있을지를 의심했다.

We cannot understand / **what he is asking.**
O(관계대명사절)
우리는 그가 묻는 것을 이해할 수 없다.

I think that Mike is rich.
나는 Mike가 부자라고 생각해.

간단 체크

다음 문장의 목적어에 밑줄 치시오.

1 Sean realized that he may have made mistakes.

2 I asked why the baby cried all day long.

>> 정답과 해설 44쪽

구문 연습 S와 V, O에 표시한 뒤, 문장을 끊어 읽고 해석하시오.

1 BOOK 1 p.22
Supporters of security cameras think that installing them is essential for safety and behavior management.

2 BOOK 1 p.39
And in workplaces that have a dress code, 'symbolic' clothes may also affect how well employees do their jobs.

「의문사+(S+)V ~」 형태의 명사절 목적어는 의문사에 따라 해석이 달라질 수 있어!

3 BOOK 2 p.13
He then gravely inquired whether Tommy had been a very nice kid this year and had obeyed his parents.

대표 구문 10 가목적어 it / 재귀대명사

- to부정사구 또는 명사절이 목적어로 쓰일 경우, 가목적어 ❶ ______ 을 쓰고 진목적어인 to부정사구나 명사절을 문장의 뒤로 보낸다. 이때, 가목적어 it은 해석하지 않는다.
- 문장의 주어와 목적어의 대상이 같을 경우, ❷ ______ 를 목적어로 쓸 수 있다.

답 ❶ it ❷ 재귀대명사

She found **it** interesting / **to study English**.
가목적어 / 진목적어(to부정사구)
그녀는 영어를 공부하는 것이 흥미롭다는 것을 알게 되었다.

They consider **it** certain / **that Tiffany would pass the exam**.
가목적어 / 진목적어(명사절)
그들은 Tiffany가 시험에 합격할 것이 확실하다고 여긴다.

John taught **himself** / French, Japanese, and Korean.
주어 / 목적어(재귀대명사)
John은 프랑스어, 일본어, 한국어를 독학했다.

I found it dangerous to drive carelessly.
나는 부주의하게 운전하는 것이 위험하다는 것을 알게 되었다.

간단 체크

다음 문장의 진목적어에 밑줄 치시오.

1 They consider it rude to point at a person.

2 Ann thought it shocking that Tim quit his job.

>> 정답과 해설 44쪽

구문 연습 **가목적어에 표시한 뒤, 문장을 끊어 읽고 해석하시오.**

1 This device is expected to make it possible for people who use sign language to speak directly with non-signers.

BOOK 1 p.19

2 He made it a rule to go swimming every morning.

3 The farmers found it difficult to provide their crops with fresh water.

가목적어가 나오면 문장 뒤에 있는
to부정사구나 명사절을 목적어로 해석해.

대표 구문 11 전치사의 목적어

- 전치사구에서 전치사 뒤에 오는 말을 전치사의 ❶ ______ 라고 한다. 명사(구), 대명사, 동명사(구) 등이 전치사의 목적어로 쓰일 수 있다. to부정사(구)는 전치사의 목적어로 쓰일 수 없음에 유의한다.
- 접속사 whether, 관계대명사 what, 의문사가 이끄는 명사절 또한 전치사의 목적어로 쓰이며, 이때 접속사 ❷ ______ 과 if가 이끄는 명사절은 전치사의 목적어로 쓰이지 않음에 유의한다.

답 ❶ 목적어 ❷ that

You can adjust the volume level / **by pushing** the red button.
전치사 목적어(동명사)
당신은 빨간 버튼을 눌러서 볼륨을 조정할 수 있다.

I was not convinced / **of whether he would come or not**.
전치사 목적어(whether절)
나는 그가 올지 안 올지 확신할 수 없었다.

Some people tend to focus / **on what they don't have**.
전치사 목적어(관계대명사절)
몇몇 사람들은 그들이 가지지 못한 것에 초점을 맞추는 경향이 있다.

Suzy is good at speaking English.
수지는 영어를 잘한다.

간단 체크

어법상 알맞은 것에 동그라미 하시오.

1 I'm thinking about (if / whether) I should go to the library.

2 Ben drew some pictures of (what / that) he saw around him.

>> 정답과 해설 45쪽

구문 연습 **전치사와 전치사의 목적어에 표시한 뒤, 문장을 끊어 읽고 해석하시오.**

1 BOOK 1 p.8

Naturally, pet owners have become concerned about how and what to feed their pets.

2 BOOK 1 p.11

A hacker can obtain access to all of your accounts by cracking one password.

동명사(구)는 전치사의 목적어로 쓰일 수 있지만, to부정사(구)는 쓰이지 않는 것에 유의해!

3 BOOK 1 p.64

The trees are interconnected together by a network of fungal filaments and hairlike root tips.

대표 구문 12 주격 보어로 쓰이는 형용사와 명사

- 주격 보어로 쓰이는 ❶ ______ 는 주어의 성질, 상태 등을 나타내고 '~하다 / ~해지다'로 해석한다.
- 주격 보어로 쓰이는 ❷ ______ 는 주어의 지위, 자격 등을 나타내고 '~이다 / ~가 되다'로 해석한다.

답 ❶ 형용사 ❷ 명사

Emily suddenly felt / **nervous and uneasy.**
S V C(형용사구)
Emily는 갑자기 불안하고 긴장되었다.

Sue's brother was / **a professional athlete.**
S V C(명사구)
Sue의 남동생은 프로 운동선수이다.

He became / **the manager of the restaurant.**
S V C(명사구)
그는 그 식당의 지배인이 되었다.

Helen was elected school president.
Helen은 학생회장으로 당선되었다.

간단 체크

다음 문장의 주격 보어에 밑줄 치시오.

1 Our brain remains changeable throughout the life span.

2 We can become our own cheerleader by talking to ourselves positively.

>> 정답과 해설 45쪽

구문 연습 S와 V, C에 표시한 뒤, 문장을 끊어 읽고 해석하시오.

1 When you begin a social media detox, you may become bored.
BOOK 1 p.15

2 The Solar Cow is a solar charging system in the shape of a cow that has been placed in some rural African schools.
BOOK 1 p.30

3 Forests become healthier and more stable when trees cooperate together.
BOOK 1 p.64

대표 구문 13 주격 보어로 쓰이는 to부정사와 동명사, 명사절

- to부정사(구)와 동명사(구)는 명사구로서 주격 ❶ [ ] 로 쓰일 수 있으며, '~는 …하는 것이다'로 해석한다.
- 접속사 that과 whether, 관계대명사 what, 의문사가 이끄는 ❷ [ ] 도 주격 보어로 쓰일 수 있다. 접속사 whether절은 '~인지'로, 의문사절은 각 의문사의 의미에 맞게 해석한다.

답 ❶ 보어 ❷ 명사절

The first step is / **to make a loop with the string.**
S V C(to부정사구)
첫 번째 단계는 끈으로 고리를 만드는 것이다.

The problem is / **that the building is so old.**
S V C(that절)
문제는 그 건물이 너무 낡았다는 것이다.

Robert's story is / **what makes him special.**
S V C(관계대명사절)
Robert의 이야기는 그를 특별하게 만드는 것이다.

My dream is to become a world-famous dancer.
나의 꿈은 세계적으로 유명한 무용가가 되는 것이다.

간단 체크

다음 문장의 주격 보어에 밑줄 치시오.

1 Our main goal is to reduce air pollution.

2 What I didn't know was where I was going.

>> 정답과 해설 46쪽

구문 연습 S와 V, C에 표시한 뒤, 문장을 끊어 읽고 해석하시오.

1 BOOK 1 p.14 The ultimate goal of the talking stick is to maintain a fair and productive conversation.

2 BOOK 1 p.21 One basic guideline is that if the discomfort is above the neck, it is permissible to exercise.

주격 보어로 쓰인 명사절의 길이가 길수록 명사절의 주어와 동사를 정확히 파악하는 것이 중요해!

3 BOOK 1 p.64 One method is to use underground fungal networks.

대표 구문 14 목적격 보어로 쓰이는 형용사(구)와 명사(구)

- 목적격 보어로 쓰이는 ❶ ______ (구)는 목적어의 성질, 상태를 나타낸다.
- 목적격 보어로 쓰이는 ❷ ______ (구)는 목적어의 지위, 자격을 나타낸다.

답 ❶ 형용사 ❷ 명사

The picture(S) made(V) the festival(O) / **more splendid**(O·C(형용사구)).

그 사진은 축제를 더 인상 깊게 만들었다.

My grandmother(S) often called(V) me(O) / **Snow White**(O·C(명사)).

할머니께서는 나를 종종 백설 공주라고 부르셨다.

They(S) considered(V) beards(O) / **a symbol of strength**(O·C(명사구)).

그들은 턱수염을 힘의 상징이라고 여겼다.

We saw Emma satisfied to get a good score.

우리는 Emma가 좋은 점수를 받아서 만족스러워하는 것을 보았다.

간단 체크

다음 문장의 목적격 보어에 밑줄 치시오.

1 Sarah found the woman in the black dress gorgeous.

2 They elected Mary their new project manager.

>> 정답과 해설 46쪽

구문 연습 O·C에 표시한 뒤, 문장을 끊어 읽고 해석하시오.

1 BOOK 1 p.13 Researchers from an African university were able to get them to flower at 27 months.

2 BOOK 2 p.41 Also, when Ms. Kim began to show signs of hypothermia, Baekgu kept her warm throughout.

목적격 보어는 목적어를 설명하는 역할을 해.

3 She thought herself brave when she went paragliding.

대표 구문 15 목적격 보어로 쓰이는 to부정사와 원형부정사

- to부정사는 명사구로서 목적격 보어로 쓰일 수 있다. ❶ ______ 를 목적격 보어로 쓰는 동사는 tell, ask, want, cause, allow, expect, enable, force 등이 있다.
- 원형부정사도 목적격 보어로 쓰일 수 있는데, ❷ ______ (have, make, let)와 지각동사(see, watch, hear, feel 등)가 원형부정사를 목적격 보어로 쓸 수 있다.

답 ❶ to부정사 ❷ 사역동사

I asked Sam / **to keep an eye on the pot**.
V O O·C(to부정사구)
나는 Sam에게 냄비를 지켜봐 달라고 요청했다.

This book made me / **understand** Korean culture.
V(사역동사) O O·C(원형부정사)
이 책은 내가 한국 문화를 이해하게 했다.

Alice let the puppy / **come** inside.
V(사역동사) O O·C(원형부정사)
Alice는 그 강아지가 안으로 들어오게 했다.

간단 체크

어법상 알맞은 것을 고르시오.

1 James didn't allow his son (to eat / eat) chocolate cookies.

2 I saw the boy (to take / take) a walk with his dog.

구문 연습 O·C에 표시한 뒤, 문장을 끊어 읽고 해석하시오.

1 Working also allows you to meet people with diverse personalities, experiences, and skills.

BOOK 1 p.25

2 Texting enables people to respond at a time that is most convenient for them.

BOOK 1 p.27

3 Sea turtles lay eggs on the beach at night, and the bright horizon above the water helps hatchlings make their way to the sea.

BOOK 1 p.71

help는 목적격 보어로 원형부정사와 to부정사 둘 다 쓸 수 있어.

대표 구문 16 목적격 보어로 쓰이는 현재분사와 과거분사

- 현재분사와 과거분사는 형용사(구)로서 목적격 보어로 쓰일 수 있다.
- 목적어와 목적격 보어의 관계가 능동일 경우 ❶ ______ 를 쓰며, '~하고 있는 것을'로 해석한다.
- 목적어와 목적격 보어의 관계가 ❷ ______ 일 경우 과거분사를 쓰며, '~되는 것을 / ~되도록' 으로 해석한다.

답 ❶ 현재분사 ❷ 수동

I saw Brian / **cleaning the room.**
V O O·C(현재분사구)
나는 Brian이 방을 치우는 것을 보았다.

I didn't hear my name / **called.**
V O O·C(과거분사)
나는 내 이름이 불리는 것을 듣지 못했다.

Mr. Brown had all his money / **stolen** / on the bus.
V O O·C(과거분사)
Brown 씨는 버스에서 모든 돈을 도난 당했다.

She saw a boy painting the wall.
그녀는 한 소년이 벽을 칠하고 있는 것을 보았다.

간단 체크

괄호 안에 주어진 말을 알맞은 형태로 바꿔 쓰시오.

1 The manager kept me (wait) for a long time. ______

2 I found this novel (disappoint). ______

>> 정답과 해설 47쪽

구문 연습 O·C에 표시한 뒤, 문장을 끊어 읽고 해석하시오.

1 BOOK 1 p.15
You'll find yourself checking more frequently, but after some time, you'll focus on the tasks at hand.

2 BOOK 1 p.24
I'm looking forward to seeing the facilities well used even during the hot season.

현재분사는 목적어의 동작이 '진행' 중임을 나타내고, 과거분사는 목적어의 동작이 '완료' 되었음을 나타내!

3 BOOK 2 p.12
In the loft, I overheard someone complaining that this hike was not what he had signed up for.

대표 구문 17 동사의 진행형

- 진행형은 현재/과거/미래에 ❶ ______ 중인 일을 나타낸다.
- 현재진행형은 「am/are/is + V-ing」, 과거진행형은 「was/were + V-ing」, 미래진행형은 「❷ ______ + V-ing」로 나타내며, 각각 '(현재) ~하고 있다', '(과거에) ~하고 있었다', '(미래에) ~하고 있을 것이다'로 해석한다.

답 ❶ 진행 ❷ will be

Thomas **is taking** / piano lessons / this month.
현재진행형
Thomas는 이번 달에 피아노 수업을 듣고 있다.

The woman **was wearing** / a gray hat / on her head.
과거진행형
그 여성은 머리에 회색 모자를 쓰고 있었다.

Next week, / we **will be holding** / a writing contest.
미래진행형
다음 주에, 우리는 글쓰기 대회를 개최할 것이다.

간단 체크

어법상 알맞은 것을 고르시오.

1 Jessica (writes / was writing) in her diary when I visited her.

2 When you arrive there, we (will be waiting / wait) for you.

>> 정답과 해설 48쪽

구문 연습 S와 V에 표시한 뒤, 문장을 끊어 읽고 해석하시오.

1 Grains, on the other hand, are becoming a more common ingredient in pet food.
BOOK 1 p.8

2 Springfield Youth Center is hosting the annual Reading Camp for middle school students in the community.
BOOK 1 p.37

확정된 일정 또는 상황을 나타내는 경우,
현재진행형이 미래시제를 대신하기도 해.

3 When you climb the stairs, you are also engaging your hip and thigh muscles to a significant degree, which is beneficial.
BOOK 2 p.44

대표 구문 18 동사의 완료시제

- 현재완료시제는 「❶ ______ [has]+과거분사」로 나타내며, 과거에 시작된 상태나 행위가 현재까지 영향을 미칠 때 쓴다. 문맥에 따라 완료, 경험, 계속, 결과의 의미를 나타낸다.
- 과거완료시제는 「had+과거분사」로 나타내며, 과거완료는 과거의 특정 시점 ❷ ______ 에 일어난 일을 나타낼 때 쓴다. 과거의 특정 시점을 기준으로 하여 그때까지의 완료, 경험, 계속, 결과를 나타낸다.

답 ❶ have ❷ 이전

They **have** already **had** / a meal.
현재완료시제
그들은 식사를 이미 했다.

He **has lived** in the same house / for thirty years.
현재완료시제
그는 30년 동안 같은 집에서 살고 있다.

When Jenny came back home, / her son **had finished** / his homework.
과거완료시제
Jenny가 집에 돌아왔을 때, 그녀의 아들은 그의 숙제를 마쳤다.

She has stayed in Paris for 2 years.
그녀는 2년 동안 Paris에서 머무르고 있다.

간단 체크

어법상 알맞은 것을 고르시오.

1 She (didn't play / has never played) soccer before.

2 Tim remembered that he (left / had left) his umbrella on the train.

>> 정답과 해설 48쪽

구문 연습 S와 V에 표시한 뒤, 문장을 끊어 읽고 해석하시오.

1 Dogs and cats have progressed from being just pets to being crucial family members.
BOOK 1 p.8

2 Such concerns have inspired us to look for clean and renewable energy sources.
BOOK 1 p.49

완료시제는 yesterday, last week 등과 같은 명확한 과거를 나타내는 표현과는 쓰이지 않아.

3 Ms. Kim had collapsed there, where the rice grew tall and hid her from view.
BOOK 2 p.41

정답과 해설

대표 구문 1

4~5쪽

간단 체크 **1** 1형식 **2** 2형식

구문 연습

1 Even in the 1990s, / most people's primary consideration / when purchasing pet food (S(명사구)) / was (V) / price (C(명사)).

1990년대만 해도, 애완동물 먹이를 구매할 때 많은 사람의 주된 고려 사항은 질과 영양 성분 보다 가격이었다.

2 Milk (S(명사)) is (V) / a good source of calcium, protein, vitamin D, vitamin A, and other nutrients (C(명사구)).

우유는 칼슘, 단백질, 비타민 D, 비타민 A, 그리고 다른 영양 성분들의 좋은 원천이다.

3 Then / a social media detox (S(명사구)) / might be (V) / a great idea (C(명사구)).

그렇다면 소셜 미디어 해독이 좋은 생각이 될 수 있다.

대표 구문 2

6~7쪽

간단 체크 **1** the bank robbers **2** the issue

구문 연습

1 Native American tribes (S) / have employed (V) / the talking stick (O(명사구)) / during council meetings and other key tribal ceremonies.

아메리카 원주민들은 의회 회의와 다른 주요한 부족 행사 중에 토킹 스틱을 사용해 왔다.

2 The system (S) / includes (V) / thin, flexible sensor gloves (O(명사구)).

그 장치는 얇고 유연한 센서 장갑을 포함한다.

3 According to one study, / labels with environmental information (S) / reduce (V) / a person's carbon footprint (O(명사구)) / by about 5%.

한 연구에 따르면, 환경 정보가 있는 상표는 한 사람의 탄소 발자국을 약 5퍼센트까지 줄여 준다.

대표 구문 3

8~9쪽

간단 체크 **1** me **2** students

구문 연습

1 I asked Amy / if I might put it / in the dish of her dog, Sandy.
(I: S, asked: V, Amy: I·O, if I might put it in the dish of her dog, Sandy: D·O)

나는 Amy에게 그것을 그녀의 개인 Sandy의 그릇에 넣어 줘도 되는지 물었다.

2 When we got home / our mom asked us / which was darker, the floor or us.
(our mom: S, asked: V, us: I·O, which was darker, the floor or us: D·O)

집에 왔을 때 엄마는 우리에게 바닥과 우리 중 무엇이 더 시꺼먼지 물으셨다.

3 At the end of the summer, / they finally gave me / a full-time position, / much to my joy.
(they: S, gave: V, me: I·O, a full-time position: D·O)

여름이 끝나갈 무렵, 그들은 마침내 정말 기쁘게도 나에게 정규직 자리를 주었다.

대표 구문 4

10~11쪽

간단 체크 **1** a liar **2** wait

구문 연습

1 Nutritional information on food packaging / helps consumers / purchase food / for their health.
(purchase: O·C)

식품 포장지에 있는 영양 정보는 소비자들이 그들의 건강을 위한 식품을 구입하는 것을 돕는다.

2 In their research, / they had some participants / wear white lab coats for scientists or doctors.
(wear: O·C)

연구에서, 그들은 일부 참가자에게 과학자나 의사를 위한 흰색 실험실 가운을 입게 했다.

3 Galinsky and Adams found / that the white coats made the participants / feel more confident and careful.
(feel: O·C)

Galinsky와 Adams는 흰 가운이 참가자들을 더 자신감 있고 신중하게 만든다는 것을 알게 되었다.

사역동사는 목적격 보어로 원형부정사를 써.

대표 구문 5

12~13쪽

간단 체크 **1** The colors in paintings **2** Winning awards

구문 연습

1 Artistic movements like Fauvism and Cubism / were blossoming / in France then.
S(명사구) V
그때 프랑스에는 야수파와 입체파 같은 예술 운동이 꽃을 피우고 있었다.

2 The reduction of minerals in our food / is / the result of using pesticides and fertilizers / that kill off beneficial bacteria, earthworms, and bugs in the soil.
S(명사구) V
우리의 식품 속 미네랄의 감소는 토양에 있는 이로운 박테리아, 지렁이 그리고 벌레를 죽이는 살충제와 비료를 사용한 결과이다.

3 Learning a foreign language / can help you / learn about its culture.
S(동명사구) V
외국어를 배우는 것은 그것의 문화에 대해 배우도록 도와준다.

대표 구문 6

14~15쪽

간단 체크 **1** Where he put the key **2** What I want to do in the future

구문 연습

1 What mattered / was / how they had used their money.
S(관계대명사절) V
중요한 것은 그들의 돈을 어떻게 사용했는지였다.

2 How you approach your day / may impact / everything else in your life.
S(의문사절) V
당신이 당신의 하루에 어떻게 접근하는지가 당신 인생의 다른 모든 것에 영향을 줄 수 있다.

3 Whether it will snow or not / is / not the problem.
S(whether절) V
눈이 올 것인지 아닐지는 문제가 아니다.

주어로 쓰인 명사절은 단수 취급해!

대표 구문 7

16~17쪽

간단 체크 **1** Kate가 경주에서 진 것은 놀라웠다. **2** 내가 살 필요가 있는 것은 새 컴퓨터이다.

구문 연습

1 While perspectives differ, / it(가주어) is vital / to understand the benefits of any security system.(진주어)

관점은 다르지만, 어떠한 보안 체계든 그것의 이점을 이해하는 것이 필수적이다.

2 It(가주어) is not possible / for someone / to overhear the texting of another person.(진주어)

누군가가 다른 사람의 문자 메시지를 엿듣는 것은 불가능하다.

3 It(가주어) is, / however, / not recommended / to eat it on days of tests, job interviews, and the like.(진주어)

그러나 시험, 일자리 면접과 같은 날에 그것을 먹는 것은 권장되지 않는다.

대표 구문 8

18~19쪽

간단 체크 **1** mentioning **2** to take

구문 연습

1 Museums(S) are attempting(V) / to provide these individuals with artistic experiences.(O(to부정사구))

박물관은 이러한 개인들에게 예술적 경험을 제공하는 것을 시도하고 있다.

2 You(S) should also avoid(V) / going to the gym(O(동명사구)) / if you experience shortness of breath.

또한 호흡 곤란을 겪을 때도 체육관에 가는 것을 피해야 한다.

3 They(S) agreed(V) / to transport the clothes to Africa(O(to부정사구)) / on their next trip.

그들은 그들의 다음 여행에 그 옷들을 아프리카로 운송하는 것에 동의했다.

대표 구문 9

20~21쪽

간단 체크 **1** that he may have made mistakes **2** why the baby cried all day long

구문 연습

1 Supporters of security cameras (S) think (V) / that installing them is essential / for safety and behavior management. (O(that절))

보안 카메라를 지지하는 사람들은 그것들을 설치하는 것이 안전과 행동 관리에 필수적이라고 생각한다.

2 And in workplaces / that have a dress code, / 'symbolic' clothes (S) / may also affect (V) / how well employees do their jobs. (O(의문사절))

그리고 복장 규정이 있는 직장에서 '상징적인' 옷은 근로자가 그들의 업무를 얼마나 잘하는지에도 영향을 줄 수 있다.

3 He (S) then gravely inquired (V) / whether Tommy had been a very nice kid this year / and had obeyed his parents. (O(whether절))

그러고 나서 그는 엄숙하게 Tommy가 올해 정말 착한 아이였고 부모님의 말씀을 잘 따랐는지 물었다.

대표 구문 10

22~23쪽

간단 체크 **1** to point at a person **2** that Tim quit his job

구문 연습

1 This device is expected / to make it (가목적어) possible / for people who use sign language / to speak directly with non-signers.

이 장치는 수화를 사용하는 사람들이 수화를 사용하지 않는 사람들과 직접 말하는 것을 가능하게 할 것으로 기대된다.

2 He made it (가목적어) a rule / to go swimming / every morning.

그는 매일 아침 수영하러 가는 것을 규칙으로 했다.

3 The farmers found it (가목적어) difficult / to provide their crops with fresh water.

그 농부들은 그들의 작물에 신선한 물을 공급하는 것이 어렵다는 것을 알았다.

대표 구문 11

24~25쪽

간단 체크 1 whether 2 what

구문 연습

1 Naturally, / pet owners / have become concerned about / how and what to feed their pets.
(about: 전치사, how and what to feed their pets: 목적어(의문사절))

자연스럽게, 애완동물 주인들은 그들의 애완동물에게 무엇을 어떻게 먹일지에 대해 고민하게 되었다.

2 A hacker can obtain access to all of your accounts / by cracking one password.
(by: 전치사, cracking: 목적어(동명사))

해커는 하나의 비밀번호를 알아냄으로써 당신의 모든 계정에 대한 접근 권한을 얻을 수 있게 된다.

3 The trees are interconnected together / by a network of fungal filaments and hairlike root tips.
(by: 전치사, a network of fungal filaments and hairlike root tips: 목적어(명사구))

나무들은 진균 필라멘트 네트워크와 매우 가는 뿌리 끝에 의해 서로 연결되어 있다.

대표 구문 12

26~27쪽

간단 체크 1 changeable 2 our own cheerleader

구문 연습

1 When you begin a social media detox, / you may become / bored.
(you: S, may become: V, bored: C(형용사))

당신이 소셜 미디어 해독을 시작하면 지루해질 수도 있다.

2 The Solar Cow is / a solar charging system / in the shape of a cow / that has been placed / in some rural African schools.
(The Solar Cow: S, is: V, a solar charging system: C(명사구))

Solar Cow는 일부 아프리카 시골 학교에 설치된 소 모양의 태양광 충전 시스템이다.

3 Forests become / healthier and more stable / when trees cooperate together.
(Forests: S, become: V, healthier: C1(형용사), more stable: C2(형용사구))

숲은 나무들이 서로 협력할 때 더 건강해지고 더 안정적이 된다.

둘 이상의 형용사나 명사가 주격 보어로 쓰일 수 있어.

대표 구문 13

28~29쪽

간단 체크 **1** to reduce air pollution **2** where I was going

구문 연습

1 The ultimate goal of the talking stick (S) is (V) / to maintain a fair and productive conversation. (C(to부정사구))

토킹 스틱의 궁극적인 목표는 공정하고 생산적인 대화를 유지하는 것이다.

2 One basic guideline (S) is (V) / that if the discomfort is above the neck, / it is permissible to exercise. (C(that절))

한 가지 기본적인 기준은 불편함이 목보다 위쪽이라면 운동하는 것이 허용될 만하다는 것이다.

3 One method (S) is (V) / to use underground fungal networks. (C(to부정사구))

한 가지 방법은 지하의 진균망을 이용하는 것이다.

대표 구문 14

30~31쪽

간단 체크 **1** gorgeous **2** their new project manager

구문 연습

1 Researchers from an African university / were able to get them / to flower (O·C) / at 27 months.

한 아프리카 대학의 연구원들은 그것들이 27개월 만에 꽃을 피우게 했다.

2 Also, / when Ms. Kim began to show signs of hypothermia, / Baekgu kept her / warm (O·C) / throughout.

또한, 김 씨가 저체온증의 징후를 보이기 시작했을 때, 백구는 내내 그녀를 따뜻하게 해 주었다.

3 She thought herself / brave (O·C) / when she went paragliding.

그녀는 패러글라이딩을 하러 갔을 때 그녀 자신이 용감하다고 생각했다.

목적격 보어로 형용사(구) 또는 명사(구)가 쓰일 수 있어.

대표 구문 15

32~33쪽

간단 체크 1 to eat 2 take

구문 연습

1 Working also allows you / to meet people / with diverse personalities, experiences, and skills.
(to meet: O·C(to부정사))

일을 하는 것은 또한 당신이 다양한 성격과 경험, 그리고 기술을 가진 사람을 만나게 한다.

2 Texting enables people / to respond / at a time / that is most convenient for them.
(to respond: O·C(to부정사))

문자 메시지를 보내는 것은 사람들이 가장 편한 시간에 답장하게 해준다.

3 Sea turtles lay eggs / on the beach at night, / and the bright horizon above the water / helps hatchlings / make their way to the sea.
(make: O·C(원형부정사))

바다거북은 밤에 해변에 알을 낳는데, 물 위의 밝은 수평선이 갓 부화한 거북이들이 바다로 가는 것을 돕는다.

대표 구문 16

34~35쪽

간단 체크 1 waiting 2 disappointing

구문 연습

1 You'll find yourself / checking more frequently, / but after some time, / you'll focus on the tasks / at hand.
(checking more frequently: O·C(현재분사구))

당신도 모르게 더 자주 확인하겠지만, 어느 정도 시간이 지나면 당면한 일에 집중하게 될 것이다.

2 I'm looking forward to seeing the facilities / well used / even during the hot season.
(well used: O·C(과거분사구))

저는 더운 계절에도 그 시설들이 잘 사용되는 것을 보기를 고대합니다.

3 In the loft, / I overheard someone / complaining that this hike was not what he had signed up for.
(complaining that this hike was not what he had signed up for: O·C(현재분사구))

다락에서, 나는 누군가가 이 등산은 그가 신청한 것이 아니라고 불평하는 것을 우연히 들었다.

대표 구문 17

36~37쪽

간단 체크 **1** was writing **2** will be waiting

구문 연습

1 Grains, / on the other hand, / are becoming / a more common ingredient / in pet food.
(S: Grains / V(현재진행형): are becoming)

반면에 곡식이 애완동물 먹이에서 더 흔한 재료가 되고 있다.

2 Springfield Youth Center is hosting / the annual Reading Camp / for middle school students / in the community.
(S: Springfield Youth Center / V(현재진행형): is hosting)

Springfield 청소년 센터는 지역 사회의 중학생들을 위한 연례 독서 캠프를 개최합니다.

3 When you climb the stairs, / you are also engaging your hip and thigh muscles / to a significant degree, / which is beneficial.
(S: you / V(현재진행형): are ... engaging)

계단을 오를 때, 당신은 당신의 엉덩이와 넓적다리 근육도 상당한 수준으로 관여시키는데, 이는 유익하다.

대표 구문 18

38~39쪽

간단 체크 **1** has never played **2** had left

구문 연습

1 Dogs and cats have progressed / from being just pets to being crucial family members.
(S: Dogs and cats / V(현재완료시제): have progressed)

개와 고양이는 단순한 애완동물에서 소중한 가족 구성원으로 발전해 왔다.

2 Such concerns have inspired us / to look for clean and renewable energy sources.
(S: Such concerns / V(현재완료시제): have inspired)

그러한 우려는 우리로 하여금 깨끗하고 재생 가능한 에너지원을 찾게 했다.

3 Ms. Kim had collapsed there, / where the rice grew tall / and hid her from view.
(S: Ms. Kim / V(과거완료시제): had collapsed)

김 씨는 그곳에서 쓰러졌는데, 거기에는 벼가 높게 자라서 그녀를 시야에서 가렸다.

시험에 잘 나오는

대표 구문 ZIP

중학 영어 중문 독해

BOOK 1

이 책의 구성과 활용

주 도입

이번 주에 배울 내용이 무엇인지 안내하는 부분입니다. 재미있는 만화를 통해 앞으로 배울 학습 요소를 미리 떠올려 봅니다.

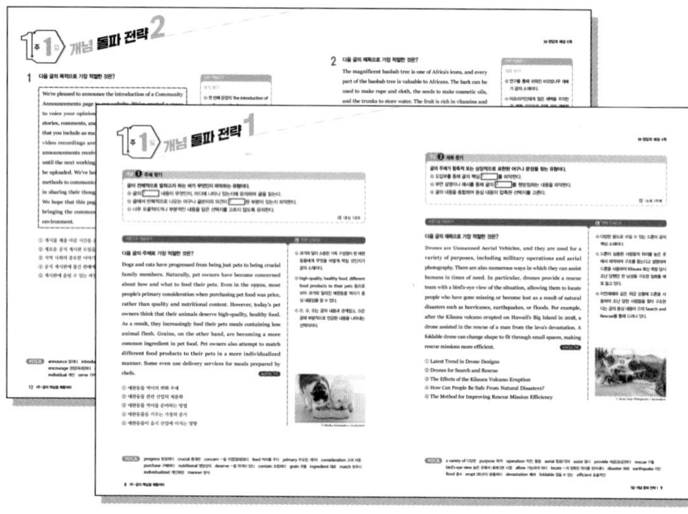

1일 개념 돌파 전략

독해 유형별 해결 전략을 공부하며 독해의 개념을 익히고, 해당 유형의 문제를 풀며 개념을 잘 이해했는지 확인합니다.

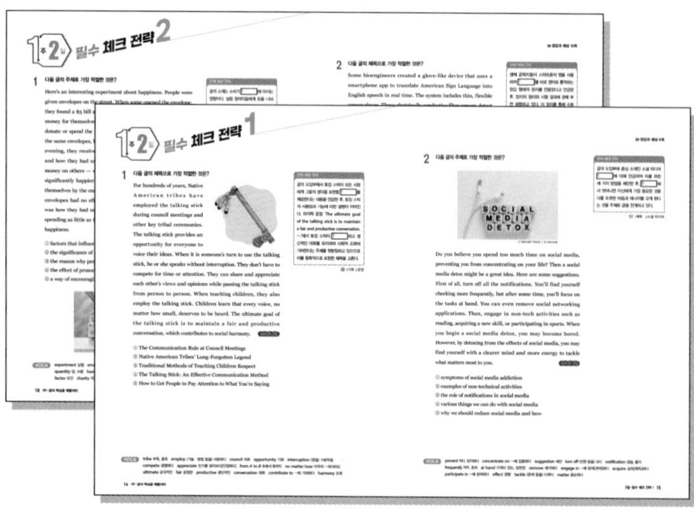

2일, 3일 필수 체크 전략

문제 해결 전략을 적용하여 각 유형별 대표 문제를 풀면서 독해 유형을 익히고, 문제 해결 전략을 복습합니다.

※ 일등전략 중학 영어 중문/장문 독해 지문 분포

	~120 words	121~150 words	151~words
중문 독해	34개	57개	17개
장문 독해	19개	48개	41개

부록 시험에 잘 나오는 대표 구문 ZIP

부록을 뜯으면 미니북으로 활용할 수 있습니다. 대표 구문을 통해 문장구조를 파악하는 연습을 해 보세요.

주 마무리 코너

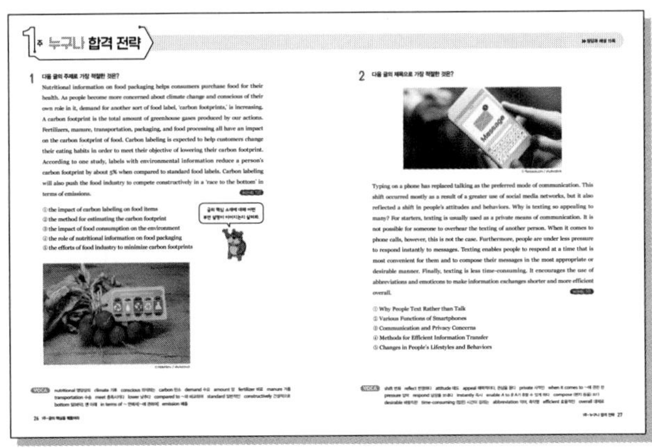

누구나 합격 전략

앞에서 배운 내용을 떠올리며 부담 없는 수준의 문제를 풀어 보면서 학습 자신감을 키울 수 있습니다.

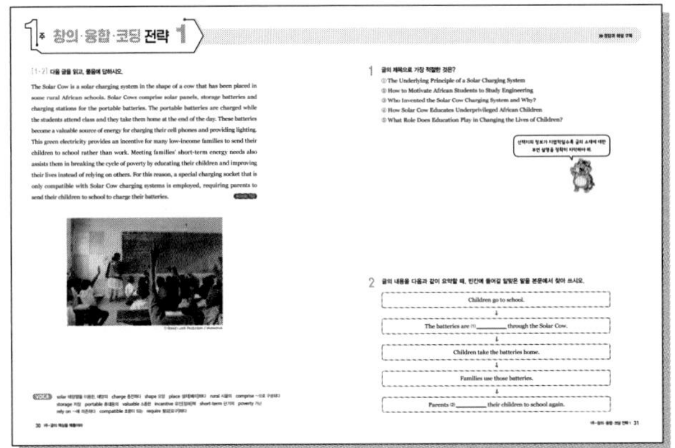

창의·융합·코딩 전략

문제를 풀며 지문을 구조적으로 파악하여 융복합적 사고력과 문제 해결 능력을 기를 수 있습니다.

권 마무리 코너

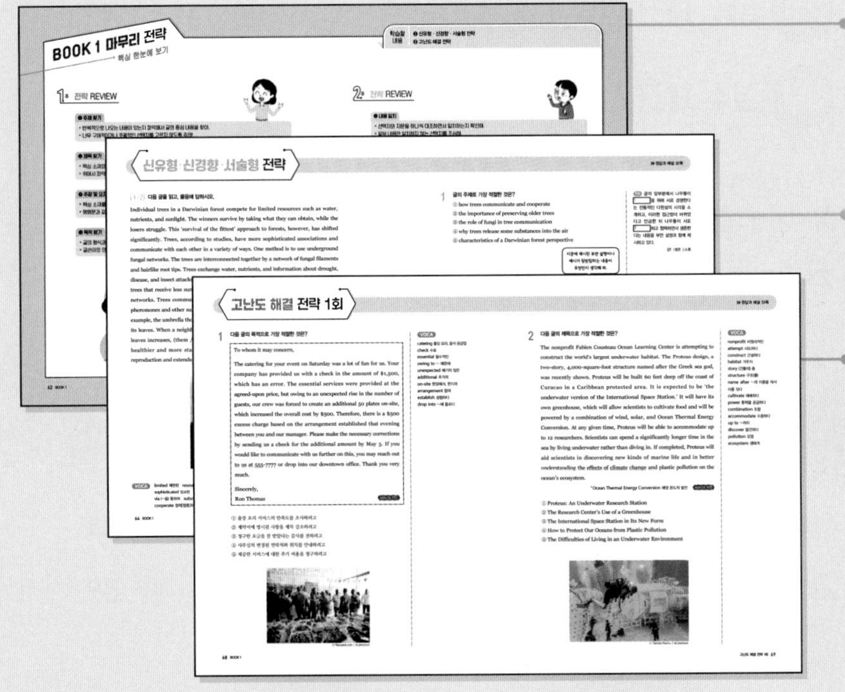

BOOK 1, 2 마무리 전략

독해 유형별 해결 전략의 핵심 포인트를 한 눈에 정리하고, 실전에 적용할 수 있는 팁을 얻을 수 있습니다.

신유형·신경향·서술형 전략

서술형 문제를 비롯한 여러 가지 유형의 문제를 접할 수 있습니다.

고난도 해결 전략

실력을 한 단계 더 업그레이드할 수 있는 문제들로 2회 구성하였습니다.

이 책의 차례

BOOK 1

BOOK 2

1주 글의 핵심을 꿰뚫어라

부분적인 해석만으로는 답을 찾을 수 없는 문제들이 있습니다. 글의 주제나 제목, 글쓴이의 주장이나 요지, 글의 목적을 묻는 문제에서는 전체적인 글의 흐름 속에서 중심 내용이 무엇인지 파악하는 것이 중요합니다.

주제 찾기

제목 찾기

학습할 내용	❶ 주제 찾기	❷ 제목 찾기
	❸ 주장 및 요지 찾기	❹ 목적 찾기

주장 및 요지 찾기

목적 찾기

1주 1일 개념 돌파 전략 1

개념 1 주제 찾기

글이 전체적으로 말하고자 하는 바가 무엇인지 파악하는 유형이다.

❶ 글의 소재와 1 [ ] 내용이 무엇인지, 어디에 나타나 있는지를 파악하며 글을 읽는다.
❷ 글에서 반복적으로 나오는 어구나 글쓴이의 의견이 2 [ ] 된 부분이 있는지 파악한다.
❸ 너무 포괄적이거나 부분적인 내용을 담은 선택지를 고르지 않도록 유의한다.

답 1 중심 2 강조

지문으로 연습하기

다음 글의 주제로 가장 적절한 것은?

Dogs and cats have progressed from being just pets to being crucial family members. Naturally, pet owners have become concerned about how and what to feed their pets. Even in the 1990s, most people's primary consideration when purchasing pet food was price, rather than quality and nutritional content. However, today's pet owners think that their animals deserve high-quality, healthy food. As a result, they increasingly feed their pets meals containing less animal flesh. Grains, on the other hand, are becoming a more common ingredient in pet food. Pet owners also attempt to match different food products to their pets in a more individualized manner. Some even use delivery services for meals prepared by chefs.

words 114

① 애완동물 먹이의 변화 추세
② 애완동물 관련 산업의 세분화
③ 애완동물 먹이를 준비하는 방법
④ 애완동물을 키우는 가정의 증가
⑤ 애완동물이 음식 산업에 미치는 영향

전략 CHECK

❶ 애완동물 주인들이 소중한 가족 구성원이 된 애완동물에게 무엇을 어떻게 먹이는지가 글의 소재이다.

❷ 'high-quality, healthy food', 'different food products to their pets' 등으로 보아 과거와 달라진 애완동물 먹이가 중심 내용임을 알 수 있다.

❸ ②, ④, ⑤는 글의 내용과 관계없고, ③은 글에 부분적으로 언급된 내용을 나타내는 선택지이다.

VOCA progress 발달하다 crucial 중대한 concern ~을 걱정[염려]하다 feed 먹이를 주다 primary 주요한, 제1의 consideration 고려 사항 purchase 구매하다 nutritional 영양상의 deserve ~할 자격이 있다 contain 포함하다 grain 곡물 ingredient 재료 match 맞추다 individualized 개인화된 manner 방식

>> 정답과 해설 4쪽

개념 ❷ 제목 찾기

글의 주제가 함축적 또는 상징적으로 표현된 어구나 문장을 찾는 유형이다.

❶ 도입부를 통해 글의 핵심 1 ______를 파악한다.

❷ 부연 설명이나 예시를 통해 글의 2 ______를 뒷받침하는 내용을 파악한다.

❸ 글의 내용을 종합하여 중심 내용이 압축된 선택지를 고른다.

답 1소재 2주제

지문으로 연습하기

다음 글의 제목으로 가장 적절한 것은?

Drones are Unmanned Aerial Vehicles, and they are used for a variety of purposes, including military operations and aerial photography. There are also numerous ways in which they can assist humans in times of need. In particular, drones provide a rescue team with a bird's-eye view of the situation, allowing them to locate people who have gone missing or become lost as a result of natural disasters such as hurricanes, earthquakes, or floods. For example, after the Kilauea volcano erupted on Hawaii's Big Island in 2018, a drone assisted in the rescue of a man from the lava's devastation. A foldable drone can change shape to fit through small spaces, making rescue missions more efficient. words 115

① Drones for Search and Rescue
② Latest Trend in Drone Designs
③ The Effects of the Kilauea Volcano Eruption
④ How Can People Be Safe from Natural Disasters?
⑤ The Method for Improving Rescue Mission Efficiency

전략 CHECK

❶ 다양한 용도로 쓰일 수 있는 드론이 글의 핵심 소재이다.

❷ 드론이 실종된 사람들의 위치를 높은 곳에서 파악하여 구조를 돕는다고 설명하며 드론을 사용하여 Kilauea 화산 폭발 당시 조난 당했던 한 남성을 구조한 일화를 예로 들고 있다.

❸ 자연재해와 같은 위급 상황에 드론을 사용하여 조난 당한 사람들을 찾아 구조한다는 글의 중심 내용이 ①의 Search and Rescue를 통해 드러나 있다.

VOCA a variety of 다양한 purpose 목적 operation 작전, 활동 aerial 항공(기)의 assist 돕다 provide 제공[공급]하다 rescue 구출 bird's-eye view 높은 곳에서 내려다본 시점 allow 가능하게 하다 locate ~의 정확한 위치를 찾아내다 disaster 재해 earthquake 지진 flood 홍수 erupt (화산이) 분출하다 devastation 폐허 foldable 접을 수 있는 efficient 효율적인

개념 3 주장 및 요지 찾기

글쓴이가 말하고자 하는 의견이나 글에서 가장 중요하게 생각하는 내용을 찾는 유형이다.

❶ 주로 도입부에서 글이 무엇에 대해 이야기하는지 핵심 소재를 파악한다.

❷ 글의 소재와 관련하여 [1] 이나 강조를 통해 드러난 글쓴이의 관점 또는 중심 내용을 파악한다.

❸ 글쓴이의 주장을 강하게 드러낼 때는 [2] 문 또는 의무를 나타내는 조동사(should, must, have to 등)가 자주 쓰이므로 이러한 표현이 나온 부분에 주목한다.

답 1반복 2명령

지문으로 연습하기

다음 글의 요지로 가장 적절한 것은?

Milk is a good source of calcium, protein, vitamin D, vitamin A, and other nutrients. Milk, however, is not required in everyone's diet. About two-thirds of the world's population cannot digest lactose, a sugar found in dairy products. When they consume milk, they experience discomfort and stomach pain. Besides, some people do not drink milk because they follow a vegan diet for a variety of reasons. For such people, a wide range of milk alternatives are available, including soy milk, almond milk, and coconut milk. They also contain essential nutrients, although each option has a different nutrient profile. If you have a milk digestion problem or follow a vegan diet, try replacing milk with one of these alternatives.

words 118

① 채식주의자는 식단에 우유를 포함해야 한다.
② 우유 속의 당분은 소화 불량을 일으킬 수 있다.
③ 우유는 필수 영양소를 고루 갖춘 완전식품이다.
④ 우유를 먹을 수 없는 사람을 위한 대체 음료가 있다.
⑤ 우유를 대체하는 식품은 우유와 영양 성분이 동일하다.

전략 CHECK

❶ 우유를 먹지 못하는 사람을 위한 대체품이 글의 소재이다.

❷ 'a wide range of milk alternatives are available ~.', 'They also contain essential nutrients ~.' 등의 표현을 통해 우유를 먹지 못하는 사람을 위한 더 나은 대체품이 있다는 내용을 파악한다.

❸ 명령문 'try replacing milk with one of these alternatives.'에서 글의 요지를 명확하게 드러내고 있다.

© Antonio Guillem / shutterstock

VOCA nutrient 영양소 require 필요[요구]하다 population 인구 digest (음식을) 소화하다 dairy 유제품의 consume 먹다, 소비하다 discomfort (신체적인) 불편 alternative 대안[대책] available 이용할 수 있는 contain 포함하다 essential 필수적인 replace 대체하다

>> 정답과 해설 4쪽

개념 4 목적 찾기

글쓴이가 어떤 목적으로 글을 썼는지 파악하는 유형으로, 주로 광고문, 안내문, 편지 형식의 글이 제시된다.

❶ 글의 형식과 소재가 무엇인지 파악한다.

❷ 글쓴이와 글을 읽을 사람이 어떤 [1 　　　]에 처해 있는지, 어떤 관계인지 파악한다.

❸ 글쓴이의 [2 　　　]나 목적이 잘 드러난 문장을 찾는다.

TIP 목적을 나타내는 표현

appreciate 감사하다 apologize 사과하다 complain 불평[항의]하다 guide 안내하다 inform 공지하다 introduce 소개하다 invite 초대하다 promote 홍보하다 recommend 추천하다 request 요청하다 suggest 제안하다 warn 경고하다

답 1상황 2의도

지문으로 연습하기

다음 글의 목적으로 가장 적절한 것은?

The main barrier preventing your online accounts from being hacked is a strong password. The first important aspect of a secure password is its length. It must have a minimum of eight characters. It should also contain a mix of upper and lowercase letters, numbers, and symbols. Next, avoid using words from the dictionary. When hackers attempt to break into your accounts, they use various dictionaries to crack your passwords. Finally, don't use the same password for multiple accounts. A hacker can obtain access to all of your accounts by cracking one password. To ensure maximum security, you should always create a unique password for each of your accounts. words 109

© tovovan / shutterstock

① 개인 정보 유출 위험에 대해 경고하려고
② 해커가 비밀번호를 알아내는 방법을 알리려고
③ 비밀번호를 만들어주는 프로그램을 안내하려고
④ 온라인 계정의 개인 정보 처리 방침을 설명하려고
⑤ 온라인 계정을 안전하게 보호하는 방법을 알리려고

전략 CHECK

❶ 'The main barrier preventing ~ a strong password.'에서 온라인 계정 해킹을 막기 위한 강력한 비밀번호 설정이라는 글의 소재를 제시하고 있다.

❸ 'The first important aspect ~', 'Next, ~', 'Finally, ~' 등의 문장에서 온라인 계정을 보호하기 위해 강력한 비밀번호를 설정하는 방법들이 제시되고 있다.

© Vitalii Vodolazskyi / shutterstock

VOCA account 계정 prevent 막다 aspect 측면 secure 안전한 character 글자 contain 포함하다 break into 침입하다 crack (암호 등을) 풀다 ensure 보장하다 unique 고유의, 특유의

1주 1일 개념 돌파 전략 2

1 다음 글의 목적으로 가장 적절한 것은?

We're pleased to announce the introduction of a Community Announcements page to our website. We've created a space to voice your opinions on your community. We welcome stories, comments, and letters to the editor. We recommend that you include as many details as possible. Photographs or video recordings are also encouraged. Please note that announcements received after 4:00 p.m. will not be posted until the next working day. Nothing advertising-related will be uploaded. We've been constantly on the look out for new methods to communicate local stories and assist individuals in sharing their thoughts with other community members. We hope that this page will serve as an excellent means of bringing the community together in a fun and supportive environment. words 120

① 게시물 제출 마감 시간을 공지하려고
② 새로운 공지 게시판 도입을 알리려고
③ 지역 사회의 중요한 이야기를 공유하려고
④ 공지 게시판에 물건 판매에 대해 광고하려고
⑤ 게시판에 올릴 수 있는 파일 양식을 설명하려고

전략 적용하기

목적 찾기

❶ 첫 번째 문장의 'the introduction of a Community Announcements page to our website'에서 웹 사이트에 도입된 새로운 지역 사회 공지 게시판이 글의 소재임을 알 수 있다.

❷ 'We welcome stories, comments, ~ editor.'로 보아 안내문을 쓴 사람은 웹 사이트의 관계자이고, 지역 주민들에게 새로운 [1 ______]에 참여할 것을 독려하고 있음을 알 수 있다.

❸ 마지막 문장을 통해 새로 도입된 게시판이 [2 ______]를 하나로 모으는 역할을 하길 바란다는 내용을 알리고 있다.

답 1 게시판 2 지역 사회

© Viktoria Kurpas / shutterstock

VOCA announce 알리다 introduction 도입 voice (감정 · 의견 등을) 말로 나타내다 include 포함하다 as ~ as possible 가능한 한 ~한[하게] encourage 권장[독려]하다 receive 받다 post 게시하다 constantly 꾸준히 be on the look out for ~을 찾다 assist 돕다 individual 개인 serve 기여하다 means 수단

>> 정답과 해설 6쪽

2 다음 글의 제목으로 가장 적절한 것은?

The magnificent baobab tree is one of Africa's icons, and every part of the baobab tree is valuable to Africans. The bark can be used to make rope and cloth, the seeds to make cosmetic oils, and the trunks to store water. The fruit is rich in vitamins and minerals. For ages, African women have relied on the baobab fruit for health and beauty. In spite of these advantages, however, farmers rarely plant baobabs because they usually take between 14 and 27 years to flower. But the baobab tree might be cultivated more easily in the future. Researchers from an African university were able to get them to flower at 27 months. This would reduce farmers' concerns about a long maturation period and encourage them to invest in baobab plantations. They hope that this will assist in diversifying agriculture in many African countries, as well as increasing farmer income and food security in the continent. words 155

① How to Get Oils from Baobab Seeds
② The Baobab Tree and African Farmers
③ The Baobab Tree's Various Functions in Africa
④ Possibility for Easier Cultivation of the Baobab Tree
⑤ The Importance of Agriculture Diversification in Africa

© TSN52 / shutterstock

전략 적용하기

제목 찾기

❶ 연구를 통해 재배가 쉬워진 바오밥나무가 글의 소재이다.

❷ 아프리카인에게 많은 혜택을 주지만 개화까지 긴 시간이 걸려서 거의 재배할 수 없던 바오밥나무에 관해 언급한 후, 한 [1] 를 통해 바오밥나무의 개화까지 걸리는 시간을 [2] 시켰으며, 이로 인해 바오밥나무를 쉽게 재배할 수 있게 될 것이라고 설명하고 있다.

❸ 개화까지 걸리는 시간의 단축을 통해 과거와 달리 바오밥나무를 더 쉽게 재배할 수 있을 것이라는 글의 중심 내용이 나타난 선택지를 고른다.

답 1연구 2단축

VOCA magnificent 장대한 valuable 귀중한 seed 씨앗 trunk (나무의) 몸통 store 저장하다 rich in ~이 풍부한[많은] rely on 의존하다 flower 꽃을 피우다, 개화하다 cultivate (작물을) 재배하다 reduce 감소시키다 concern 걱정 maturation (과일 등의) 성숙 period 기간 invest 투자하다 plantation 농장 diversify 다양화하다 agriculture 농업 income 소득

1주 2일 필수 체크 전략 1

1 다음 글의 제목으로 가장 적절한 것은?

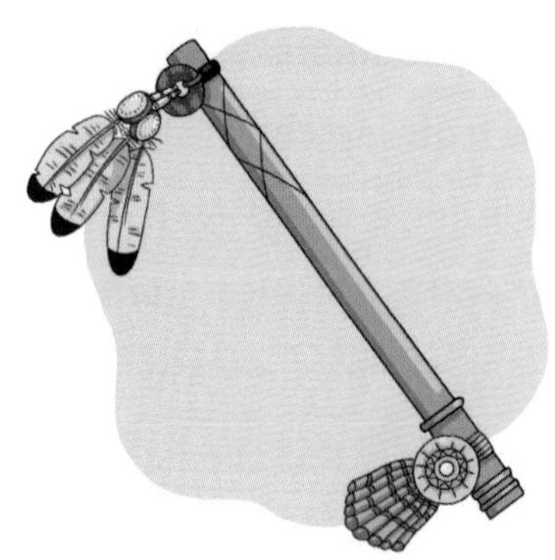

For hundreds of years, Native American tribes have employed the talking stick during council meetings and other key tribal ceremonies. The talking stick provides an opportunity for everyone to voice their ideas. When it is someone's turn to use the talking stick, he or she speaks without interruption. They don't have to compete for time or attention. They can share and appreciate each other's views and opinions while passing the talking stick from person to person. When teaching children, they also employ the talking stick. Children learn that every voice, no matter how small, deserves to be heard. The ultimate goal of the talking stick is to maintain a fair and productive conversation, which contributes to social harmony. words 118

① The Communication Rule at Council Meetings
② Native American Tribes' Long-Forgotten Legend
③ Traditional Methods of Teaching Children Respect
④ The Talking Stick: An Effective Communication Method
⑤ How to Get People to Pay Attention to What You're Saying

문제 해결 전략

글의 도입부에서 토킹 스틱이 모든 사람에게 그들의 생각을 표현할 [1 ______]를 제공한다는 내용을 언급한 후, 토킹 스틱의 사용법과 기능에 대한 설명이 이어진다. 마지막 문장 'The ultimate goal of the talking stick is to maintain a fair and productive conversation, ~.'에서 토킹 스틱이 [2 ______]하고 생산적인 대화를 유지하여 사회적 조화에 기여한다는 주제를 뒷받침하고 있으므로 이를 함축적으로 표현한 제목을 고른다.

답 1 기회 2 공정

VOCA tribe 부족, 종족 employ (기술·방법 등을) 사용하다 council 의회 opportunity 기회 interruption (말을) 가로막음 compete 경쟁하다 appreciate 진가를 알아보다[인정하다] from *A* to *B* A에서 B까지 no matter how 아무리 ~하더라도 ultimate 궁극적인 fair 공정한 productive 생산적인 conversation 대화 contribute to ~에 기여하다 harmony 조화

>> 정답과 해설 8쪽

2 다음 글의 주제로 가장 적절한 것은?

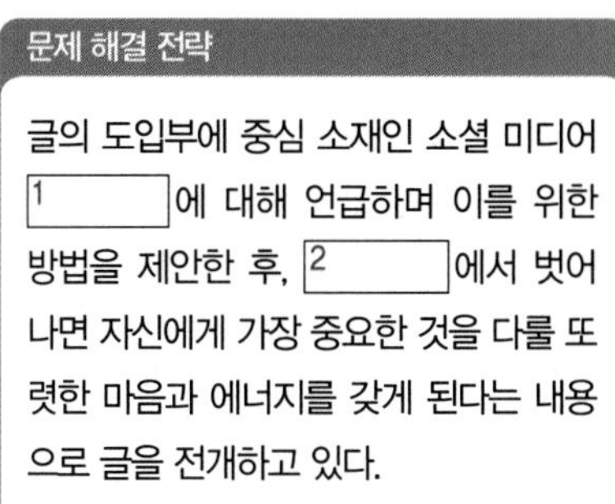
문제 해결 전략

글의 도입부에 중심 소재인 소셜 미디어 [1] 에 대해 언급하며 이를 위한 방법을 제안한 후, [2] 에서 벗어나면 자신에게 가장 중요한 것을 다룰 또렷한 마음과 에너지를 갖게 된다는 내용으로 글을 전개하고 있다.

답 1해독 2소셜 미디어

© Michelle Patrick / shutterstock

Do you believe you spend too much time on social media, preventing you from concentrating on your life? Then a social media detox might be a great idea. Here are some suggestions. First of all, turn off all the notifications. You'll find yourself checking more frequently, but after some time, you'll focus on the tasks at hand. You can even remove social networking applications. Then, engage in non-tech activities such as reading, acquiring a new skill, or participating in sports. When you begin a social media detox, you may become bored. However, by detoxing from the effects of social media, you may find yourself with a clearer mind and more energy to tackle what matters most to you. words 118

① symptoms of social media addiction
② examples of non-technical activities
③ the role of notifications in social media
④ various things we can do with social media
⑤ why we should reduce social media and how

VOCA prevent 막다, 방지하다 concentrate on ~에 집중하다 suggestion 제안 turn off (전원 등을) 끄다 notification 알림, 통지 frequently 자주, 흔히 at hand 가까이 있는, 당면한 remove 제거하다 engage in ~에 참여[관여]하다 acquire 습득[획득]하다 participate in ~에 참여하다 effect 영향 tackle (문제 등을) 다루다 matter 중요하다

[3-4] 다음 글을 읽고, 물음에 답하시오.

Museums have a responsibility to accommodate people with a broad range of requirements, including the visually impaired. Museums are attempting to provide these individuals (A) of artistic experiences. The Tiflológico Museum in Madrid was founded to give visually challenged people a chance to experience the masterpieces of art and architecture that sighted people take for granted. The museum displays models of historic architecture, paintings, sculptures, and textile art that may be experienced by touch. Another museum that tries to accommodate the requirements of visually impaired people (B) are the Smithsonian. The tours are given by trained docents who provide extensive and sensory descriptions of the artworks. There are also attempts to make public art more accessible to the visually impaired. Six murals in Santiago's Barrio Lastarria neighborhood have been outfitted with touch screens, braille, and audio guides. Visually impaired art lovers can experience the city's spectacular street art through their fingers. words 149

VOCA responsibility 책임 accommodate ~의 편의를 도모하다 the visually impaired 시각 장애인 found 설립하다 architecture 건축물 sighted 앞을 볼 수 있는 take ~ for granted ~을 당연하게 여기다 sculpture 조각(품) trained 숙련된 docent (박물관 등의) 안내원 extensive 광범위한 description 묘사 accessible 접근 가능한 outfit 갖추어 주다 mural 벽화 braille 점자

>> 정답과 해설 8쪽

3 글의 주제로 가장 적절한 것은?

① the positive effects of public art
② the principles of exhibition at art museums
③ attempts to make art accessible to the blind
④ various types of art exhibitions around the world
⑤ the present state of art education for people who are blind

중심 내용을 여러 가지 예시들로 부연 설명 하고 있는 글의 구조를 파악해 봐.

문제 해결 전략

글의 도입부에 핵심 소재인 [1　　　]에게 예술적 경험을 제공하는 박물관을 제시하였다. 이에 대한 예시로 Tiflológico 박물관과 Smithsonian 박물관에 관해 설명하고, 나아가 시각장애인에게 대중 예술을 [2　　　]할 수 있게 한 Barrio Lastarria 마을의 벽화에 관해 언급하고 있다.

답 1 시각 장애인 2 경험

4 글의 밑줄 친 (A)와 (B)를 바르게 고쳐 쓰시오.

(A) ______________ (B) ______________

문제 해결 전략

주어와 [　　　] 사이에 that절과 같은 형용사절이 있는 경우 이를 제외하고 주어와 동사를 수일치한다.

답 동사

1주 2일 필수 체크 전략 2

1 다음 글의 주제로 가장 적절한 것은?

Here's an interesting experiment about happiness. People were given envelopes on the street. When some opened the envelope, they found a $5 bill and a message instructing them to use the money for themselves. Others found a message asking them to donate or spend the money on someone else. Some people got the same envelopes, but with $20 bills instead of $5. Later that evening, they received a call inquiring about their happiness and how they had used the money. Those who had spent the money on others — what we term 'prosocial spending' — were significantly happier than those who had spent the money on themselves by the end of the day. The quantity of money in the envelopes had no effect on their satisfaction. What mattered was how they had used their money. According to this study, spending as little as $5 on someone else can enhance your own happiness. words 150

① factors that influence people's happiness
② the significance of spending money wisely
③ the reason why people spend their money on others
④ the effect of prosocial spending on people's happiness
⑤ a way of encouraging people to donate money to charity

© Cozine / shutterstock

문제 해결 전략

글의 소재는 소비가 1 [ ]에 미치는 영향이다. 실험 참여자들에게 돈을 나눠 주며 각각 그 돈을 자기 자신을 위해 쓰거나 다른 이에게 쓰라고 요청하는 메시지를 전달했을 때, 돈의 양보다 그 돈을 어떻게 사용했는지가 2 [ ]에 영향을 미쳤다는 실험 결과를 언급하면서 친사회적 소비가 더 많은 행복을 느끼게 한다는 내용을 제시하고 있다.

답 1행복 2만족감

VOCA experiment 실험 envelope 봉투 instruct 지시하다 donate 기부하다 inquire 묻다 prosocial 친사회적인 significantly 상당히 quantity 양, 수량 have an effect on ~에 영향을 미치다 satisfaction 만족 matter 중요하다 enhance 향상시키다, 높이다 factor 요인 charity 자선 단체

>> 정답과 해설 10쪽

2 다음 글의 제목으로 가장 적절한 것은?

Some bioengineers created a glove-like device that uses a smartphone app to translate American Sign Language into English speech in real time. The system includes thin, flexible sensor gloves. These electrically conductive fiber sensors detect hand gestures and finger placements that represent specific letters, numbers, and words. The device converts the finger motions into electrical signals, which are sent to a smartphone. The signals are then translated into spoken words at a pace of roughly one word per second. The gadget was tested with four deaf people. The wearers repeated each hand motion 15 times. A machine-learning algorithm turned these gestures into letters, numbers, and words. Every letter of the alphabet and the numerals 0 through 9 were recognized by the system. This device is expected to make it possible for people who use sign language to speak directly with non-signers without the need for someone else to translate. words 149

① A Useful Tool for Translating Sign Language
② American Sign Language: How Systematic Is It?
③ The Benefits and Drawbacks of Wearable Devices
④ How to Recognize Sign Language Users' Hand Motions
⑤ What Can Be Done to Encourage Effective Communication?

문제 해결 전략

생체 공학자들이 스마트폰의 앱을 사용하여 [1] 를 바로 영어로 통역하는 장갑 형태의 장치를 만들었다고 언급한 후, 장치의 원리와 시험 결과에 관해 부연 설명하고 있다. 이 장치를 통해 수화를 사용하는 사람들이 통역 없이 다른 사람들과 직접 [2] 할 수 있게 될 것을 기대한다고 했으므로 이 내용을 표현한 제목을 고른다.

답 1수화 2소통

© Andrey_Popov / shutterstock

VOCA bioengineer 생체공학자 device 장치 translate *A* into *B* A를 B로 통역하다 sign language 수화 in real time 즉시, 동시에 flexible 유연한 electrically 전기로 conductive (열 · 전기 등을) 전도하는 fiber 섬유 detect 감지하다 placement 배치, 놓기 represent 나타내다 specific 특정한 letter 글자 convert *A* into *B* A를 B로 바꾸다 signal 신호 per ~마다 gadget 장치 deaf 청각 장애가 있는 turn *A* into *B* A를 B로 바꾸다 numeral 숫자 recognize 인식하다 drawback 결점 systematic 체계적인

1주 3일 필수 체크 전략 1

1 다음 글의 목적으로 가장 적절한 것은?

Dear Mr. Rogers,

I appreciate all you've done for our organization. However, I've heard several complaints regarding your work. Mr. Baker recently called to say you had promised to complete his repair work three weeks ago. However, you haven't finished the work or contacted him. I have numerous comparable complaints on file. You may recall you pledged to better manage your time and complete all the tasks on schedule during the last meeting. These additional complaints show you have failed. Due to these recent events, your evaluation will be lowered accordingly. Our company depends on timely service delivery, and I'm confident in your capacity to do so. Please contact me if you disagree with the assessment result.

Sincerely,

Mark Tepper

words 120

① 고객으로부터 받은 불만 사항을 공유하기 위해
② 직원의 업무에 대한 평가 결과를 공지하기 위해
③ 직원에게 시간 관리를 잘할 것을 요구하기 위해
④ 회사에 대한 직원의 기여에 감사를 표현하기 위해
⑤ 고객에게서 받은 수리 작업 요청을 직원에게 알리기 위해

문제 해결 전략

직원의 근무에 대한 [1　　　] 내용을 통보하는 편지글이다. 편지를 쓴 사람은 조직의 관리자이고 받는 사람은 직원이다. 해당 직원이 정해진 기간 내에 작업을 [2　　　]하지 못하는 일이 반복되는 문제점을 지적하고 있으며, 'Due to these recent events ~.'와 같은 표현에 글의 목적이 드러나 있다.

답 1평가 2완료

© Twinsterphoto / shutterstock

VOCA organization 조직 complaint 불평[항의] regarding ~에 관하여 contact (전화 · 편지 등으로) 연락하다 numerous 많은 comparable 비슷한 recall 기억해 내다 pledge 약속하다 on schedule 예정대로 additional 추가의 due to ~로 인하여 evaluation 평가 depend on ~에 의존하다 disagree 동의하지 않다 assessment 평가

2 다음 글의 요지로 가장 적절한 것은?

ⓒ PAstudio / shutterstock

While exercise is an important aspect of maintaining a healthy and functional body, there is also a time for rest. If you're not feeling well, the gym may not be the best place for you. However, how ill is too sick to exercise? One basic guideline is that if the discomfort is above the neck, it is permissible to exercise. Exercising is acceptable if you have a runny nose, nasal congestion, or a sore throat. On those days, you could consider reducing the time and intensity of exercising. On the other hand, if the pain is below the neck, avoiding the gym is a wise choice. In particular, you should especially avoid the sweat sessions if you have an upset stomach, a hacking cough, or a fever. You should also avoid going to the gym if you experience shortness of breath. words 141

① 과도한 운동은 몸에 해로운 영향을 끼친다.
② 콧물이 날 때는 운동을 하지 않는 것이 좋다.
③ 운동은 건강한 몸을 유지하기 위해 중요하다.
④ 몸이 좋지 않을 때는 증상에 따라 운동 여부를 결정해야 한다.
⑤ 몸이 아플 때 운동을 쉬어야 하는지 여부는 개인에 따라 다르다.

문제 해결 전략

글의 앞부분에서 몸의 상태에 따른 [1] 여부의 결정을 핵심 소재로 제시하고 있고, 이에 관해 목보다 위쪽이 아프다면 운동을 해도 되지만 목보다 [2]이 아프다면 운동을 쉬어야 한다는 내용을 예시를 통해 설명하고 있다.

답 1운동 2아래쪽

VOCA aspect 양상 functional 기능적인 guideline 지침 discomfort (신체적인) 불편 above (~보다) 위에 permissible 허용되는 acceptable 받아들일 수 있는 nasal 코의 throat 목구멍, 목 consider 사려[고려]하다 intensity 강렬함, 강도 below (~보다) 아래에 sweat 땀 fever 열 shortness 부족

[3-4] 다음 글을 읽고, 물음에 답하시오.

Schools are obligated to provide a safe and secure learning environment for students, parents, teachers, and staff. Schools require all the assistance they can get when it comes to safety, and security cameras can play a role in that. However, there is a debate about installing security cameras at school. Supporters of security cameras think that installing them is essential for safety and behavior management. Opponents, however, believe that security cameras lead to a hostile school atmosphere. While perspectives differ, it is vital (A) [understand / to understand] the benefits of any security system. School security cameras increase emergency response and demonstrate the school's dedication to safety. They deter crime and school violence while also (B) [to allow / allowing] teachers to identify and tackle bullying situations.

words 120

© SlaSla / shutterstock

VOCA obligated 의무가 있는 assistance 도움, 지원 when it comes to ~에 관한 한 play a role in ~에서 역할을 하다 debate 논쟁, 논란 install 설치하다 essential 필수적인 behavior 행동 management 관리 opponent (~에 대한) 반대자 hostile 적대적인 atmosphere 분위기 perspective 관점 differ 다르다 emergency 비상(사태) response 대응 demonstrate 증거를 들어 보여 주다 dedication 헌신 deter 저지하다 identify 확인하다 bully (약자를) 괴롭히다

>> 정답과 해설 12쪽

3 글의 필자가 주장하는 바로 가장 적절한 것은?

① 학생들에 대한 안전 교육을 강화해야 한다.
② 모든 교실에 감시 카메라를 설치해야 한다.
③ 교내 학교 폭력 전담 기구를 설치해야 한다.
④ 학생과 교사의 개인 정보 유출을 조심해야 한다.
⑤ 교내 안전을 위해 보안 카메라 설치는 필수적이다.

무엇에 관한 글인지 먼저 파악하고, 글쓴이의 주장이 명확히 드러난 부분이 어디인지 살펴봐.

문제 해결 전략

글의 도입부에 [1] 가 학교에 안전한 환경을 제공하는 역할을 할 수 있다고 언급하며 이에 관한 찬반 의견에 대해 부연 설명하고 있다. 글 후반부의 연결어 [2] 다음에 학교 내 보안 카메라 설치에 관한 글쓴이의 주장이 드러나 있다.

답 1 보안 카메라 2 While

4 글의 (A)와 (B)에서 어법상 적절한 표현을 골라 쓰시오.

(A) ________ (B) ________

문제 해결 전략

to 부정사(구)가 주어로 쓰일 때 주어 자리에 가주어 [ ] 을 쓰고 진주어인 to부정사(구)는 문장의 뒤에 쓸 수 있다. 이때 가주어 it은 해석하지 않는다.

답 it

1주 3일 필수 체크 전략 2

1 다음 글의 목적으로 가장 적절한 것은?

To whom it may concern,

This city has made significant improvements on its neighborhood parks in recent years. As a result, the number of playgrounds with new equipment that meets current safety laws and guidelines has expanded over the past few years. However, many of these locations were almost vacant during the latest heat wave, which was blamed on a lack of proper sun protection. In my opinion, introducing a form of sunscreen during the summer would encourage increased use of the playgrounds while also providing better protection for children. I'm hoping you'll start working on improving the playgrounds soon, and I'm looking forward to seeing the facilities well used even during the hot season.

Sincerely,

Linda Johnson

words 118

① 공원 설계 단계의 실수를 지적하려고
② 놀이 기구 재배치의 필요성을 강조하려고
③ 공원 시설의 안전 기준 충족을 요청하려고
④ 놀이터의 햇볕을 차단할 방법을 요청하려고
⑤ 놀이터에 새로운 놀이기구 증설을 제안하려고

문제 해결 전략

글의 형식은 편지글이다. 편지를 쓴 사람은 놀이터 사용자이고 받는 사람은 시설 관리자이며, 1 [   ]을 차단할 수 있는 시설의 부족으로 인해 놀이터 사용객이 2 [   ]하는 문제점을 언급하면서 'In my opinion, ~.'을 통해 편지를 쓴 목적을 드러내고 있다.

답 1햇볕 2감소

VOCA significant 상당한, 현저한 improvement 향상 recent 최근의 equipment 장비 meet 충족시키다 current 현재의 expand 확장하다 appreciate 고마워하다 location 장소, 위치 vacant 비어 있는, 사람이 없는 latest (가장) 최근의 proper 적절한 protection 보호 introduce 도입하다 look forward to -ing ~하기를 고대하다 facility 시설

>> 정답과 해설 14쪽

2 다음 글의 요지로 가장 적절한 것은?

© TierneyMJ / shutterstock

Everyone seems to be seeking a way out of their jobs. Some blame their employers or colleagues. Others complain about a lack of work-life balance. They fantasize about living a stress-free and peaceful life away from their jobs. However, having a job has several advantages. First and foremost, your work provides a consistent source of cash. Money is unquestionably beneficial and vital for survival. Aside from that, your job has an impact on your identity. It is an important factor in determining who you are as a person. Working also allows you to meet people with diverse personalities, experiences, and skills. The new acquaintances will enrich your life. Finally, it aids in the development of existing skills as well as the acquisition of new ones. This is critical for your career since it will serve as a stepping stone toward achieving your larger professional objectives. words 145

① 수입을 얻기 위해 직업을 가져야 한다.
② 일과 삶의 균형을 유지하는 것은 어렵다.
③ 다양한 성격의 사람들을 만나보아야 한다.
④ 직업이 자아정체성 형성에 매우 중요하다.
⑤ 직업을 갖는 것은 여러 중요한 이점이 있다.

문제 해결 전략

직업을 가지는 것의 [1] 이 글의 핵심 소재이다. 이에 관해 일이 생존과 정체성에 영향을 미치고 다양한 성격과 경험, 기술을 가진 사람들을 만나게 해주며, 새로운 기술을 [2] 하고 원래 가진 기술을 발전시키는 것을 돕는다고 설명하고 있다.

답 1 장점 2 습득

VOCA lack 부족 fantasize 환상을 갖다 unquestionably 의심할 나위 없이 beneficial 유익한 vital 필수적인 aside from ~외에도 identity 정체성 determine 결정하다 diverse 다양한 acquaintance 아는 사람, 지인 enrich 풍요롭게 하다 development 발전 *A* as well as *B* B뿐만 아니라 A도 acquisition 습득 achieve 성취하다 objective 목표

1 다음 글의 주제로 가장 적절한 것은?

Nutritional information on food packaging helps consumers purchase food for their health. As people become more concerned about climate change and conscious of their own role in it, demand for another sort of food label, 'carbon footprints,' is increasing. A carbon footprint is the total amount of greenhouse gases produced by our actions. Fertilizers, manure, transportation, packaging, and food processing all have an impact on the carbon footprint of food. Carbon labeling is expected to help customers change their eating habits in order to meet their objective of lowering their carbon footprint. According to one study, labels with environmental information reduce a person's carbon footprint by about 5% when compared to standard food labels. Carbon labeling will also push the food industry to compete constructively in a 'race to the bottom' in terms of emissions.

words 135

① the impact of carbon labeling on food items
② the method for estimating the carbon footprint
③ the impact of food consumption on the environment
④ the role of nutritional information on food packaging
⑤ the efforts of food industry to minimize carbon footprints

글의 핵심 소재에 대해 어떤 부연 설명이 이어지는지 살펴봐.

VOCA nutritional 영양상의 climate 기후 conscious 의식하는 carbon 탄소 demand 수요 amount 양 fertilizer 비료 manure 거름 transportation 수송 meet 충족시키다 lower 낮추다 compared to ~와 비교하여 standard 일반적인 constructively 건설적으로 bottom 밑(바닥), 맨 아래 in terms of ~ 면에서[~에 관하여] emission 배출

>> 정답과 해설 15쪽

2 다음 글의 제목으로 가장 적절한 것은?

© Rawpixel.com / shutterstock

Typing on a phone has replaced talking as the preferred mode of communication. This shift occurred mostly as a result of a greater use of social media networks, but it also reflected a shift in people's attitudes and behaviors. Why is texting so appealing to many? For starters, texting is usually used as a private means of communication. It is not possible for someone to overhear the texting of another person. When it comes to phone calls, however, this is not the case. Furthermore, people are under less pressure to respond instantly to messages. Texting enables people to respond at a time that is most convenient for them and to compose their messages in the most appropriate or desirable manner. Finally, texting is less time-consuming. It encourages the use of abbreviations and emoticons to make information exchanges shorter and more efficient overall. words 142

① Why People Text Rather than Talk
② Various Functions of Smartphones
③ Communication and Privacy Concerns
④ Methods for Efficient Information Transfer
⑤ Changes in People's Lifestyles and Behaviors

VOCA shift 변화 reflect 반영하다 attitude 태도 appeal 매력적이다, 관심을 끌다 private 사적인 when it comes to ~에 관한 한 pressure 압박 respond 답장을 보내다 instantly 즉시 enable *A* to *B* A가 B할 수 있게 하다 compose (편지 등을) 쓰다 desirable 바람직한 time-consuming (많은) 시간이 걸리는 abbreviation 약어, 축약형 efficient 효율적인 overall 대체로

3 다음 글의 요지로 가장 적절한 것은?

Praising your children's talent or intelligence might seem to help boost their self-esteem and motivate them. But in fact, this kind of praise can result in quite opposite effects. Carol Dweck and her team have proved the effect in a series of experimental studies: 'When you praise your kids' ability, kids become more cautious and tend to avoid challenges.' They act as though they fear doing anything that might make them fail and lose your favorable evaluation. Children might also think that intelligence or talent is something that people either have or don't have. This might cause children to feel helpless and frustrated when they make mistakes. If your mistakes mean that you are short of intelligence, what's the point of trying to do better? words 125

① 잦은 칭찬은 아이의 자존감 발달에 이롭다.
② 열심히 노력하는 태도는 꾸준한 대화를 통해 길러진다.
③ 아이의 능력보다 어려운 도전 과제를 제시할 필요가 있다.
④ 친구들과의 놀이 시간 부족은 아이의 인지 발달을 지연시킨다.
⑤ 지능과 재능에 대한 칭찬이 아이에게 부정적 영향을 끼칠 수도 있다.

도입부에서 글의 소재를 파악하고 그에 대한 글쓴이의 견해가 어떻게 드러나 있는지 확인해 봐.

ⓒVectorium / shutterstock

VOCA praise 칭찬하다 talent 재능 intelligence 지능 self-esteem 자존감 motivate 동기부여 하다 opposite 반대의 prove 입증하다 cautious 조심스러운 favorable 호의적인 evaluation 평가 helpless 무력한 frustrated 좌절감을 느끼는 be short of ~이 부족한

>> 정답과 해설 15쪽

4 다음 글의 목적으로 가장 적절한 것은?

Dear Parents,

I am pleased to write this letter as the new principal of Orchard Valley High School. I am honored to manage a school with such a great educational history! I've worked in education for almost thirty years. My most recent administrative experience was as a middle school principal in Cumberland County. I am pleased to bring my educational leadership talents to Orchard Valley High School and work with you to ensure your child's success. Along with the teachers and staff, I will work hard to foster great relationships with parents, students, and community partners. We will continue to focus on character education, data-driven instruction, and rigorous curriculum implementation to promote the achievement of all students. My door is always open for various suggestions. Throughout the school year, feel free to contact me with any issues.

Best regards,
James Brown
Principal, Orchard Valley High School

words 146

① 새로 임명된 교사들을 소개하려고
② 인성 교육의 중요성을 강조하려고
③ 새로운 교장으로서 포부를 밝히려고
④ 학교의 변경된 교과 과정을 설명하려고
⑤ 학부모들의 학교에 대한 지원을 독려하려고

© Monkey Business Images / shutterstock

VOCA principal 교장 educational 교육의 administrative 행정상의 ensure 보장하다 along with ~와 함께 foster 조성하다 focus on ~에 중점을 두다 instruction 교육 rigorous 철저한 curriculum 교과 과정 implementation 이행, 실행 issue 사안

[1-2] 다음 글을 읽고, 물음에 답하시오.

The Solar Cow is a solar charging system in the shape of a cow that has been placed in some rural African schools. Solar Cows comprise solar panels, storage batteries and charging stations for the portable batteries. The portable batteries are charged while the students attend class and they take them home at the end of the day. These batteries become a valuable source of energy for charging their cell phones and providing lighting. This green electricity provides an incentive for many low-income families to send their children to school rather than work. Meeting families' short-term energy needs also assists them in breaking the cycle of poverty by educating their children and improving their lives instead of relying on others. For this reason, a special charging socket that is only compatible with Solar Cow charging systems is employed, requiring parents to send their children to school to charge their batteries. words 150

© Boxed Lunch Productions / shutterstock

VOCA solar 태양열을 이용한, 태양의 charge 충전하다 shape 모양 place 설치[배치]하다 rural 시골의 comprise ~으로 구성되다 storage 저장 portable 휴대용의 valuable 소중한 incentive 유인[장려]책 short-term 단기의 poverty 가난 rely on ~에 의존하다 compatible 호환이 되는 require 필요[요구]하다

>> 정답과 해설 17쪽

1 글의 제목으로 가장 적절한 것은?

① The Underlying Principle of a Solar Charging System
② How to Motivate African Students to Study Engineering
③ Who Invented the Solar Cow Charging System and Why?
④ How Solar Cow Educates Underprivileged African Children
⑤ What Role Does Education Play in Changing the Lives of Children?

선택지의 정보가 지엽적일수록 글의 소재에 관한 세부적인 정보를 정확히 파악해야 해.

2 글의 내용을 다음과 같이 요약할 때, 빈칸에 들어갈 알맞은 말을 본문에서 찾아 쓰시오.

Children go to school.

↓

The batteries are (1) ________ through the Solar Cow.

↓

Children take the batteries home.

↓

Families use those batteries.

↓

Parents (2) ________ their children to school again.

[3-4] 다음 글을 읽고, 물음에 답하시오.

Those who spend time preparing meals have developed superstitions over time and there are several superstitions related to food all around the world. Eggs are widely found in most kitchens, and they are associated with a number of superstitions. Many people believe that breaking open a double-yolked egg brings good luck and may even signal a twin pregnancy in the family. In the UK, after eating a hard-boiled egg, you should shatter the shell. Otherwise, a witch will be able to use it to fly to ships and sink them. In Korea, mothers consume seaweed soup after giving birth. As a result, eating this dish on birthdays has become a tradition. It is, however, not recommended to eat it on days of tests, job interviews, and the like. It is because people believe that the slippery texture of the seaweed is meant to represent a slip and fall to the bottom. On New Year's Eve in Spain, it is customary to eat a dozen grapes one by one at midnight to represent each month of the year. If the grape is delicious, the month ahead will be fortunate. It is going to be a horrible month if it is sour.

* a double-yolked egg 노른자가 두 개 있는 달걀 words 200

© VipadaLoveYou / shutterstock

VOCA superstition 미신 be associated with ~와 관련되다 signal 암시하다 pregnancy 임신 shatter 산산이 부수다 shell 껍데기[껍질] witch 마녀 sink 가라앉다 seaweed (김 · 미역 등의) 해조 give birth 출산하다 slippery 미끄러운 texture (음식의) 질감 represent 상징하다 customary 관습상의 fortunate 운 좋은 sour (맛이) 신

>> 정답과 해설 17쪽

3 글의 주제로 가장 적절한 것은?

① a British legend about eating hard-boiled eggs
② various food superstitions from around the world
③ the link between seaweed soup and birthday meals
④ reasons why the Spanish eat grapes on New Year's Eve
⑤ differences in how eggs are prepared in different cultures

4 글의 내용과 일치하도록 빈칸에 알맞은 말을 본문에서 찾아 쓰시오.

Food Superstitions	
In the UK	You have to smash up your egg (1) ________ after eating a hard-boiled egg. Otherwise, a witch would (2) ________ ships using it.
In Korea	Don't eat (3) ________ soup on test days. If you do that, you may slip and (4) ________ to the bottom.
In Spain	A dozen grapes you eat on New Year's Eve represent each (5) ________. If the grape tastes good, the month ahead will be (6) ________.

2주 세부 정보를 찾아라

글의 내용을 꼼꼼하게 해석해서 선택지의 내용과 대조할 필요가 있는 문제들이 있습니다. 지문이나 도표의 내용이 선택지와 일치하는지, 문맥에 맞는 적절한 어휘가 사용되었는지 파악하는 문제가 이에 해당합니다.

내용 일치

안내문 이해하기

학습할 내용		
	❶ 내용 일치	❷ 안내문 이해하기
	❸ 도표 파악하기	❹ 어휘

도표 파악하기

어휘

2주 1일 개념 돌파 전략 1

개념 ❶ 내용 일치

글의 내용과 일치하거나 일치하지 않는 내용을 찾음으로써 글에 제시된 세부 정보들을 이해하고 있는지 확인하는 유형이다.

❶ 주로 인물의 생애, 동식물, 건축물 등에 관한 지문이 제시된다.

❷ 선택지는 우리말로 제시되며, 글의 흐름대로 나오므로 [1] 와 지문을 하나하나 [2] 하며 읽는다.

TIP

지문의 내용과 일치하는지를 묻는 것이므로 주어진 지문에만 근거해서 문제를 해결한다.

답 1 선택지 2 대조

지문으로 연습하기

Edward Hopper에 관한 다음 글의 내용과 일치하지 않는 것은?

Edward Hopper, a realist painter, was born in New York in 1882. He showed talent in drawing at age five and studied at the New York School of Art from 1900 to 1906. After graduating, he worked as an illustrator for a short time. When this career ended, he traveled to Europe three times between 1906 and 1910. Artistic movements like Fauvism and Cubism were blossoming in France then, but he had little interest in them. Returning to America, he tried to find his own artistic style. Around the mid 1920s, he began oil paintings and watercolorings. His paintings expressed the reality of America and the life of common people. He strongly influenced the Pop Art movement of the 1960s and 1970s.

*Fauvism 야수파 *Cubism 입체파 words 122

① 어릴 때부터 그림에 재능을 보였다.
② 학교를 졸업한 후 삽화가로 일했다.
③ 야수파나 입체파 미술 운동에 관심이 있었다.
④ 1920년대 중반 무렵 유화를 그리기 시작했다.
⑤ 평범한 사람들의 삶이 잘 나타나는 그림을 그렸다.

전략 CHECK

❶ 첫 문장을 통해 Edward Hopper라는 사실주의 화가에 관한 글임을 알 수 있다.

❷ 선택지의 정보가 담긴 문장을 찾아 일치하는지 여부를 확인한다.

① He showed talent in drawing at age five, ∼ 1906.
② After graduating, he worked as an illustrator for a short time.
③ Artistic movements like Fauvism and Cubism ∼, but he had little interest in them.
④ Around the mid 1920s, he began oil paintings and watercolorings.
⑤ His paintings expressed ∼ and the life of common people.

© Everett Collection / shutterstock

VOCA realist (문학 · 예술의) 사실주의자 illustrator 삽화가 movement 움직임 blossom 꽃을 피우다 oil painting 유화 watercoloring 수채화 express 표현하다 common 평범한 influence 영향을 주다

개념 2 안내문 이해하기

실생활에서 쉽게 접할 수 있는 다양한 안내문의 세부 정보를 정확하게 이해하고 있는지 파악하는 유형이다.

❶ 안내문의 [1   ]을 통해 무엇에 관한 내용인지 파악한다.

❷ 각종 행사나 대회 등의 참가 대상, 등록 방법, 비용, 시기 및 주의 사항 등의 항목이 소제목으로 제시되므로, 이와 관련하여 [2   ]에 언급된 항목을 찾는다.

TIP 안내문에 자주 쓰이는 표현

date & time[when], place[where], register, registration, sign up, admission, fee, deadline, refund, prize, notice, note 등

답 1 제목 2 선택지

지문으로 연습하기

Springfield Reading Camp에 관한 다음 안내문의 내용과 일치하지 않는 것은?

Springfield Reading Camp

Springfield Youth Center is hosting the annual Reading Camp for middle school students in the community.

Date & Place

- Date: Saturday, November 21 (Starting at 10:00 a.m.)
- Place: Springfield Youth Center (Main Hall on the 3rd floor)

Registration

- Fee: $10 (including free lunch)
- Register online at www.sfyouthcenter.com

Activities

- Reading and Discussion
- Golden Bell Quiz Time

Notes

ⓒ GoodStudio / shutterstock

- Participants will receive a book and a notebook.
- The winner of Golden Bell will be awarded a $10 gift certificate.

① 토요일 오전 10시에 시작한다.
② 등록비를 내면 점심 식사가 제공된다.
③ 온라인으로 등록할 수 있다.
④ 참가자들은 책을 구매해야 한다.
⑤ 퀴즈 우승자에게는 상품권이 주어진다.

전략 CHECK

❶ 안내문의 제목에서 독서 캠프에 관한 내용임을 알 수 있다.

❷ Date: 11월 21일, 토요일 (오전 10시)
Fee: 등록비 10달러에 점심 식사 포함
Registration: 웹 사이트에서 등록
Notes: 참가자에게 책과 공책이 한 권씩 제공되고, 책 구입에 관한 내용은 언급되지 않음. Golden Bell 퀴즈의 우승자에게는 10달러 상품권을 수여

VOCA host 개최하다 annual 연례의 fee 요금 register 등록하다 discussion 토론 participant 참가자 gift certificate 상품권

개념 3 도표 파악하기

다양한 형식의 도표가 나타내는 세부 정보가 이를 설명하는 글의 내용과 일치하는지 파악하는 유형이다.

❶ 도표의 형식이나 제목을 살펴보며 무엇에 관한 도표인지 파악한다.

❷ 도표의 가로축과 [1] 축에 표시된 항목과 수치가 무엇을 나타내는지 확인한다. 보통 주어진 글의 첫 문장에서 도표 전체의 내용이 요약되므로 해당 내용을 파악한다.

❸ 선택지의 내용이 도표의 세부 정보와 [2] 하는지 대조한다. 이때 비교, 비율, 증감 등을 나타내는 표현에 유의한다.

답 1 세로 2 일치

지문으로 연습하기

다음 도표의 내용과 일치하지 않는 것은?

Percentage of U.S. Students Participating in Cultural Activities (2016)

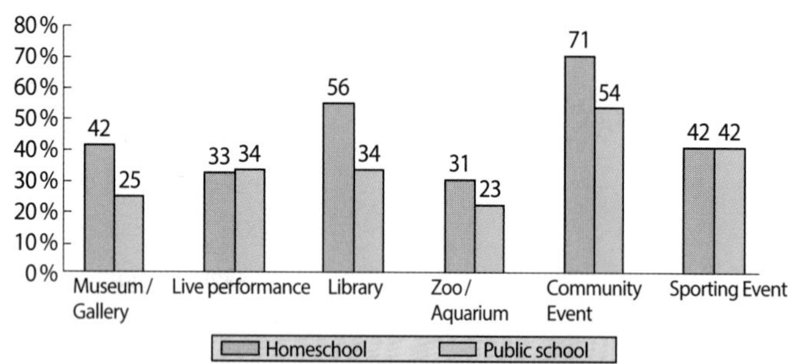

The graph above shows the percentage of U.S. homeschooled and public school students participating in cultural activities in 2016. ① With the exception of live performances and sporting events, the percentage of homeschooled students participating in cultural activities was higher than that of public school students. ② For both group of students, community events accounted for the largest percentage among all cultural activities. ③ The percentage point difference between homeschooled students and their public school peers was largest in visiting libraries. ④ The percentage of homeschooled students visiting museums or galleries was more than twice that of public school students. ⑤ Going to zoos or aquariums ranked the lowest for both groups of students, with 31 and 23 percent respectively.

words 124

전략 CHECK

❶ 제목에서 2016년에 문화 활동에 참여하는 미국 학생들의 비율에 관한 도표임을 파악한다.

❷ 도표의 가로축은 활동의 종류, 세로축은 학생의 비율을 나타낸다.

❸ 각 선택지의 비교 표현에 유의하며 도표의 수치와 대조한다.

① higher than (~보다 높은)
② accounted for the largest percentage (가장 큰 비율을 차지했다)
③ largest in (~에서 가장 큰)
④ more than twice (두 배 이상 더 많은)
⑤ the lowest (가장 낮은)

VOCA public 공립의 participate in ~에 참여[참가]하다 exception 제외, 예외 performance 공연 account for (부분 · 비율을) 차지하다 difference 차이 peer 동료 rank (등급 · 순위를) 차지하다 both *A* and *B* A와 B 둘 다 respectively 각각

개념 4 어휘

문맥상 적절한 어휘가 쓰였는지 파악하는 유형이다. 밑줄 친 어휘의 쓰임이 적절하지 않은 것을 고르거나, 네모 안에서 적절한 어휘를 선택하는 형식으로 출제된다.

❶ 글을 빠르게 읽으며 소재와 전반적인 내용을 파악한다.

❷ 전체 내용과 밑줄 또는 네모 안의 어휘가 포함된 문장의 앞뒤 [1] 을 정확히 파악하여 알맞은 어휘를 고른다.

❸ 정답이 되는 부분에는 주로 철자가 유사한 단어나 반의어 등이 제시되므로 [2] 를 함께 외우는 것이 중요하다.

TIP 다의어일 경우, 주어진 문맥상 알맞은 의미를 찾아 해석한다.

답 1 문맥 2 반의어

지문으로 연습하기

다음 글의 밑줄 친 부분 중, 문맥상 낱말의 쓰임이 적절하지 <u>않은</u> 것은?

American psychologists Adam Galinsky and Hajo Adams discovered that there is science behind our style. In their research, they had some participants wear white lab coats for scientists or doctors. Other participants wore their everyday clothes. The participants took a test that measured their ability to pay attention. The people wearing the white coats performed better than the people in ① <u>regular</u> clothes. Galinsky and Adams found that the white coats made the participants feel ② <u>less</u> confident and careful. They also believed that other kinds of 'symbolic' clothes can influence the ③ <u>behavior</u> of the people wearing them. A police officer's uniform or a judge's robe, for example, ④ <u>increases</u> the wearer's feeling of power or confidence. And in workplaces that have a dress code, 'symbolic' clothes may also ⑤ <u>affect</u> how well employees do their jobs. words 133

©Rawpixel.com / shutterstock

전략 CHECK

❶ 스타일에 과학이 있다는 첫 문장의 내용과 이와 관련된 실험 결과 등을 통해 '상징적인 옷이 사람들의 행동에 영향을 줄 수 있다'라는 주제를 파악한다.

❷❸ '① <u>평상</u>복을 입은 참가자들보다 흰 가운을 입은 참가자들이 집중력 측정 테스트를 더 잘 수행했다. → 흰 가운이 참가자들을 ② <u>덜</u> 자신감 있고 신중하게 만든다. → 상징적인 옷들이 그것을 입고 있는 사람들의 ③ <u>행동</u>에 영향을 줄 수 있다. → 경찰관 제복이나 판사 법복은 입은 사람의 힘이나 자신감을 ④ <u>증대시킨다</u>. → 상징적인 옷은 근로자의 업무 수행에도 ⑤ <u>영향을 미친다</u>.'라는 흐름에서 어색한 부분을 찾는다.

VOCA psychologist 심리학자 research 연구 measure 측정하다 pay attention 주의를 기울이다 perform 수행하다 regular 평상시의 confident 자신감 있는 symbolic 상징적인 influence 영향을 주다 behavior 행동 judge 판사 robe 법복 affect 영향을 주다

2주 1일 개념 돌파 전략 2

1 Kilimanjaro 산에 관한 다음 글의 내용과 일치하지 않는 것은?

© Andrzej Kubik / shutterstock

Located in Tanzania, Mt. Kilimanjaro is the tallest mountain on the African continent. It consists of three volcanic cones: Kibo, Mawenzi, and Shira. Kibo, the summit of the mountain, could erupt again, while Mawenzi and Shira are extinct. Kilimanjaro is well known for its snowcapped peak. The snow melts and flows down the mountain. So, a wide range of plants and animals inhabit the area. However, scientists warn that the snow might disappear within the next 20 years or so. Kilimanjaro has become a popular hiking spot since German geographer Hans Meyer and Austrian mountaineer Ludwig Purtscheller first reached the summit of Kibo in 1889. About 1,000 people climb the mountain every year. words 113

① 아프리카 대륙에서 가장 높은 산이다.
② 세 개의 원추형 화산 중 두 개는 사화산이다.
③ 화산 활동으로 다양한 동식물이 서식할 수 없다.
④ 꼭대기의 눈은 20년쯤 이내에 사라질지도 모른다.
⑤ 1889년 이전에는 정상에 사람의 발길이 닿지 않았다.

전략 적용하기

내용 일치

❶ 아프리카의 [1] 산이 글의 핵심 [2]이다.

❷ 선택지의 정보가 담긴 문장을 글에서 찾아 일치하는지 아닌지를 확인한다.

① ~ Mt. Kilimanjaro is the tallest mountain on the African continent.
② Kibo, ~ while Mawenzi and Shira are extinct.
③ So, a wide range of plants and animals inhabit the area.
④ ~ the snow might disappear within the next 20 years or so.
⑤ ~ first reached the summit of Kibo in 1889.

답 1Kilimanjaro 2소재

VOCA continent 대륙 consist of ~로 이루어지다 volcanic cone 원추형 화산 summit (산의) 정상, 산꼭대기 erupt (화산이) 분출하다 extinct 사화산의 snowcapped 꼭대기가 눈에 덮인 peak 꼭대기 melt 녹다 a wide range of 광범위한, 다양한 inhabit 서식하다 warn 경고하다 or so ~ 정도[쯤] geographer 지리학자 mountaineer 등산가, 산악인

» 정답과 해설 21쪽

2 (A), (B), (C)의 각 네모 안에서 문맥에 맞는 낱말로 가장 적절한 것은?

© GoodStudio / shutterstock

The reduction of minerals in our food is the result of using pesticides and fertilizers that kill off beneficial bacteria, earthworms, and bugs in the soil that create many of the essential nutrients in the first place. Pesticides and fertilizers also (A) [prevent / provide] the uptake of nutrients into the plant. Fertilizing crops with nitrogen and potassium has led to declines in magnesium, zinc, iron, and iodine. For example, there has been on average about a 30% (B) [increase / decline] in the magnesium content of wheat. This is partly due to potassium being a blocker against magnesium absorption by plants. Lower magnesium levels in soil also occur with acidic soils and around 70% of the farmland on earth is now acidic. Thus, the overall characteristics of soil determine the accumulation of minerals in plants. Indeed, nowadays our soil is (C) [less / more] healthy and so are the plants grown on it.

words 146

	(A)		(B)		(C)
①	provide	…	decline	…	less
②	prevent	…	decline	…	less
③	prevent	…	decline	…	more
④	prevent	…	increase	…	more
⑤	provide	…	increase	…	more

전략 적용하기

어휘

❶ 살충제와 비료 사용으로 인한 미네랄 등 식품 속 필수 영양소 함량 감소와 토양의 특성 변화에 관한 내용임을 알 수 있다.

❷ 식품 속 미네랄의 [1] 가 식물로 토양의 필수 영양소가 흡수되지 못하는 것의 결과이고, 질소와 포타슘 비료를 사용하는 것이 마그네슘, 아연, 철 등의 감소로 이어졌다는 것을 예를 들어 설명하고 있다. 현재 대부분의 토양이 마그네슘 수치가 더 낮은 [2] 토양이고, 이렇게 덜 건강한 땅에서 자란 식물 역시 미네랄 함량이 적다는 내용도 부연 설명으로 제시되었다.

답 1 감소 2 산성

VOCA reduction 감소 pesticide 살충제 fertilizer 비료 beneficial 이로운 essential 필수적인 nutrient 영양소 uptake 흡수 nitrogen 질소 potassium 포타슘 magnesium 마그네슘 zinc 아연 iron 철 iodine 요오드 blocker 방해물 absorption 흡수 acidic 산성의 overall 전반적인 characteristic 특징 determine 결정하다 accumulation 축적

2주 2일 필수 체크 전략 1

1 Pigeon River Campground에 관한 다음 안내문의 내용과 일치하지 않는 것은?

Pigeon River Campground

Looking for an escape from your routine? Pigeon River Campground is an ideal place for a relaxing, fun-filled vacation. With so much to do and so much to explore, you will need to keep coming back to experience it all!

Facilities

- 20 campsites available
- 8 individual bathrooms
- general store, laundry room
- free Internet access

© GoodStudio / shutterstock

Notes

- Check in: Between 1 p.m. and 6 p.m.
- Check out: Before 11 a.m.
- Full payment must be made within 10 days after booking.
- Pets must be on a leash and the owner is responsible for cleanup.
- Campfires are permitted in the fire rings only.

For reservations and more information, please contact our office at 844-766-2267.

words 113

① 이용 가능한 야영지가 20개 있다.
② 잡화점과 세탁실이 있다.
③ 체크아웃은 오전 11시 전에 해야 한다.
④ 예약 당일에 사용 금액 전액을 지불해야 한다.
⑤ 애완동물 입장이 가능하다.

문제 해결 전략

Facilities 항목에서 야영지 수가 20개인 것과 잡화점 및 [1] 이 있다는 것을 알 수 있다. Notes 항목에서 체크인 및 체크아웃 시간과 지불 관련 정보, 그리고 애완동물에 관련된 정보를 파악할 수 있다. 예약하고 나서 [2] 일 이내에 전액을 지불해야 한다.

답 1세탁실 210

VOCA routine 일상 ideal 이상적인 fun-filled 재미로 가득 찬 explore 탐험하다 facility 시설 available 이용 가능한 individual 개인의 general store 잡화점 laundry 세탁 payment 지불 leash 목줄 be responsible for ~에 책임이 있다 permit 허용하다 fire ring 화로

2 Afterschool Foreign Language Program에 관한 다음 안내문의 내용과 일치하는 것은?

Afterschool Foreign Language Program

Are you interested in foreign cultures? Learning a foreign language can help you learn about its culture. Check out our new afterschool program and expand your cultural knowledge as well as language skills.

Classes: Spanish, French, Chinese, and Korean

When: 4 p.m. ~ 6 p.m., every Tuesday and Thursday in June (Each class consists of 8 lessons.)

Registration

- Sign up from May 10 to May 15 through our website at www.AFLP.edu
- Each student can sign up for a maximum of two classes.

Tuition Fee: $30

- Full payment is required when registering.
- Refunds can only be given up to a week before the class.

For more information, contact us at 2396-8047.

words 115

Spanish French Chinese Korean

① 주중과 주말 오후에 각각 수업이 진행된다.
② 등록은 일주일 동안 웹 사이트에서 할 수 있다.
③ 한 학생이 최소 두 개의 수업을 들어야 한다.
④ 등록할 때 수강료 전체를 내야 한다.
⑤ 환불은 수업 시작 하루 전까지 받을 수 있다.

문제 해결 전략

방과 후 외국어 수업에 관한 안내문이다. 수업은 주중인 화요일과 목요일 오후에 진행되고, 등록은 5월 10일부터 15일까지 6일 동안 [1 ______]에서 할 수 있다. 한 학생이 신청할 수 있는 수업은 최대 두 개이고 등록할 때 수업료 $30 전액을 내야 한다. 환불은 수업 전 [2 ______]까지만 받을 수 있다.

답 1 웹 사이트 2 일주일

VOCA foreign 외국의 language 언어 check out ~을 확인하다 expand 확장하다 knowledge 지식 sign up 등록하다 through ~을 통해 full payment 전액 납부 require 필요하다 refund 환불 up to ~까지

[3-4] 다음 글을 읽고, 물음에 답하시오.

Amelia Earhart, an American pilot, was born in Kansas on July 24, 1897. In 1918, Earhart left college to volunteer to treat wounded soldiers in a Canadian military hospital in Toronto during World War I. Nearby were pilot practice fields, where she discovered her passion for flying. In 1920, she went on her first airplane ride. In 1932, Earhart became the first woman to fly by herself across the Atlantic Ocean. And three years later, she became the first person to fly solo across both the Atlantic and Pacific Oceans. Earhart는 훨씬 더 위대한 무언가를 하기를 원했다. On June 1, 1937, she and navigator Fred Noonan, tried to fly about 29,000 miles around the world. By June 29, they had made it to Papua New Guinea and had only about 7,000 miles left to go. But their plane disappeared in the Pacific Ocean and they never returned. words 147

VOCA treat 치료하다 wounded 부상을 입은 military hospital 군 병원 nearby 인근에 passion 열정 the Atlantic Ocean 대서양 navigator 조종사 disappear 사라지다

>> 정답과 해설 22쪽

3 Amelia Earhart에 관한 글의 내용과 일치하지 않는 것은?

① 제1차 세계 대전 중에 부상당한 군인을 치료하는 봉사 활동을 했다.
② 근처의 조종사 훈련장에서 비행에 대한 열정을 가지게 되었다.
③ 1920년에 처음으로 비행기를 탔다.
④ Fred Noonan과 함께 대서양과 태평양 횡단 비행에 성공했다.
⑤ 세계 일주 비행 중 태평양에서 비행기가 실종되었다.

혼동하기 쉬운 내용일수록 지문에 제시된 것과 선택지의 정보를 꼼꼼히 대조해야 해.

문제 해결 전략

미국의 [1　　] 였던 Amelia Earhart에 관한 글임을 파악하고 선택지의 내용이 담긴 문장을 찾는다.

① Earhart left college to volunteer to treat wounded soldiers in a Canadian ~ during World War I.
② Nearby were pilot practice fields ~, where she discovered her [2　　] for flying.
③ In 1920, she went on her first airplane ride.
④ ~ she became the first person to fly solo across both the Atlantic and Pacific Oceans.
⑤ ~ their plane disappeared in the Pacific Ocean ~.

답 1조종사 2passion

4 글의 밑줄 친 부분과 같은 뜻이 되도록 주어진 단어들을 알맞은 순서로 배열하시오.

bigger / Earhart / something / do / wanted / even / to

➡

문제 해결 전략

want는 to부정사를 목적어로 쓰고 -thing으로 끝나는 대명사는 형용사가 뒤에서 수식한다. even은 비교급을 강조하는 부사이다.

2주 2일 필수 체크 전략 2

1 혹등고래에 관한 다음 글의 내용과 일치하지 않는 것은?

© Imagine Earth Photography / shutterstock

The humpback whale is a species of whalebone whale and gets its common name from the distinctive hump on its back. Adult humpback whales usually range from 12 to 16 meters in length and weigh about 40 tons. They live in all oceans around the world and travel great distances between polar feeding grounds in summer and tropical breeding grounds in winter. They feed on shrimp-like krill, plankton, and small fish. Females produce a single calf every two to three years on average. They nurse their calves for almost a year. Humpbacks make a variety of sounds to communicate with each other. The whales string the sounds together to form songs, which last 5 to 35 minutes. The songs vary among groups of whales in different regions and undergo changes from year to year.

*humpback whale 혹등고래 *whalebone whale 긴수염고래 words 134

① 등에 있는 혹 때문에 이름 지어졌다.
② 다 자라면 무게가 약 40톤에 이른다.
③ 여름에는 극지방에서 번식기를 가진다.
④ 암컷은 거의 일 년 동안 새끼에게 젖을 먹인다.
⑤ 고래 무리가 부르는 노래는 지역마다 서로 다르다.

문제 해결 전략

핵심 소재는 [1] 이다. 선택지의 내용이 담긴 문장을 찾아 일치 여부를 확인한다.

① ~ gets its common [2] from the distinctive hump on its back.
② Adult humpback whales ~ weigh about 40 tons.
③ ~ polar feeding grounds in summer ~
④ They nurse their calves for almost a year.
⑤ The songs vary among groups of whales in different regions ~.

답 1 혹등고래 2 name

VOCA species (동·식물) 종 distinctive 독특한 hump 혹 range from ~에서 …에 이르다 weigh 무게가 나가다 feeding ground (동물의) 먹이 먹는 곳 tropical 열대 지방의 breeding ground 번식지 calf (고래·사슴 등의) 새끼(*pl.* calves) nurse 젖을 먹이다 a variety of 여러 가지의 string together 연결하다 form 구성하다 vary 서로 다르다 region 지역

>> 정답과 해설 25쪽

2 Hamilton County Essay Writing Contest에 관한 다음 안내문의 내용과 일치하는 것은?

© 1TwoThree / shutterstock

Hamilton County Essay Writing Contest

Do you enjoy writing? Are you looking for an opportunity to show off your writing skills? We would like to invite you to participate in our essay writing conest.

Registration

- The contest is open to all students aged 8 to 18 and living in Hamilton County.
- Interested participants are required to fill in an online registration form by March 15.

Guidelines

- The essay topic is 'My Future Dream.'
- The work must be a minimum 500 words in length.
- The work must be submitted on our website by May 1.

Winners and Prizes

- The top three entries will receive the following cash prizes:
  ▸ 1st Prize: $100 ▸ 2nd Prize: $80 ▸ 3rd Prize: $60
- Winners will be announced on July 20 through our website.

For more information, please visit our website at www.hamiltonessay.com

words 135

① Hamilton 주에 거주하는 모든 시민이 참여할 수 있다.
② 3월 15일까지 신청서를 우편으로 보내야 한다.
③ 작품은 최대 500단어 이내로 작성해야 한다.
④ 작품은 5월 말까지 웹 사이트에 제출해야 한다.
⑤ 상위 세 개의 참가작에게 상금이 주어진다.

문제 해결 전략

에세이 쓰기 대회의 안내문으로 참가 대상은 Hamilton 주에 살고 있는 8세에서 18세 [1] 이다. 참가 신청은 3월 15일까지 온라인 신청서를 작성해야 하고, '내 미래의 꿈'에 관한 주제로 최소 500단어 이상 써야 한다. 작품은 5월 1일까지 웹 사이트에 제출해야 하고 상위 세 개의 참가작에게는 각각 $100, $80, $60의 [2] 이 주어진다.

답 1 학생 2 상금

VOCA look for 찾다 opportunity 기회 show off 뽐내다 participate in ~에 참가하다 require 요구하다 fill in (서식을) 작성하다 form 서식 minimum 최소한의 submit 제출하다 entry 참가작, 응모작 announce 발표하다

2주 3일 필수 체크 전략 1

1 다음 도표의 내용과 일치하지 않는 것은?

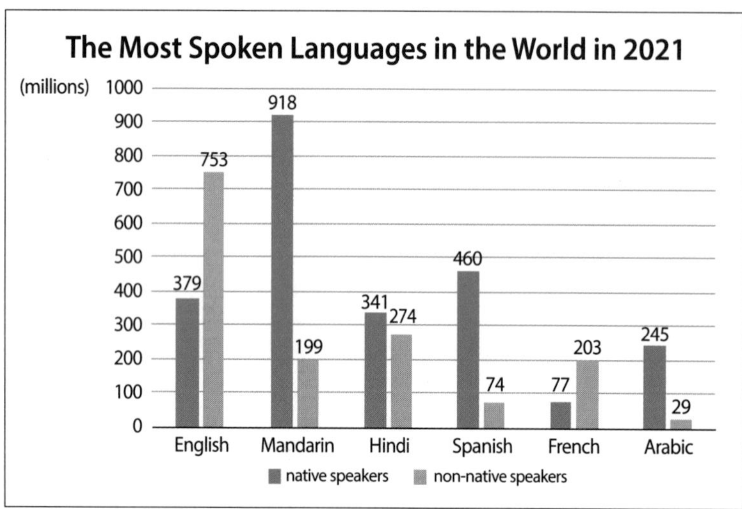

The graph above shows the numbers of native speakers and non-native speakers of the most spoken languages in the world in 2021. ① Mandarin is the most spoken language by native speakers with 918 million. ② English is the only language which has more non-native speakers than native speakers. ③ Spanish has more native speakers than English, while it has much fewer non-native speakers than English. ④ The number of Hindi native speakers is bigger than that of Arabic native speakers. ⑤ Arabic is the least spoken language among the six in terms of the number of non-native speakers. words 94

문제 해결 전략

제목으로 보아 2021년에 세계에서 가장 많이 쓰이는 언어에 관한 도표임을 알 수 있다. 도표의 가로축은 언어의 종류, 세로축은 언어 사용자의 수를 나타낸다. ① the most spoken languages (가장 [1 ____] 쓰이는 언어) ② more than (~보다 많은) ③ much fewer than (~보다 [2 ____]) ④ bigger than (~보다 큰) ⑤ the least spoken language (가장 적게 쓰이는 언어) 등의 표현에 주의하며 일치 여부를 판단한다.

답 1 많이 2 훨씬 적은

VOCA the number of ~의 수 non-native 모국어 사용자가 아닌 Mandarin 표준 중국어 Hindi 힌디어(인도 공용어 중 하나) Arabic 아랍어 in terms of ~에 있어서

>> 정답과 해설 26쪽

2 다음 글의 밑줄 친 부분 중, 문맥상 낱말의 쓰임이 적절하지 않은 것은?

We are dependent on fossil fuels like coal, oil, and natural gas in everyday life. However, these fossil fuels are ① limited in supply and cause environmental pollution. Such concerns have inspired us to look for clean and renewable energy sources. Solar and wind power have proven to be the ② alternatives to fossil fuels. Still, there are some drawbacks to these technologies. Both require ③ temporary weather conditions such as sunlight and wind in order to function consistently. Therefore, it is clear that we need ④ different types of renewable energy sources. For example, they can be geothermal energy and wave energy which ⑤ produce little or even zero greenhouse gases.

words 107

문제 해결 전략

화석 연료를 [1] 할 수 있는 깨끗하고 재생 가능한 에너지원으로 태양열이나 풍력이 아닌 다른 형태의 에너지원을 찾을 필요가 있다는 주제의 글이다. '화석 연료는 공급이 한정적이고 환경 오염을 초래함 → 태양열과 풍력이 화석 연료의 대안으로 입증됨 → 그러나 두 기술 모두 지속적으로 기능하기 위해 햇빛과 바람 같은 일시적인 기상 조건이 필요함 → 이로 인해 우리는 다른 형태의 재생 가능한 에너지원이 필요함 → [2] 를 거의 만들어 내지 않는 지열 에너지와 파도 에너지가 이에 해당 할 수 있음'의 흐름에서 어색한 부분을 찾는다.

답 1 대체 2 온실가스

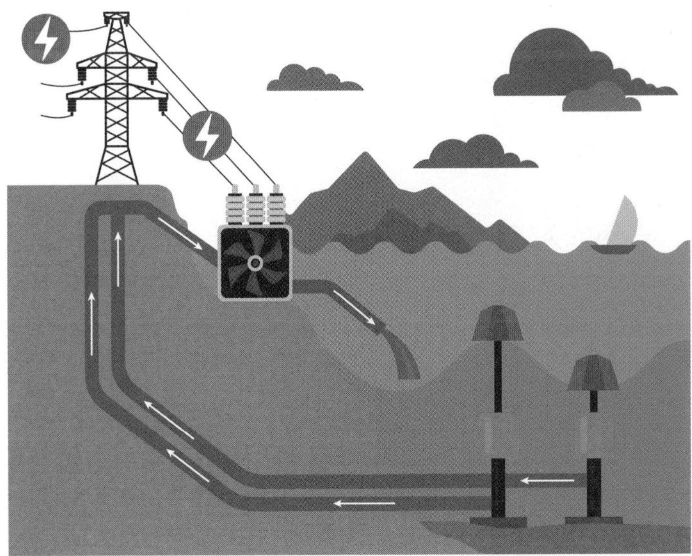

© Olha1981 / shutterstock

VOCA be dependent on ~에 의존하다 fossil fuel 화석 연료 limited 한정된, 제한된 supply 공급 pollution 오염 concern 우려 inspire (~할) 마음이 내키게 하다 renewable 재생 가능한 alternative 대안 drawback 문제점 function 기능하다 consistently 지속적으로 geothermal 지열의 wave 파도 greenhouse gas 온실가스

[3-4] 다음 글을 읽고, 물음에 답하시오.

According to the child-development psychologist Alison Gopnik, humans have a unique opportunity to (A) develop / weaken the traits that encourage curiosity. <u>Humans have a long childhood when they can exercise their urge to explore while they are still dependent on their parents.</u> While other animals play mainly by practicing basic survival skills such as hunting and avoiding dangers when they are young, Gopnik says that human children play by (B) removing / creating situations that test their thoughts. For example, children test whether they can build a tower of blocks as high as them. During childhood, humans develop the (C) cognitive / physical ability to explore effectively. When children become adults, this early practice allows them to take risks, test out their possibilities, and shift strategies when necessary. words 120

VOCA psychologist 심리학자 unique 고유의, 유일무이한 opportunity 기회 trait 특성 encourage 조장하다, 촉진하다 curiosity 호기심 urge 욕구, 충동 dependent 의존하는 survival 생존 cognitive 인지의 physical 신체의 ability 능력 effectively 효율적으로 possibility 가능성 shift 바꾸다 strategy 전략

>> 정답과 해설 26쪽

3 글의 (A), (B), (C)의 각 네모 안에서 문맥에 맞는 낱말로 가장 적절한 것은?

	(A)		(B)		(C)
①	develop	…	removing	…	cognitive
②	weaken	…	removing	…	physical
③	develop	…	creating	…	physical
④	weaken	…	creating	…	physical
⑤	develop	…	creating	…	cognitive

선택지의 단어로 완성된 문장이
앞뒤 문장의 내용과 흐름상
자연스럽게 연결되는지 확인해 봐.

문제 해결 전략

인간은 아동기를 통해 1 [ ] 을 돋우는 특성을 발달시키고 그들의 생각을 시험하는 상황을 만들면서 놀며, 탐험을 할 수 있는 2 [ ] 능력을 효과적으로 발달시킨다는 것이 글의 중심 내용이다.

답 1 호기심 2 인지적

4 글의 밑줄 친 문장을 다음과 같이 바꾸어 쓸 때 빈칸에 알맞은 말을 쓰시오.

Humans have a long childhood in ________ they can exercise their urge to explore while they are still dependent on their parents.

문제 해결 전략

관계부사는 선행사를 수식하는 절을 이끌며, 접속사와 부사의 역할을 동시에 할 수 있다. 이때 관계부사는 「전치사 + [ ]」로 바꾸어 쓸 수 있다.

답 관계대명사

2주 3일 필수 체크 전략 2

1 다음 도표의 내용과 일치하지 않는 것은?

The World's Most Liveable Cities

⟨in 2015⟩ **(100=ideal)**

Rank	City	Country	Index
1	Melbourne	Australia	97.5
2	Vienna	Austria	97.4
3	Vancouver	Canada	97.3
4	Toronto	Canada	97.2
5	Adelaide	Australia	96.6

⟨in 2021⟩

Rank	City	Country	Index
1	Auckland	New Zealand	96.0
2	Osaka	Japan	94.2
3	Adelaide	Australia	94.0
4	Wellington	New Zealand	93.7
5	Tokyo	Japan	93.7

The two tables above show the five world's most liveable cities in 2015 and in 2021 respectively. ① The number of countries that ranked a city is the same for both years. ② Adelaide, Australia, is the only city which is ranked both in 2015 and in 2021. ③ However, the index of Adelaide has decreased in 2021 compared to 2015. ④ The index of the fifth city in 2015 is higher than that of the first city in 2021. ⑤ For both 2015 and 2021, the difference between the first and the fifth cities is less than 2.

words 94

문제 해결 전략

제목으로 보아 세계에서 가장 살기 좋은 도시들에 관한 도표임을 알 수 있다. ① same (1) ② the only city (유일한 도시) ③ has decreased (2) ④ higher than (~보다 높은) ⑤ less than (~보다 더 적은) 등의 표현에 유의하여 일치 여부를 파악한다.

답 1 동일한 2 낮아졌다

VOCA liveable 살기에 좋은 index 지수 respectively 각각 rank (어떤 지위 · 순위로) 놓다, 분류하다 compared to ~와 비교하여 difference 차이

>> 정답과 해설 29쪽

2 다음 글의 밑줄 친 부분 중, 문맥상 낱말의 쓰임이 적절하지 않은 것은?

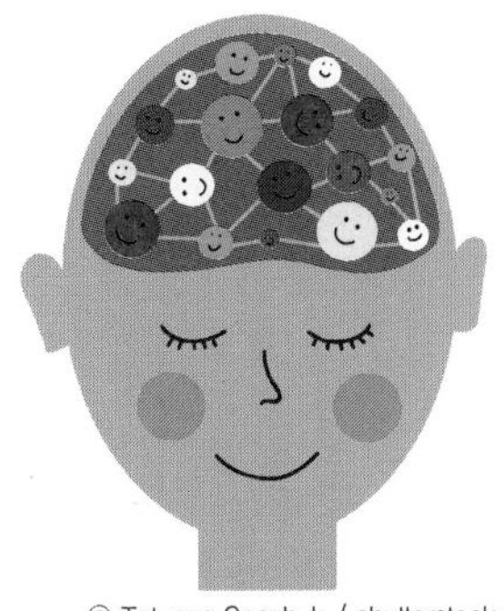
© Tetyana Snezhyk / shutterstock

We used to think that the brain never changes, but according to the neuroscientist Richard Davidson, we now know that this is not true — specific brain circuits grow stronger through ① regular practice. He explains, 'Well-being is fundamentally no different than learning to play the cello. If one practices the skills of well-being, one will get better at it.' What this means is that you can actually ② train your brain to become more grateful, relaxed, or confident by ③ repeating experiences that evoke gratitude, relaxation, or confidence. Your brain is shaped by the thoughts you repeat. The more neurons fire as they are ④ inactivated by repeated thoughts and activities, the faster they develop into neural pathways, which cause lasting changes in the brain. The bottom line is that we can intentionally create the habits for the brain to be ⑤ happier. words 139

문제 해결 전략

감사나 편안함, 또는 자신감을 불러일으키는 경험 등을 지속해서 반복함으로써 우리의 뇌를 더 강하고 행복하게 만들 수 있다는 요지의 글이다. '규칙적인 연습을 통한 뇌 회로의 강화 → 감사와 편안함, 자신감을 불러일으키는 경험의 1 ______을 통한 뇌 훈련 → 반복된 생각과 활동에 의해 비활성화된 뉴런이 더 많이 발화함 → 이들이 신경 경로로 더 빠르게 발달하여 뇌에 지속적인 2 ______를 일으킴 → 뇌가 더 행복해지도록 의도적으로 습관을 만들 수 있음'의 흐름에서 어색한 부분을 찾는다.

답 1반복 2변화

VOCA neuroscientist 신경과학자 specific 특정한 circuit 회로 fundamentally 근본적으로 grateful 감사하는 evoke (감정을) 불러일으키다 confidence 자신감 neuron 뉴런, 신경 세포 inactivate 비활성화하다 neural pathway 신경 경로 bottom line 핵심, 요점 intentionally 의도적으로

1 Grey City Job Fair에 관한 다음 안내문의 내용과 일치하는 것은?

Grey City Job Fair

Wednesday, April 28, 2 p.m. ~ 6 p.m.

Bayshore Community Center

© Visual Generation / shutterstock

Businesses across Grey City can now register for a booth at the Job Fair. Last year's was the largest ever held in this area, with more than 80 employers and over 1,000 job seekers. This year, we're moving to an even larger location with plenty of space for all attendees.

- Registration Fee: $80
- Registration Deadline: April 14, 6 p.m.

Enhanced Services for Employers

- 5 m × 5 m booth
- Free Wifi and electrical service
- Break areas and interview spaces
- Employer-only lounge and refreshments
- Advertising and promotion of event through the city

For more information, visit www.greycityjobfair.org

words 111

① 행사 진행 시간은 6시간이다.
② 작년보다 더 좁은 장소에서 열린다.
③ 등록 마감일은 4월 28일이다.
④ 가로세로의 길이가 각각 10m인 부스가 제공된다.
⑤ 고용주 전용 라운지와 다과가 제공된다.

VOCA register 등록하다 hold 개최하다 employer 고용주 job seeker 구직자 attendee 참가자 enhance 향상시키다 electrical 전기의 refreshment 다과 promotion 홍보

2 Abu Simbel 신전에 관한 다음 글의 내용과 일치하지 않는 것은?

© Paul Vinten / shutterstock

The Abu Simbel temples were built by Ramses II around 3,200 years ago. The temples were originally carved into a mountainside in southern Egypt's ancient Nubian Valley. On each side of the temples' entrance, we can see his 20-meter-high statues that show how powerful the king was. The statues of the pharaoh face east toward the rising sun, looking out over Lake Nasser. In fact, these temples were in danger of being flooded because of the Aswan High Dam. So, they were separated into small blocks in the early 1960s and reassembled in a new location in 1968. The temples now sit on land that is 60 meters higher than their original site. The surprising fact is that you can't tell they were ever moved.

words 125

① Ramses 2세 때 건설되었다.
② Nubia 계곡의 산 중턱에 조각되었다.
③ 입구의 조각상은 동쪽을 향하고 있다.
④ Aswan 하이 댐으로 인해 침수된 적이 있다.
⑤ 1960년대 초에 분리되어 다른 곳에 재조립되었다.

지문에 제시된 내용과 선택지의 정보가 일부만 일치할 수 있으니 주의해.

VOCA temple 신전 carve 조각하다 southern 남쪽의 ancient 고대의 mountainside 산 중턱, 산비탈 entrance 입구 statue 조각상 face ~을 향하다 look out over 바라보다, 건너다보다 flood 물에 잠기다 separate 분리하다 reassemble 재조립하다 location 위치 site 위치[장소] tell 알다, 식별하다

3 다음 글의 밑줄 친 부분 중, 문맥상 낱말의 쓰임이 적절하지 않은 것은?

Online gaming, according to researches, is more than simply a means of amusement. In fact, Internet gaming may ① benefit people in a variety of ways. Multiplayer online gaming, for example, can improve social skills because players must work together to achieve the ② same goals. Researchers in the Netherlands conducted a survey of teenagers who had played the same online game. They discovered that the more often most teenagers played, the more socially successful they were and the ③ less connected they felt. Online gaming may also aid in the ④ development of critical thinking abilities. Adults in Berlin participated in a two-month study in which they played a video game every day. The players' brains were then scanned by researchers. They discovered that the gamers had ⑤ more neurons in the memory and planning areas of the brain.

words 135

ⓒ MicroOne / shutterstock

VOCA means 수단, 방법 amusement 오락, 놀이 benefit ~에게 이롭다 improve 향상시키다 achieve 성취하다 conduct 실시하다 survey (설문) 조사 connect 이어지다, 연결되다 aid 돕다 critical 비판적인 participate in ~에 참여[참가]하다

4 다음 도표의 내용과 일치하지 않는 것은?

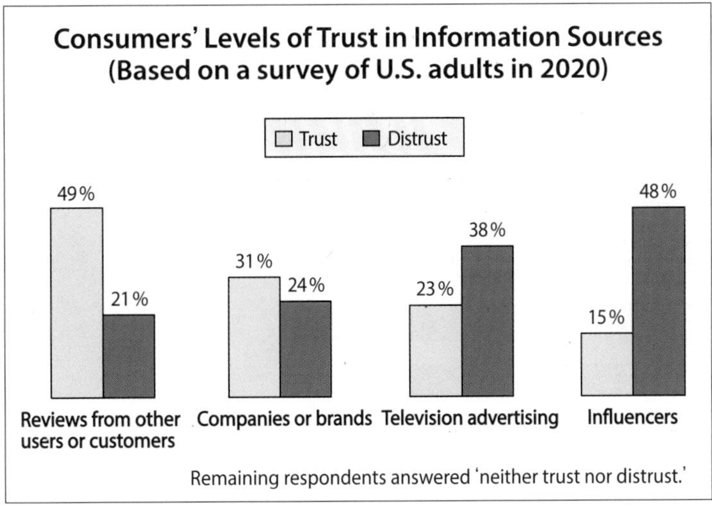

The graph above shows the consumers' levels of trust in four different types of information sources, based on a survey of U.S. adults in 2020. ① About half of U.S. adults say they trust the information they receive from reviews from other users or customers. ② This is more than double those who say they hold distrust for the same source of information. ③ The smallest gap between the levels of trust and distrust among the four different types of information sources is shown in the companies or brands' graph. ④ Fewer than one-fifth of adults say they trust information from television advertising, outweighed by the share who distrust such information. ⑤ Only 15% of adults say they trust the information provided by influencers, while more than three times as many adults say they distrust the same source of information.

words 135

분수나 비율을 나타내는
표현이 의미하는 수치를 정확히
파악하는 것이 중요해.

VOCA consumer 소비자 trust 신뢰 source 출처 survey 조사 distrust 불신 respondent 응답자 customer 고객, 이용자 gap 차이 outweigh ~보다 더 크다 share 지분, 몫 provide 제공하다

2주 창의·융합·코딩 전략 1

[1-2] 다음 글을 읽고, 물음에 답하시오.

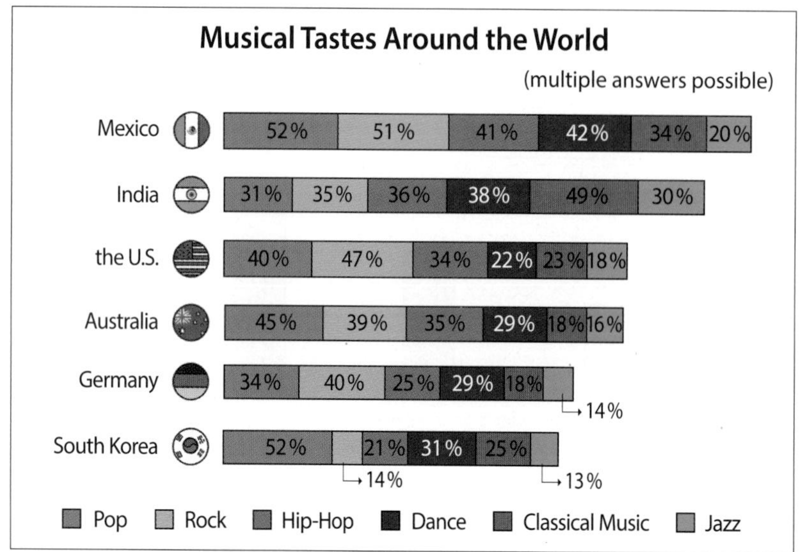

The graph above shows the differences in music preferences between six countries. ① Mexico shows the highest percentage of respondents in all genres of music except classical music and jazz. ② Mexico and South Korea are two countries where more than 50 percent of the respondents listen to pop music. ③ The percentages of the respondents who listen to dance music in Germany and Australia are the same, but the sum of the percentages of the other five genres in Germany is higher than that in Australia. ④ The sum of the percentages of dance and jazz music is the same as that of pop music in the U.S., which is still lower than that of rock music in the country. ⑤ Among the six countries, India shows the highest percentage in classical music.

words 129

VOCA taste 취향 multiple 다수의 preference 선호도 respondent 응답자 genre 장르 except ~을 제외하고 sum 합

>> 정답과 해설 31쪽

1 도표의 내용과 일치하지 않는 것은?

① ② ③ ④ ⑤

도표의 각 항목이 나타내는 수치 정보를 서로 혼동하지 않도록 주의해.

2 도표의 내용과 일치하도록 질문에 대한 답을 완성하시오.

(1)

What is the most popular genre of music in Germany and the U.S.?

➡ It is ________________.

(2)

What is the least popular genre of music in all six countries?

➡ It is ________________.

(3)

Which country has the lowest sum of the percentages of rock and jazz music?

➡ It is ________________.

[3-4] 다음 글을 읽고, 물음에 답하시오.

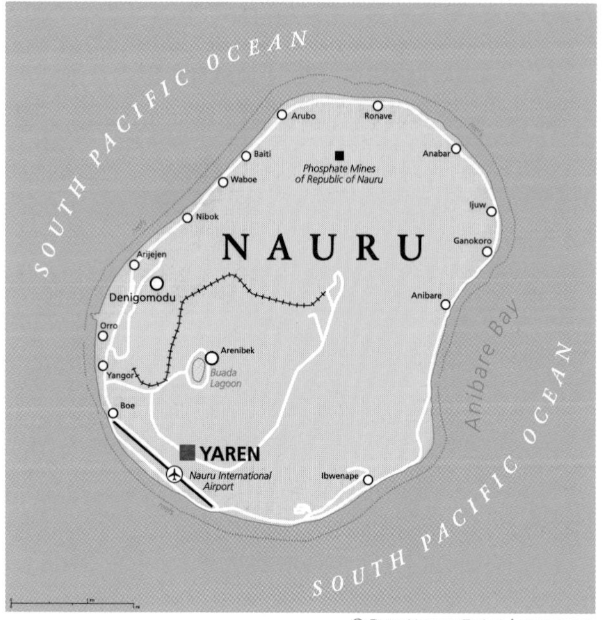

© Peter Hermes Furian / shutterstock

Nauru is an island country in the southwestern Pacific Ocean. It is (A) [placed / located] about 800 miles to the northeast of the Solomon Islands; its closest neighbor is the island of Banaba, some 200 miles to the east. Nauru has no official capital, but government buildings are located in Yaren. With a (B) [population / maximum] of about 10,000, Nauru is the smallest country in the South Pacific and the third smallest country by area in the world. The native people of Nauru consist of 12 tribes, as symbolized by the 12-pointed star on the flag of Nauru, and are believed to be a (C) [mixture / representative] of Micronesian, Polynesian, and Melanesian. Their native language is Nauruan, but English is widely spoken as it is used for government and business purposes. words 125

VOCA southwestern 남서쪽의 northeast 북동쪽 official 공식적인 capital 수도 government 정부, 행정 consist of ~로 구성되다 native 토박이의 tribe 부족 symbolize 상징하다 flag (국가 단체의 상징인) 기, 깃발 purpose 목적

>> 정답과 해설 31쪽

3 Nauru에 관한 글의 내용과 일치하지 않는 것은?

① 솔로몬 제도로부터 북동쪽에 위치해 있다.
② 공식 수도는 없으나 Yaren에 정부 건물들이 위치해 있다.
③ 면적이 세계에서 세 번째로 작은 나라이다.
④ 원주민은 12개의 부족으로 구성되어 있다.
⑤ 모국어를 제외한 다른 언어는 사용하지 않는다.

4 글의 (A), (B), (C)의 각 네모 안에서 문맥에 맞는 낱말로 가장 적절한 것은?

	(A)		(B)		(C)
①	located	…	maximum	…	representative
②	located	…	population	…	mixture
③	placed	…	population	…	mixture
④	located	…	population	…	representative
⑤	placed	…	maximum	…	representative

BOOK 1 마무리 전략

핵심 한눈에 보기

1주 전략 REVIEW

❶ 주제 찾기

* 반복적으로 나오는 내용이 있는지 파악해서 글의 중심 내용을 찾아.
* 너무 구체적이거나 포괄적인 선택지를 고르지 않도록 주의!

❷ 제목 찾기

* 핵심 소재와 주제를 뒷받침하는 내용들을 파악해.
* 위에서 파악한 내용이 가장 잘 압축된 제목을 찾아.

❸ 주장 및 요지 찾기

* 핵심 소재를 찾고, 반복이나 강조되는 부분에서 글쓴이의 생각을 파악해.
* 명령문과 같이 강한 어조로 나타내는 내용에 주목해 봐.

❹ 목적 찾기

* 글의 형식과 글쓴이가 처한 상황, 입장을 파악해.
* 글쓴이의 의도가 명확히 드러난 문장이 있는지 찾아.

학습할 내용	❶ 신유형 · 신경향 · 서술형 전략 ❷ 고난도 해결 전략

2주 전략 REVIEW

❶ 내용 일치

* 선택지와 지문을 하나씩 대조하면서 일치하는지 확인해.
* 일부 내용만 일치하는 선택지를 조심해.

❷ 안내문 이해하기

* 안내문의 제목을 보면 무엇에 관한 내용인지 파악할 수 있어.
* 구체적인 내용이 무엇에 관한 것인지는 소제목들을 통해 알 수 있어.

❸ 도표 파악하기

* 표의 제목을 통해 내용을 추측해 보고, 표가 담고 있는 내용을 파악해.
* 비교급 표현에 주의하고, 수치 계산에서 실수하지 않도록 해.

❹ 어휘

* 전체적인 글의 흐름과 내용을 파악하는 것은 기본!
* 앞뒤 문장의 문맥을 파악해서 사용된 어휘가 적절한지 판단해 봐.

신유형·신경향·서술형 전략

[1-2] 다음 글을 읽고, 물음에 답하시오.

Individual trees in a Darwinian forest compete for limited resources such as water, nutrients, and sunlight. The winners survive by taking what they can obtain, while the losers struggle. This 'survival of the fittest' approach to forests, however, has shifted significantly. Trees, according to studies, have more sophisticated associations and communicate with each other in a variety of ways. One method is to use underground fungal networks. The trees are interconnected together by a network of fungal filaments and hairlike root tips. Trees exchange water, nutrients, and information about drought, disease, and insect attacks via underground networks. Older trees also support younger trees that receive less sunlight by supplying sugar to their roots through underground networks. Trees communicate with one another through the air as well, releasing pheromones and other substances to warn neighboring trees of impending danger. For example, the umbrella thorn acacia emits a distress signal when a giraffe bites down on its leaves. When a neighboring tree detects this signal, the tannin content of its own leaves increases, (them / giraffes / appealing / less / to / making). Forests become healthier and more stable when trees cooperate together. This increases tree reproduction and extends tree life.

*Darwinian 다윈의, 다윈설의 *tannin 타닌(산) words 195

ⓒ Lightspring / shutterstock

VOCA limited 제한된 resource 자원 nutrient 영양분 survive 생존하다 obtain 얻다 struggle 분투하다 approach 접근법 sophisticated 정교한 association 연관(성) fungal 균류[곰팡이]에 의한 interconnect (비슷한 것끼리) 서로 연결하다 drought 가뭄 via (~을) 통하여 substance 물질 warn 경고하다 impending 임박한 thorn (식물의) 가시 detect 감지하다 stable 안정적인 cooperate 협력[협동]하다 reproduction 번식

1 글의 주제로 가장 적절한 것은?

① how trees communicate and cooperate
② the importance of preserving older trees
③ the role of fungi in tree communication
④ why trees release some substances into the air
⑤ characteristics of a Darwinian forest perspective

지문에 제시된 부연 설명이나 예시가 뒷받침하는 내용이 무엇인지 생각해 봐.

TIP 글의 앞부분에서 나무들이 [1 　　]을 위해 서로 경쟁한다는 전통적인 다윈설의 시각을 소개하고, 이러한 접근법이 바뀌었다고 언급한 뒤 나무들이 서로 [2 　　]하고 협력하면서 생존한다는 내용을 부연 설명과 함께 제시하고 있다.

답 1생존 2소통

2 글의 괄호 안에 주어진 단어들을 알맞은 순서로 배열하시오.

____

TIP make가 5형식으로 사용될 때 「make+목적어+목적격 보어」 형태로 나타낸다.

[3-4] 다음 글을 읽고, 물음에 답하시오.

© WinWin artlab / shutterstock

Shyness and introversion are not the same thing, despite their similarities. Shyness is a response to a fear of social judgment, whereas introversion is related to how a person responds to stimulation, especially social stimulation. Some psychologists have examined the lives of the most creative people and found that they are good at exchanging and promoting ideas but also have a strong tendency toward introversion. This is because solitude is frequently a necessary component of creation. For some people, spending some time alone can be what they need to get the creative ideas. For example, Charles Darwin went for long walks alone in the woods and politely declined invitations to dinner parties. Steve Wozniak, who was working at Hewlett-Packard at the time, invented the first Apple Computer while sitting alone in his cubicle. Of course, this does not mean that we should all stop working together. Steve Wozniak said that he would never have invented it if he had been too introverted to go outside. And it was proved by his collaboration with Steve Jobs to start Apple Computer. words 179

VOCA shyness 수줍음 introversion 내향성 despite ~에도 불구하고 similarity 유사성 response 반응 judgment 판단, 평가 respond 반응하다 stimulation 자극 examine 조사하다 promote 홍보하다 tendency 경향, 성향 solitude 고독 frequently 종종 component 요소 politely 정중하게 decline 거절하다 invitation 초대 cubicle 좁은 방 collaboration 협업

3 **글의 내용과 일치하지 않는 것은?**

① 수줍음은 사회적 평가의 두려움에 대한 반응이다.
② 내향성은 사회적 자극에 반응하는 방법과 관련이 있다.
③ 창의적인 사람들은 아이디어를 교환하는데 능숙하다.
④ 고독은 종종 창의적인 아이디어를 떠올리는 데 필수적인 요소이다.
⑤ Steve Wozniak은 너무 내성적이어서 집에만 머물렀다.

지엽적인 내용의 선택지를 고르지 않기 위해 지문의 내용과 명확하게 대조해야 해.

TIP Steve Wozniak은 좁은 방에서 홀로 최초의 Apple 컴퓨터를 발명했지만, 그는 만약에 그가 너무 [ ]이어서 밖에 나갈 수 없었더라면 그것을 결코 발명하지 못했을 것(~ he would never have invented it if he had been too introverted to go outside.)이라고 말했다.

답 내성적

4 **글에 주어진 표현을 활용하여 질문에 대한 답을 완성하시오. (단, 필요한 경우 단어의 형태를 변형할 것)**

Q What characteristics of creative people are mentioned in the passage?

A They exchange and ________ ideas well but tend to be ________.

TIP 심리학자들이 [ ]적인 사람들의 삶을 살펴본 연구에서 그들이 아이디어를 교환하고 홍보하는 것에 능숙하면서도 강한 내성적 성향을 가지고 있다고 언급하고 있다.

답 창의

고난도 해결 전략 1회

1 다음 글의 목적으로 가장 적절한 것은?

To whom it may concern,

The catering for your event on Saturday was a lot of fun for us. Your company has provided us with a check in the amount of $1,500, which has an error. The essential services were provided at the agreed-upon price, but owing to an unexpected rise in the number of guests, our crew was forced to create an additional 50 plates on-site, which increased the overall cost by $500. Therefore, there is a $500 excess charge based on the arrangement established that evening between you and our manager. Please make the necessary corrections by sending us a check for the additional amount by May 3. If you would like to communicate with us further on this, you may reach out to us at 555-7777 or drop into our downtown office. Thank you very much.

Sincerely,

Ron Thomas

words 142

① 출장 요리 서비스의 만족도를 조사하려고
② 계약서에 명시된 사항을 재차 강조하려고
③ 청구한 요금을 잘 받았다는 감사를 전하려고
④ 사무실의 변경된 연락처와 위치를 안내하려고
⑤ 제공한 서비스에 대한 추가 비용을 청구하려고

© Rawpixel.com / shutterstock

VOCA

catering 출장 요리, 음식 공급업
check 수표
essential 필수적인
owing to ~ 때문에
unexpected 예기치 않은
additional 추가의
on-site 현장에서, 현지의
arrangement 합의
establish 성립하다
drop into ~에 들르다

2 다음 글의 제목으로 가장 적절한 것은?

The nonprofit Fabien Cousteau Ocean Learning Center is attempting to construct the world's largest underwater habitat. The Proteus design, a two-story, 4,000-square-foot structure named after the Greek sea god, was recently shown. Proteus will be built 60 feet deep off the coast of Curacao in a Caribbean protected area. It is expected to be 'the underwater version of the International Space Station.' It will have its own greenhouse, which will allow scientists to cultivate food and will be powered by a combination of wind, solar, and Ocean Thermal Energy Conversion. At any given time, Proteus will be able to accommodate up to 12 researchers. Scientists can spend a significantly longer time in the sea by living underwater rather than diving in. If completed, Proteus will aid scientists in discovering new kinds of marine life and in better understanding the effects of climate change and plastic pollution on the ocean's ecosystem.

*Ocean Thermal Energy Conversion 해양 온도차 발전 words 150

① Proteus: An Underwater Research Station
② The Research Center's Use of a Greenhouse
③ The International Space Station in Its New Form
④ How to Protect Our Oceans from Plastic Pollution
⑤ The Difficulties of Living in an Underwater Environment

VOCA

nonprofit 비영리적인
attempt 시도하다
construct 건설하다
habitat 거주지
story (건물의) 층
structure 구조(물)
name after ~의 이름을 따서 이름 짓다
cultivate 재배하다
power 동력을 공급하다
combination 조합
accommodate 수용하다
up to ~까지
discover 발견하다
pollution 오염
ecosystem 생태계

[3-4] 다음 글을 읽고, 물음에 답하시오.

© Maks_lab / shutterstock

As technology continues to redefine the way we work faster than we could ever imagine, the skills we need ① to succeed in today's job market continue to evolve at an equally accelerated rate. The professional skills we learn at the start of our careers will not last throughout our entire careers and will eventually become obsolete, thus we must constantly improve our competence. Moreover, it is ② estimated that 65 percent of jobs that currently exist will no longer exist by the time today's primary school children enter the workforce. Consequently, our AQ — Adaptability Quotient — has emerged as a primary predictor of professional success. AQ is defined as the ability to discern ③ what is relevant, to forget outdated knowledge, to overcome obstacles, and to adapt to change in real time. While IQ and EQ are still important factors of employee growth, in this rapidly changing environment, it is AQ that ④ provide the genuine 'new competitive advantage.' The greater our ability to adapt, the easier it will be for us ⑤ to embrace change and progress.

words 173

VOCA

redefine 재정의하다
evolve 진화하다
accelerate 가속화되다
last 지속하다
obsolete 더 이상 쓸모가 없는
competence 능력
estimate 추정하다
exist 존재하다
enter 접어들다, 들어가다
consequently 그 결과(로서)
adaptability 적응성
quotient 지수
emerge 부각되다, 드러나다
predictor 예측 변수
discern 식별하다
relevant 관련 있는
outdated 구식의
overcome 극복하다
in real time 즉시, 동시에
genuine 진실한, 진짜의
competitive 경쟁력 있는
embrace 받아들이다

3 위 글의 요지로 가장 적절한 것은?

① 미래에는 직업 시장이 극적으로 변화할 것이다.
② 적응력 지수는 측정하거나 비교하기가 매우 어렵다.
③ 기술의 변화를 예측하는 것이 점점 더 어려워지고 있다.
④ 직업적 성공을 위해서 변화에 적응하는 능력이 필요하다.
⑤ 직장 생활 초반에 전문적인 기술을 습득하는 것은 필수적이다.

4 위 글의 밑줄 친 부분 중 어법상 적절하지 않은 것을 찾아 바르게 고쳐 쓰시오.

______ ➡ ______

[5-6] 다음 글을 읽고, 물음에 답하시오.

© Noomna nakhonphanom / shutterstock

Human life has been improved by electric lighting. However, were you aware that light may also be a source of pollution? Light pollution harms both humans and wildlife. People, particularly in large cities, can experience sleep disorders as a result of artificial light disrupting the normal rhythms of day and night. Light pollution also poses a harm to wildlife. Sea turtles, for example, lay eggs on the beach at night, and the bright horizon above the water helps hatchlings make their way to the sea. However, they are drawn away from the ocean by artificial lights and die as a result. Artificial lights also attract migrating or hunting birds, diverting them into perilous urban nightscapes. Millions of birds are killed by overly lit skyscrapers and towers. Light affects not just animals but also plants. Light from neighboring roads and vehicles can delay crop development by up to seven weeks, according to research from an Illinois soybean farm. Artificial illumination is also said to 나무들이 꽃을 더 일찍 피우고 잎을 평소보다 더 오래 유지하는 것을 초래한다고. Darkness is one of nature's most significant forces, and we must act now to reclaim it. words 190

VOCA

source 원천, 근원
disorder 장애
artificial 인공의
disrupt 방해하다
pose 제기하다
lay (알을) 낳다
horizon 수평선
hatchling 갓 부화한 새[동물]
make one's way to ~쪽으로 가다
migrate 이주[이동]하다
divert 우회시키다
perilous 아주 위험한
urban 도시의
illumination (불)빛
blossom 꽃을 피우다
reclaim 되찾다

5 위 글의 주제로 가장 적절한 것은?

① the negative impact of artificial lighting on nature
② the connection between humans and other wildlife
③ why trees blossom early and keep their leaves longer
④ the cause of bird and turtle deaths in and around cities
⑤ how to preserve the environment by reducing artificial light

6 위 글의 밑줄 친 우리말과 같은 뜻이 되도록 주어진 말을 바르게 배열하시오.

____

(longer than / trees / earlier and / to blossom / usual / cause / maintain leaves)

고난도 해결 전략 2회

1 Upcycling Workshop에 관한 다음 안내문의 내용과 일치하는 것은?

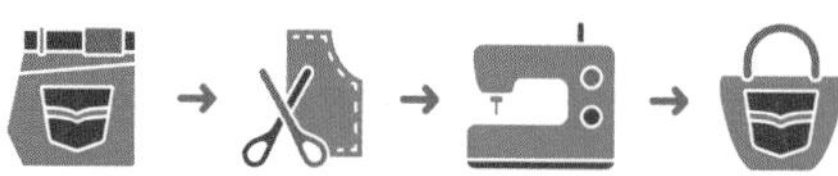

Upcycling Workshop

Sunhill Community Center is hosting the annual upcycling workshop! Upcycling gives your old items a new life. This fun and interactive workshop will cover a range of creative techniques to make new pieces for your home!

When: Monday, April 23 ~ Thursday, April 26

Time: From 1 p.m. to 4 p.m.

Where: In the auditorium of the community center

Ages: Open to teens between 12 and 16 years of age

Participation Fee: $10 per person (snacks included)

Activities:

- A special lecture by the famous fashion designer Elizabeth Thompson
- Many upcycling methods including remaking plastic bags into rugs and a T-shirt into a handbag

* All materials are provided.

Registration: Online only at www.sunhillcc.com

Please contact us at 122-861-3971 for further information. words 120

① 2년에 한 번씩 열린다.
② 4월 23일부터 3일간 오후에만 열린다.
③ 12세에서 18세 사이의 청소년만 참여할 수 있다.
④ 참가비는 10달러이고 간식은 포함되어 있지 않다.
⑤ 유명한 패션 디자이너가 특별 강의를 한다.

VOCA

upcycling 업사이클링(재활용품을 이용하여 새 제품을 만드는 과정)
host 주최하다
annual 연례의
interactive 상호적인
cover 다루다
range 범위
auditorium 강당
lecture 강의
method 방법
remake (어떤 것을) 다시 만들다
rug 깔개
material 재료
further 추가의, 더 이상의

>> 정답과 해설 34쪽

2 다음 도표의 내용과 일치하지 않는 것은?

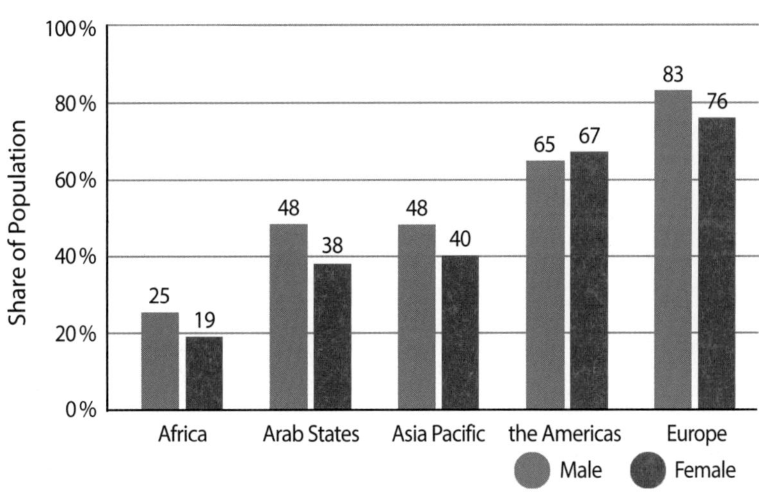

The above graph shows the global Internet usage rate in 2017, sorted by gender and region. ① Among the five regions, both male and female Internet usage rates were the highest in Europe, accounting for 83% and 76% respectively. ② In each region, the male Internet usage rate was higher than the female Internet usage rate except for in the Americas. ③ The percentage point gap of Internet usage between males and females was the highest in the Arab States. ④ The Internet usage rate of males in the Arab States was the same as that of males in Asia Pacific. ⑤ The percentage of female Internet usage in Africa was the lowest among the five regions, but it was higher than half that of female Internet usage in Asia Pacific. words 126

VOCA

usage 사용
rate 비율
population 인구
sort 분류하다
gender 성별
region 지역
account for (부분 · 비율을) 차지하다
respectively 각각
except for ~을 제외하고는
gap 차이
half 반, 절반

[3-4] 다음 글을 읽고, 물음에 답하시오.

© Arina P Habich / shutterstock

Let's pretend you are all set to go food shopping. When you go grocery shopping, you can make a ① difference for the environment. You get on your bike and carry your own bags to ② avoid using store-provided plastic bags. Furthermore, you purchase organic fruits and vegetables. All of these are beneficial to the environment. However, the pineapple you bought traveled to your town on an airplane from Hawaii although riding your bike saves you money on gasoline. In fact, food in the U.S. travels an average of 1,500 miles from farm to a dinner plate. So eating ③ local products is perhaps one of the best things you can do for the environment. It consumes less gas. It does not pollute the air as much. It is also likely to taste better because it is fresher. It'll be difficult at first to purchase ④ exclusively local produce. You'll have to ⑤ include fruits and vegetables that don't grow locally, such as banana, out of your shopping basket. You'll also spend a little more on food. However, the world, as well as you, will be healthier. words 176

VOCA

pretend ~라고 가정하다
be all set 준비가 되어있다
environment 환경
avoid 피하다
purchase 구입하다
organic 유기농의
beneficial 유익한, 이로운
average 평균
local 지역의
consume 소비하다
pollute 오염시키다
exclusively 오로지, 오직
maintain 유지하다
ingredient 재료

3 위 글의 제목으로 가장 적절한 것은?

① Grocery Shopping: The Best Way to Save Money
② Routes of Foods from Other Countries to the U.S.
③ Consuming Local Foods: Act for the Environment
④ Efforts to Solve the Energy Problems for Shipping
⑤ How to Choose Good Organic Ingredients for Dinner

4 위 글의 밑줄 친 부분 중 문맥상 낱말의 쓰임이 적절하지 않은 것은?

① ② ③ ④ ⑤

>> 정답과 해설 34쪽

[5-6] **다음 글을 읽고, 물음에 답하시오.**

Sylvia Earle is one of the world's best known marine scientists. Her love for the ocean started when she was a child and has continued after she became an adult. Earle was born in 1935 in New Jersey. Her parents were supportive of their daughter's early interests in the natural world. Earle's family moved to Florida during her childhood and she received a Bachelor of Science degree from Florida State University. After Earle got a Ph.D from Duke University, she spent a year as a research fellow at Harvard, then returned to Florida as the resident director of the Cape Haze Marine Laboratory. Since then, Earle has been a leader on deep ocean expeditions around the world. Earl wasn't satisfied with just following others. She was the leader of the first team of women to live underwater. And in 1979, she walked on the ocean floor. Unattached to any boat, she walked deeper in the ocean than any woman before or since. Being a marine scientist isn't Earle's only job. She believes (to / people / should / that / she / solve / inspire) the ocean's problems. She advises people to use their talents to make a better world.

© lassedesignen / shutterstock

*ocean floor 대양저 words 194

VOCA

marine 해양의
supportive 지원하는, 도와주는
childhood 어린 시절
Bachelor 학사 학위
Ph.D 박사 학위
laboratory 실험실
deep ocean 심해
expedition 탐험
underwater 물속의
unattached 붙어 있지 않은
inspire 고무[격려]하다
advise 조언하다
talent 재능

5 Sylvia Earle에 관한 위 글의 내용과 일치하지 않는 것은?

① 세계적으로 잘 알려진 해양 과학자이다.
② 어렸을 때부터 자연계에 관심이 있었다.
③ 심해에서 사는 여성 팀의 팀장 역할을 수행했다.
④ Duke 대학교에서 일 년 동안 연구원으로 일했다.
⑤ 1979년에 배에 연결되지 않은 채로 대양저를 걸었다.

6 위 글의 괄호 안에 주어진 단어들을 알맞은 순서로 배열하시오.

memo

book.chunjae.co.kr

교재 내용 문의 ·························· 교재 홈페이지 ▸ 중학 ▸ 교재상담
교재 내용 외 문의 ······················ 교재 홈페이지 ▸ 고객센터 ▸ 1:1문의
발간 후 발견되는 오류 ·············· 교재 홈페이지 ▸ 중학 ▸ 학습지원 ▸ 학습자료실

일등공략 필승학습!
단기간에 끝장내자!

중학 영어 **중문 독해**

BOOK 2

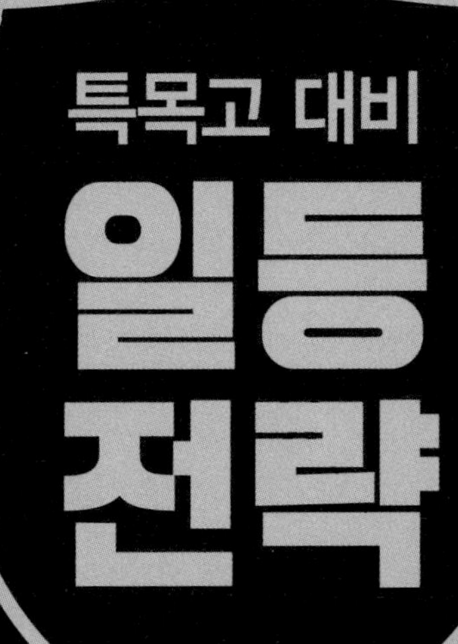

book.chunjae.co.kr

중학 영어 **중문 독해**

BOOK 2

이 책의 차례

BOOK 1

BOOK 2

1주 맥락으로 추론하라

글에 있는 단서를 바탕으로 글에 직접적으로 드러나지 않은 내용을 추측해야 하는 문제들이 있습니다. 글쓴이의 심경을 파악하거나, 대명사가 가리키는 것이 무엇인지 추측하거나, 빈칸에 들어갈 말을 추론하는 문제들이 이에 해당합니다.

심경 파악하기

지칭 추론하기

학습할 내용		
	❶ 심경 파악하기	❷ 지칭 추론하기
	❸ 빈칸 추론하기(1)	❹ 빈칸 추론하기(2)

빈칸 추론하기 (1), (2)

1주 1일 개념 돌파 전략 1

개념 ❶ 심경 파악하기

등장인물의 심경이 어떠한지, 또는 어떻게 변하는지 찾는 문제이다.

❶ 등장인물이 겪는 사건이나 처한 [1] 을 파악한다.

❷ 형용사, 부사, [2] 의 묘사 등을 중심으로 글의 분위기 및 등장인물의 심경을 추측할 수 있는 단서를 찾는다.

❸ 상황이 바뀌는 부분이 있는 경우, 전후의 분위기를 비교해 본다.

TIP 심경을 나타내는 표현

annoyed 짜증이 난 anxious 불안해하는 concerned 염려하는 depressed 낙담한 discouraged 의욕을 잃은 confused 혼란스러워 하는 embarrassed 당황한 envious 부러워하는 indifferent 무관심한 lonely 고독한 sarcastic 빈정대는, 비꼬는 sorrowful 슬픈 uneasy 불안한 contented 만족한 relaxed 느긋한 relieved 안도한 festive 축제 같은, 명랑한 gloomy 우울한 lively 활기찬 monotonous 단조로운

답 1상황 2행동

지문으로 연습하기

다음 글에 나타난 Annie의 심경으로 가장 적절한 것은?

Annie's big day arrived: she was ready to start her career in London. She awakened on Monday morning with butterflies in her stomach. She dressed in her homemade outfit. Even if the company dress code prohibited her from wearing trousers, it felt good to be out of school uniform and free to dress in whatever she chose. After a one-hour trip to High Holburn, she headed towards the big structure dominating the skyline. Annie's legs shook at the knees as she entered the magnificently lighted lobby through the tall Gothic archway, and her palms grew cold and sweaty. Recognizing that this was her first proper job, she attempted to keep her worries to herself.

words 114

① lively and festive
② relaxed and relieved
③ nervous and anxious
④ monotonous and bored
⑤ depressed and disappointed

전략 CHECK

❶ 등장인물이 첫 출근을 하는 상황을 나타내는 글이다.

❷ with butterflies in her stomach, shook at the knees, palms grew cold and sweaty, worries 등의 표현에서 주인공이 첫 출근길에서 느끼는 긴장과 불안함을 알 수 있다.

© Pressmaster / shutterstock

VOCA career 경력 awaken (잠에서) 깨다 have butterflies in one's stomach 가슴이 두근거리다 homemade 집에서 만든 outfit 의상 prohibit 금지하다 trouser 바지 structure 건축물 dominate 압도하다 skyline (건물 · 언덕 등이) 하늘과 맞닿은 윤곽선, 스카이라인 magnificently 화려하게 archway 아치형 입구 palm 손바닥 sweaty 땀에 젖은 recognize 인지하다

>> 정답과 해설 36쪽

개념 2 지칭 추론하기

글에서 대명사가 지칭하는 대상이 나머지와 다른 하나를 찾는 문제이다.

❶ 대명사의 [1 ____](he 혹은 she) 및 단복수(it 혹은 they) 등을 확인한다.

❷ 글의 전후 맥락에서 [2 ____]가 지칭하는 대상의 특징이나 상황을 파악한다.

TIP

등장인물이 여럿일 경우, 지칭하는 대상이 누구인지 표시하며 글을 읽는다.
대명사에 지칭하는 대상을 대입하며 내용의 흐름이 자연스러운지 확인해 본다.

답 1 성별 2 대명사

지문으로 연습하기

밑줄 친 부분이 가리키는 대상이 나머지 넷과 다른 것은?

There was one frozen dessert left over after we completed our meal, so I asked Amy if I might put it in the dish of her dog, Sandy. When Sandy noticed the smell of the food, ① she wriggled and licked it up until it was gone from ② her dish. Being satisfied, ③ she sat up, turned ④ her head, and begged for more. The party came to an end when Sandy became tired and lay down at Amy's feet. As we drove away, Amy expressed her delight at realizing that ⑤ her neighbors were also Sandy's good friends. She also expressed her gratitude to all of us for attending. words 106

전략 CHECK

❶ 글에서 대명사 she 또는 her가 가리킬 수 있는 대상은 Amy와 그녀의 개 Sandy이다.

❷ ①, ②가 포함된 문장은 음식을 먹는 개에 대한 내용이므로 대명사가 Sandy를 가리킨다.
③, ④가 포함된 문장은 음식을 먹고 난 후 더 달라고 글쓴이에게 바라는 개의 모습을 나타내는 내용이므로 대명사가 Sandy를 가리킨다.
⑤가 포함된 문장은 Amy가 이웃들이 자신의 개와 가까워진 것에 대한 기쁨을 표현했다는 내용이므로 대명사가 Amy를 가리킨다.

VOCA meal 식사 notice 알아차리다 wriggle 꿈틀거리다 lick 핥다 beg 간절히 바라다 express 표현하다, 나타내다 delight 기쁨 realize 깨닫다 gratitude 감사 attend 참석하다

개념 3 빈칸 추론하기 1 (단어 및 어구)

빈칸에 들어갈 단어나 어구를 앞뒤 문맥에 따라 추론하는 문제이다.

❶ 빈칸을 포함하는 문장을 읽고, 어떤 정보가 들어갈지 추측해 본다.

❷ 글의 중심 내용과 1 ______ 를 파악하며 글을 읽는다. 주제와 관련되어 2 ______ 되는 표현에 유의한다.

❸ 파악한 단서들을 바탕으로 빈칸에 들어갈 말을 추론한다.

답 1 구조 2 반복

지문으로 연습하기

다음 빈칸에 들어갈 말로 가장 적절한 것을 고르시오.

A person's social environment may be thought of as having an inner circle of close friends and an outside circle of acquaintances. Granovetter, a sociology professor, called these 'strong ties' and 'weak ties.' New information is more easily obtained when we have weak ties rather than strong ones. Granovetter interviewed 282 people and found that the majority obtained jobs through a personal connection. Only a small number of individuals obtained work through close friends; 84% found work through weak connections or casual acquaintances. The people you spend the most time with have access to the same information. So we rely on ______________ to inform us of opportunities outside our personal networks. Thus, the more of those we know, the better. words 121

① close friends
② nearest relatives
③ friendly outsiders
④ career counselors
⑤ professional workers

전략 CHECK

❶ 빈칸이 포함된 문장은 우리가 개인적인 네트워크 밖에 있는 기회를 얻기 위해 무엇에 의존하는가에 대해 말하고 있다.

❷ 글의 중심 내용은 인간관계에는 '강한 유대 관계'와 '약한 유대 관계'가 있는데, 새로운 정보가 필요할 때 강한 유대 관계에 있는 사람들보다는 약한 유대 관계에 있는 사람들이 더 도움이 될 수 있다는 것이다. 사람들이 직업을 구할 때 친한 친구들이 아닌 약한 유대 관계에 있는 사람들을 통해 일자리를 구한 경우가 더 많다는 조사 결과로 이를 뒷받침하고 있다.

❸ 그러므로 빈칸에는 약한 유대 관계에 해당하는 사람들을 나타내는 어구가 알맞다.

VOCA inner 내부의 circle 집단 acquaintance 아는 사람 sociology 사회학 obtain 얻다 majority 대다수 connection 연줄 individual 개인 casual 가벼운, 표면적인 access 접근 rely on 의존하다 inform 알려주다 opportunity 기회 relative 친척

>> 정답과 해설 36쪽

개념 4 빈칸 추론하기 2 (긴 어구 및 절)

빈칸에 들어갈 어구나 절을 추론하는 문제에서, 빈칸에 들어갈 내용은 글의 주제나 요지, 또는 주요 세부 사항과 관계가 있다.

❶ 글의 소재를 파악하고, 반복되는 내용에 유의하여 [1   ]를 찾는다.

❷ 빈칸이 있는 문장이 주제문이면 글의 내용을 포괄하는 내용의 선택지를, 빈칸이 있는 문장이 뒷받침 문장이면 주제를 구체적으로 [2   ]하는 내용의 선택지를 고른다.

TIP

빈칸의 앞뒤 내용이 빈칸이 들어있는 주제문으로 이어지는 경우가 많으므로, 앞뒤 문장들을 잘 읽고 단서를 찾는다.

답 1 주제 2 설명

지문으로 연습하기

다음 빈칸에 들어갈 말로 가장 적절한 것을 고르시오.

Upcycling is the process of recycling previously discarded materials. Upcycled items are often more useful or appealing than new items. That's why it's called upcycling: ____________________! Recycling and upcycling are not the same thing. During recycling, items are broken down. Plastic is shredded and melted into pellets, while glass is shattered and heated before being recast. This downcycling is an essential component of recycling and it devalues the resources. However, upcycling is an innovative way of reusing waste. Materials are used in a novel way, given a second life. Think of a pallet coffee table. The pallet becomes a beautiful piece of furniture. Both recycling and upcycling are important as they reuse materials instead of throwing them away. Less landfill trash is better for the environment. words 128

① things gain worth
② the amount of waste increases
③ lifestyle becomes more convenient
④ we have limited access to resources
⑤ we rely on the environment for survival

전략 CHECK

❶ 글의 소재는 업사이클링이고, 업사이클링이 무엇인지를 재활용과 비교하여 설명하는 것이 글의 핵심이다.

❷ 빈칸이 포함된 문장은 업사이클링이 왜 그러한 이름으로 불리는지에 대한 문장이므로, 업사이클링에 대한 글 전체의 내용을 포괄하는 주제문이 되어야 한다. 바로 앞 문장에 업사이클된 물건들은 새 물건보다 유용하거나 매력적이라는 언급이 있으므로 이를 나타내는 내용이 알맞다.

© dave_liza / shutterstock

VOCA process 과정 recycle 재활용하다 previously 이전에 discard 버리다 material 재료 appealing 매력적인 shred 잘게 자르다 melt 녹이다 pellet 작은 알갱이 shatter 부수다 recast 다시 주조하다 essential 필수적인 component 요소 devalue 가치를 떨어뜨리다 innovative 혁신적인 reuse 재사용하다 novel 참신한 landfill 쓰레기 매립지

1주 1일 개념 돌파 전략 2

1 다음 글에 나타난 'I'의 심경으로 가장 적절한 것은?

I felt isolated despite the love and support of those around me. The sadness hadn't hit me suddenly or unexpectedly. Rather, it had taken me in a silent and invisible way. I gradually realized that the house appeared gloomy, chilly, and lonely when I returned home from work in the weeks and months after Emerson left for the orchard, and I felt lonely spending nights alone. I wished I could have the opportunity to tell him about all of the situations I had seen during the day. I missed telling him about all our friends under the stars as we sat looking into the fading embers of the fire. words 109

① amused and joyful
② lonely and sorrowful
③ nervous and anxious
④ frightened and terrified
⑤ perplexed and embarrassed

© Gorodenkoff / shutterstock

전략 적용하기

심경 파악하기

❶ 함께 있던 [1]이라는 사람이 떠난 후 'I'가 느끼는 감정을 나타내는 글이다.

❷ isolated, sadness, gloomy, chilly, lonely, alone, missed 등의 표현에서 'I'가 [2]과 서글픔을 느끼고 있음을 알 수 있다.

답 1 Emerson 2 외로움

VOCA isolated 고립된 support 지지 unexpectedly 예상치 않게 invisible 보이지 않는 gloomy 우울한 chilly 쌀쌀한 orchard 과수원 fade 사라지다 ember (장작 또는 숯이) 타다 남은 불

>> 정답과 해설 38쪽

2 다음 빈칸에 들어갈 말로 가장 적절한 것을 고르시오.

Rapid global tourist growth has created jobs. Tourism employs about 7% of the global workforce. Tourism creates direct and indirect employment. Direct employment includes tourism-related jobs. This includes hotel, restaurant, and transportation workers. Occupations linked to tourism but not directly related are indirect jobs. Take a fisherman. He never meets tourists. Without tourists, however, he cannot provide fish to the hotel, thus he is indirectly employed. Because of these indirect links, it's difficult to estimate the economic impact of tourism. It's also difficult to estimate how many people work in tourism. There may also be numerous unofficial occupations. Since street vendors and tuk-tuk drivers are unlikely to be registered, their earnings are not recorded as sources of tourism income. Thus, the true economic benefits of tourism may be up to twice as large as ______________!

* tuk-tuk 툭툭 (3륜의 탈것으로 동남아 국가 등에서 택시로 이용) words 138

① improved technologies
② what has been reported
③ the number of actual tourists
④ the growth of low-cost airlines
⑤ the increased tax in the tourism sector

전략 적용하기

빈칸 추론하기 1

❶ 핵심 소재는 관광업이고, 관광업이 창출하는 [1] 과 경제적 영향에 대해 설명하는 글이다.

❷ 빈칸이 포함된 문장 앞에 관광업에 얼마나 많은 사람들이 관련되어 있는지 추산하기 어렵게 하는 [2] 적인 일자리에 대한 설명이 나오고 있으므로, 빈칸이 포함된 문장에는 관광업의 경제적 이익이 실제로는 더 클 것이라는 내용이 오는 것이 알맞다.

답 1고용 2간접

© Benny Marty / shutterstock

VOCA tourism 관광(업) employ 고용하다 workforce 노동 인구 indirect 간접적인 occupation 직업 related 관련된 provide 공급하다 link 연관성 estimate 추정하다 numerous 많은 unofficial 비공식적인 street vendor 노점상 register 등록하다 earning 수입, 소득 (= income) economic 경제적인 benefit 이득 up to ~까지

1주 2일 필수 체크 전략 1

1 다음 글에 나타난 'I'의 심경으로 가장 적절한 것은?

Unfortunately, the air movement brought the smells in the sleeping bag to the surface. Lying on the floor in the crowded shelter and surrounded by unpleasant smells, I regretted leaving my career in return for this suffering. In the loft, I overheard someone complaining that this hike was not what he had signed up for. He assumed he was going on a spring walk; he had no idea it would be this chilly, unpleasant mess. I attempted to sleep for many hours without success. I couldn't find a comfortable position on the hard floor. Sleep was not going to happen anytime soon. words 102

① joyful ② furious ③ anxious
④ relaxed ⑤ uncomfortable

문제 해결 전략

등장인물은 사람이 많은 쉼터에 있고, 냄새가 나는 [1] 속에서 잠들기 위해 애쓰고 있다. crowded shelter, unpleasant smells, regretted, suffering 등의 표현에서 인물이 [2]하고 불쾌한 상황에 처해 있음을 알 수 있다.

답 1침낭 2불편

ⓒ Peakstock / shutterstock

VOCA unfortunately 불행히도 movement 움직임 surface 표면 crowded 붐비는 shelter 쉼터, 대피소 unpleasant 불쾌한 in return for ~와 맞바꾸어 suffering 고통 loft 다락 overhear 우연히 듣다 complain 불평하다 assume 추정하다

≫ 정답과 해설 40쪽

2 밑줄 친 부분이 가리키는 대상이 나머지 넷과 다른 것은?

One of the Chinese men was dressed as Santa Claus, with ① his beard made of stiff paper. The only person who believed ② he was the real Santa Claus would be too little to understand that Santa Claus was not Chinese. When it was Tommy's time, the Santa guy asked of his age. He felt it was a trick question since ③ he was seven according to the American calendar and eight according to the Chinese calendar. He said he was born on March 17, 1951. That seemed to satisfy him. ④ He then gravely inquired whether Tommy had been a very nice kid this year and had obeyed his parents. Tommy knew the only answer and nodded back to ⑤ him with equal solemnity.

words 121

문제 해결 전략

글에서 대명사가 나타낼 수 있는 대상은 [1______] 역할을 하고 있는 중국인 남자, 그리고 그와 이야기하고 있는 [2______]이다. 산타클로스로 변장한 남자는 Tommy가 몇 살인지, 부모님의 말씀을 잘 들었는지 묻고 있고, Tommy는 이에 대답을 하고 있다.

답 1산타클로스 2Tommy

© fotohunter / shutterstock

VOCA beard 턱수염 stiff 뻣뻣한 trick 교묘한 according to ~에 따르면 satisfy 만족시키다 gravely 엄숙하게 inquire 묻다 obey ~을 따르다 nod (고개를) 끄덕이다 solemnity 엄숙(함), 근엄(함)

[3-4] 다음 글을 읽고, 물음에 답하시오.

It was a midday when John and I met, and he suggested we go swimming at Lincoln High School. I lent him a nickel because he needed five cents to make fifteen, the cost of admission. We rushed home for my bike, and when my sister, Dona, found out we were going swimming, she cried since (A) she only had an empty Coke bottle and no money to go swimming. I waved for her to come and the three of us mounted the bike — Dona on the crossbar, John on the handlebars, holding the Coke bottle we'd cash for a nickel to cover the difference, and me racing up the streets, avoiding cars. 우리는 오후의 햇살 아래서 수영을 하며 하루를 보냈다, so that when we got home our mom asked us which was darker, the floor or us. (B) Her hands were on her hips and her lips were tight.

words 149

VOCA midday 한낮 suggest 제안하다 lend 빌려주다 nickel 니켈, 5센트짜리 동전 cost 비용 admission 입장 wave 손을 흔들다 mount 타다 cash 현금으로 바꾸다 cover 메우다 difference 차액 avoid 피하다 tight 빈틈없는

>> 정답과 해설 40쪽

3 글의 밑줄 친 (A), (B)가 가리키는 것을 본문에서 찾아 'I'의 입장에서 쓰시오.

(A) ______________ (B) ______________

대명사 앞뒤에 나온 인물을 중심으로 살펴봐.

문제 해결 전략

등장인물들을 파악하고 대명사가 지칭하는 대상이 누구인지 표시하며 글을 읽는다. 글에서 [1] she 또는 Her가 가리킬 수 있는 대상은 'I'의 [2] 인 Dona 또는 'I'의 엄마이다.

답 1대명사 2여동생

4 글의 밑줄 친 우리말과 같은 뜻이 되도록 바르게 영작한 것은?

① We spent the day to swim under the afternoon sun
② We spend the day to swim under the afternoon sun
③ We spent the day swimming under the afternoon sun
④ We spent swimming the day under the afternoon sun
⑤ We spend swimming under the afternoon sun the day

문제 해결 전략

spend+시간+-ing: ~하면서 …을 보내다

1주 2일 필수 체크 전략 2

1 다음 글에 나타난 'I'의 심경으로 가장 적절한 것은?

© Sergey Peterman / shutterstock

The secrets I found in chess captivated me. I made a chessboard by myself and nailed it to the wall next to my bed, where I would stare for hours at imaginary battles. Soon I no longer lost any games but I lost my adversaries. Willy and Bill were more interested in racing the streets after school in their cowboy hats. I was really disappointed. Walking home from school one day, I saw elderly guys playing chess on an old folding table. I ran home and grabbed my chess set. I returned to the park and approached a man. "Want to play?" I said. He smiled as he looked at the box under my arm. "It's been a long time since I played chess with a young man," he said kindly. Filled with joy, I immediately placed the package in front of him.

words 143

① dull → anxious
② pleasant → sad
③ nervous → relieved
④ discouraged → delighted
⑤ concerned → disappointed

문제 해결 전략

등장인물이 [1] 의 묘미에 빠져들게 되고, 체스 상대가 없어서 실망하던 중 공원의 테이블에서 체스를 두고 있는 나이 든 사람들을 발견하는 상황을 나타내는 글이다. disappointed와 같은 표현에서 앞부분의 심경을, filled with [2] 와 같은 표현에서 뒷부분의 심경을 추측할 수 있다.

답 1체스 2joy

VOCA secret 비밀 captivate 사로잡다 nail 못으로 고정하다 stare 바라보다 imaginary 상상의 battle 전투 adversary 적, 상대 elderly 나이 든 folding table 접이식 탁자 approach 접근하다 immediately 즉시 package 꾸러미

>> 정답과 해설 42쪽

2 밑줄 친 부분이 가리키는 대상이 나머지 넷과 다른 것은?

As Nancy's interview date draws near, my mother acts as if ① her nerves have rotted and fallen apart like old rubber bands. ② She doesn't seem to be able to sit still. She can't seem to stop moving. She can't take ③ her gaze away from Nancy. Nancy's birthday is the day before ④ her interview. We've had many talks about it. Should we mark the occasion? Will the party throw Nancy off her schedule, or will Nancy be more unhappy if she misses her birthday? No detail is too small to be considered. And we always return to where we began. We'll maintain Nancy's routine the same this week and celebrate Nancy's birthday in the same manner we usually do. But it feels like my mother has to make ⑤ her decision all over again every night.

words 134

문제 해결 전략

글에서 대명사 She 또는 her가 가리킬 수 있는 대상은 [1] 을 앞둔 Nancy와 Nancy 때문에 안절부절못하는 my [2] 이다. 인물의 행동이나 인물에 대한 묘사를 보고 대명사가 어떤 인물을 지칭하는지 표시하며 글을 읽는다.

답 1 면접 2 mother

© Kerlon / shutterstock

VOCA interview 면접 draw near 다가오다 nerve 신경 rot 삭아 없어지다, 썩다 fall apart 허물어지다 rubber band 고무줄 still 가만히 gaze 시선 mark the occasion 행사를 기념하다 consider 고려하다 maintain 유지하다 routine 일상 celebrate 축하하다 manner 방식

1주 3일 필수 체크 전략 1

1 다음 빈칸에 들어갈 말로 가장 적절한 것을 고르시오.

Half of the world's population currently lives in cities, and by 2050, two-thirds will. But in cities, two of the world's most serious issues come together: poverty and environmental destruction. Most individuals migrate to cities and towns because they see rural regions as harsh and primitive. Urbanization occurs when people migrate to more developed regions like cities and towns. This usually contributes to the development of land for commercial and social purposes. However, these eventually create urbanization problems: the growth of slums, poor air and water quality, water scarcity, and waste disposal issues. As the world's cities continue to develop, effective city planning will be necessary for these and other __________.

words 111

① plannings ② economics ③ environments
④ difficulties ⑤ advantages

ⓒ Seahorse Vector / shutterstock

문제 해결 전략

글의 중심 내용은 [1] 가 전 세계적으로 진행되고 있고, 도시화로 인해 빈곤, 환경 문제, 물 부족과 같은 문제들이 발생하고 있다는 것이다. 빈칸이 포함된 문장은 도시가 더 발전함에 따라 이러한 문제들을 위한 효과적인 [2] 이 필요할 것이라는 내용이므로, 앞에서 열거한 내용을 포괄하는 말이 와야 한다.

답 1도시화 2도시 계획

VOCA population 인구 currently 현재 issue 문제 poverty 빈곤 destruction 파괴 individual 개인 migrate 이주하다 rural 시골의 region 지역 primitive 원시적인 urbanization 도시화 contribute 기여하다 commercial 상업적인 eventually 결국 slum 빈민가 scarcity 부족 waste disposal 쓰레기 처리

>> 정답과 해설 43쪽

2 다음 빈칸에 들어갈 말로 가장 적절한 것을 고르시오.

ⓒ j.chizhe / shutterstock

Composting reduces waste, lessens reliance on landfills, and decreases greenhouse gas emissions. The typical American produces approximately 1,600 pounds of garbage per year. The majority of this garbage is transported to landfill, with 34% of it being recycled and 13% being burned. About 22% of all municipal solid trash in landfills is food scraps. Landfill organic matter decomposes without oxygen. This isn't the same as naturally occurring aerobic decomposition. Without oxygen, food decomposes and releases more greenhouse gases, ______________. The landfills for municipal trash in the United States are the third-largest human-related methane gas emitter. Composting, however, allows organic matter to decompose aerobically, as in nature. Thus, composting reduces waste sent to landfills and greenhouse gas emissions.

*aerobic 산소에 의한, 호기성의 words 120

① reducing waste
② strengthening soil
③ leading to global warming
④ promoting healthy plant growth
⑤ making us less dependent on landfills

문제 해결 전략

음식물 쓰레기가 매립지에서 분해되는 것에 비해 여러 가지 장점이 있는 퇴비화에 대한 설명이 글의 중심 내용이다. 빈칸이 포함되어 있는 문장은 매립지에서 [1 ______] 없이 분해되는 음식물 쓰레기에 대한 설명에 이어지는 부분이다. 쓰레기가 산소 없이 분해되면 [2 ______]가 더 많이 배출된다는 내용이 빈칸 바로 앞에 나오므로 이와 관련된 내용을 선택지에서 찾는다.

답 1 산소 2 온실가스

VOCA composting 퇴비화 reduce 줄이다 lessen 작게 하다 reliance 의지 landfill 매립지 greenhouse gas 온실가스 emission 배출 typical 보통의 approximately 거의 majority 대부분 municipal 도시의 food scraps 음식물 쓰레기 organic matter 유기물 decompose 분해시키다 solid 고체의

[3-4] 다음 글을 읽고, 물음에 답하시오.

A study looked at the impact of providing ① restricted or many choices on decision-making. Participants chose a chocolate from a set of six or thirty. The researcher was interested in people's satisfaction with the selection process, their actual satisfaction with their choice after eating it, and their willingness ② to choose it again in the future. Participants said that selecting from a display of thirty choices ③ were more enjoyable than choosing from a display of six options. On the other hand, ④ those who chose from a set of six options later reported feeling more ⑤ pleased with their decision and more wanting to choose it again. The study shows that though people are attracted to having lots of choices, giving them a limited number of choices ____________________: when choosing from fewer options, people tend to feel more confident in their choice once they make the decision.

words 148

VOCA impact 영향 restricted 제한된 (= limited) decision-making 의사 결정 participant 참가자 selection 선택 actual 실제의 willingness 기꺼이 하기; 의향 display 진열 enjoyable 즐거운 confident 확신하는

>> 정답과 해설 43쪽

3 글의 빈칸에 들어갈 말로 가장 적절한 것을 고르시오.

① can demotivate them
② may lead to people's satisfaction
③ makes their choice more difficult
④ makes people unsure of their choice
⑤ keeps people from making the right decision

콜론(:) 뒤에 나오는 내용은 보통 콜론 앞의 내용을 보충 설명해.

문제 해결 전략

제한된 수의 선택에서 고르는 것과 [1] 수의 선택에서 고르는 것의 차이를 비교하는 것이 글의 핵심이다. 빈칸 뒤의 부연 설명이 더 적은 선택 중에서 고르는 사람에 대해 언급하므로, 빈칸에는 [2] 수의 선택이 고르는 사람에게 어떠한 영향을 미치는지에 대한 내용이 오는 것이 알맞다.

답 1많은 2제한된

4 글의 밑줄 친 ①~⑤ 중 어법상 틀린 것을 찾아 바르게 고쳐 쓰시오.

______ ➡ ______

문제 해결 전략

주어로 쓰인 to부정사구나 동명사구는 단수 취급하여 동사의 수를 일치시킨다.

1주 3일 필수 체크 전략 2

1 다음 빈칸에 들어갈 말로 가장 적절한 것을 고르시오.

ⓒ CNuisin / shutterstock

The anchoring effect is a cognitive bias that explains people's tendency to make choices based on the first piece of information they are given. Anchoring happens when people use an early piece of information to create future judgments during decision-making. Once an anchor is established, other judgments are made by adjusting away from that anchor, and there is a bias toward interpreting other information around the anchor. For example, the initial price offered for a used car sets the standard for the rest of the negotiations, so that prices lower than the initial price seem more reasonable even if ______________________.

words 110

① the car is of high quality
② the car is an older model
③ the prices are relatively low
④ the car is not actually in good condition
⑤ they are still higher than what the car is really worth

문제 해결 전략

글의 중심 내용은 앵커링 효과에 대한 설명과 그에 대한 예시이다. 빈칸이 포함된 문장은 앵커링 효과에 대한 예시 부분이므로, [1 ____]에 주어진 정보가 이후의 의사 결정에 큰 [2 ____]을 주는 현상을 나타내는 앵커링 효과에 대한 내용과 가장 부합하는 선택지를 찾는다.

답 1처음 2영향

VOCA cognitive 인지적인 bias 편향 tendency 경향 anchor 닻 establish 확립하다 adjust 조정하다 interpret 해석하다 initial 처음의 offer 제안하다 used car 중고차 standard 기준 negotiation 협상 reasonable 합리적인 relatively 비교적 condition 상태 worth ~의 가치가 있다

>> 정답과 해설 45쪽

2 다음 빈칸에 들어갈 말로 가장 적절한 것을 고르시오.

ⓒ Lena Ogurtsova / shutterstock

Food neophobia is an eating habit in which one refuses to taste and eat foods that he or she is not familiar with. It is believed to be heritable, up to 78%, and affects people of all ages. A study looking at how eating habits affect nutrition and risk factors shows that food neophobia is linked to dietary inconsistency and chronic diseases. Firstly, there is a risk of ______________. For example, dietary fiber and protein may be lower, and saturated fat and salt intake may be higher in people with food neophobia. Also, food neophobia can increase the risk of diabetes and heart disease. Studies show that a varied and balanced diet is important for health and early intervention in food neophobia may help postpone health issues.

* food neophobia 푸드 네오포비아, 새로운 음식 거부증　words 130

① chronic pain
② a disbelief in science
③ developing depression
④ a poorer dietary lifestyle
⑤ consuming too much food

문제 해결 전략

빈칸 뒤에 연결어 [1　　] 이 나오므로 빈칸이 포함된 문장이 뒤에 나오는 내용을 포괄해야 한다. 빈칸 뒤의 문장에서 푸드 네오포비아를 가진 사람들은 식이 섬유와 [2　　] 이 부족하고 포화 지방과 염분 섭취가 많을 수 있다는 언급이 있으므로, 빈칸이 포함된 문장은 식사의 질에 대한 내용이 오는 것이 알맞다.

답 1 For example 2 단백질

VOCA refuse 거부하다　be familiar with ~에 익숙하다　heritable 유전성의　affect 영향을 주다　nutrition 영양　factor 요소, 요인　inconsistency 비일관성　chronic 만성적인　dietary fiber 식이 섬유　protein 단백질　saturated fat 포화 지방　intake 섭취　diabetes 당뇨　intervention 개입　postpone 늦추다　disbelief 불신　depression 우울증　probability 가능성

1 다음 글에 나타난 'I'의 심경 변화로 가장 적절한 것은?

At Christie's, I had a small workstation, which was facing a wall with a four-foot-tall stack of documents marked 'Please shred.' My summer was far from the life of a fancy office worker. Unlike what I expected, it was about shredding tons of paper and faxing, filing, and filling out reports about potential customers for my supervisor. To be at Christie's was at first depressing, but I quickly became fond of the atmosphere — the world-class masterpieces that filled each room, and the thunderous boom of the gavel as it struck each stand. I was determined to do everything asked of me and more. Every day, I showed up with a smile and paper wounds on my fingers. At the end of the summer, they finally gave me a full-time position, much to my joy.

* Christie's 영국의 미술품 경매 회사 * workstation 워크스테이션 (1명의 근로자가 작업하기 위한 자리) words 134

① gloomy → tense
② inspired → envious
③ relaxed → shameful
④ angry → discouraged
⑤ disappointed → excited

등장인물이 처한 상황에 대한 묘사, 그리고 그 상황에 대처하는 등장인물의 자세에 주목해서 심경을 추측해 봐.

© Voyagerix / shutterstock

VOCA face 마주하다 stack 더미 document 문서 shred 갈가리 찢다 fancy 화려한 file (문서를 정리하여) 보관하다 fill out 작성하다, 기입하다 potential 잠재적인 customer 고객 supervisor 감독자 atmosphere 분위기 masterpiece 걸작 thunderous 우레와 같은 boom 쾅하는 소리 gavel (경매 진행자가 쓰는 작은) 망치 determine 결심하게 하다 wound 상처

>> 정답과 해설 47쪽

2 밑줄 친 부분이 가리키는 대상이 나머지 넷과 다른 것은?

It's a very hot summer day. As Robert is walking alongside the bicycle shed by the parking area, ① he sees a white car coming from the direction of Ann and Gary's house. A determined lady with glasses is sitting in the passenger seat, with her arms filled with files and papers. Behind the wheel sits a man in a white shirt. Robert has to jump out of the way to avoid being run over as the car races round the corner. The man turns ② his head and looks towards Robert through the windshield, and ③ he gives a superior half smile lifting ④ his glasses slightly as if Robert is to blame for what has happened. Robert yells after the car, but there seems to be no response from ⑤ him. words 128

© mavo / shutterstock

VOCA bicycle shed 자전거 보관소 direction 방향 determined 단호한 passenger seat 조수석 avoid 피하다 run over (사람 · 동물을) 치다 windshield 앞 유리 superior 우월한 blame ~의 책임으로 돌리다 response 반응

3 다음 빈칸에 들어갈 말로 가장 적절한 것을 고르시오.

© Igor Levin / shutterstock

Bilingualism seems to provide some advantages. Long-term bilinguals have better abilities to ignore irrelevant information while working. Participants in a test were asked to identify the color of a word printed with colored ink. The color may be the same as or different from the word's meaning. When the color and word did not match, bilinguals outperformed monolinguals, indicating that bilinguals were less distracted by irrelevant information. Also, bilingualism has lately been proven to delay the progression of Alzheimer's disease. Alzheimer's disease causes memory loss and other cognitive problems, which worsen with time. Numerous studies have indicated that bilingual Alzheimer's disease patients had a 4~5 year delay in the start of the illness when compared to monolingual Alzheimer's disease patients. Giving young children exposure to other languages, whether at school or at home, may result in ____________. words 143

① aesthetic abilities about colors
② confusion about national identities
③ developing Alzheimer's diseases in old age
④ a delay in acquiring their mother tongues properly
⑤ cognitive advantages that endure their whole lives

글 뒷부분에 나오는 빈칸에는 보통 글의 주제를 요약하는 내용이 와.

VOCA bilingualism 이중 언어 사용 cognitive 인지적인 advantage 장점 ignore 무시하다 irrelevant 무관한 identify 식별하다 outperform 더 나은 결과를 내다 monolingual 단일 언어를 사용하는 사람 indicate 나타내다, 보여 주다 distract 산만하게 하다 delay 미루다 progression 진행 aesthetic 미적인 confusion 혼란 mother tongue 모국어 endure 지속되다, 견디다

>> 정답과 해설 47쪽

4 다음 빈칸에 들어갈 말로 가장 적절한 것을 고르시오.

© Nadya Lukic / shutterstock

Meditation may help people to gain self-esteem and other benefits. Meditation relaxes us and controls our emotions. The practice of meditation teaches us to observe rather than react. To 'let go of our self-awareness' is a great strategy to build and maintain a positive self-image. Meditation helps us to become aware of our inner experiences without over-identifying with them, letting our thoughts go by without judgment or strong emotional reactions. Over-identification with the self leads to low self-esteem. We place too much importance on our sense of self, whether it's positive (I'm the BEST) or negative (I'm the WORST). We may even become self-obsessed, analyzing every word, thought, or feeling. Practicing meditation regularly may make you feel better about yourself by letting go of your own thoughts and feelings. This ____________.

words 139

① causes the therapist to encourage the client
② stimulates the increase of obsession about the self
③ causes judgment or correction from people around you
④ increases the negative thoughts that you have about yourself
⑤ leads to independence from your excessively critical inner voice

VOCA meditation 명상 self-esteem 자존감 benefit 이익 emotion 감정 observe 관찰하다 self-awareness 자기 인식 strategy 전략 positive 긍정적인 over-identification 과도한 공감 negative 부정적인 self-obsessed 자기 강박에 빠진 analyze 분석하다 therapist 치료사 stimulate 자극하다 obsession 강박, 집착 correction 교정, 바로잡음 excessively 과도하게 critical 비판적인

[1-2] 다음 글을 읽고, 물음에 답하시오.

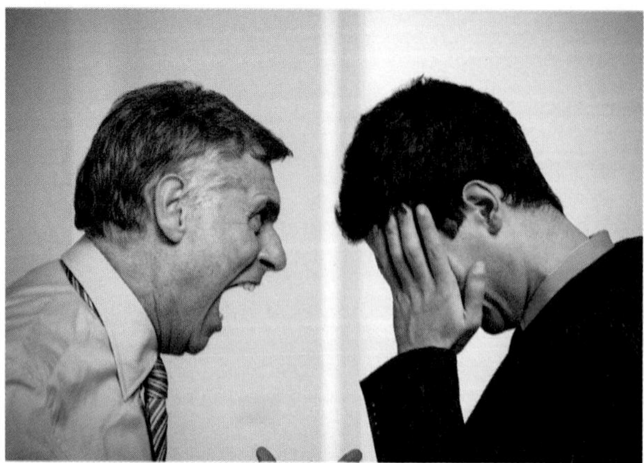
© Minerva Studio / shutterstock

What happens when a leader lacks emotional intelligence? Leaders are often faced with hardship. Stressed leaders with poor emotional intelligence are prone to lose control of their emotions and act out. They may yell or point fingers. So employees are always on guard, hoping to avoid an uncontrollable collapse. It's tough to collaborate when you're worried about how your boss may react. When a boss loses emotional control and behaves improperly, workers are reluctant to provide suggestions. The leaders, then, may ____________________. Emotionally intelligent leaders, on the other hand, create secure settings, in which workers may express themselves and voice constructive opinions, working collaboratively. Emotionally intelligent leaders don't take things personally and may pursue their goals without fear of their egos being damaged. While some people have greater levels of emotional intelligence than others, it is a trait that can be evaluated and developed. words 150

VOCA lack ~이 부족하다 intelligence 지능 hardship 역경 be prone to ~하기 쉽다 employee 직원 uncontrollable 통제할 수 없는 collapse 붕괴 collaborate 협력하다 behave 행동하다 improperly 부적절하게 be reluctant to ~을 주저하다 constructive 건설적인 pursue 추구하다 ego 자아 trait 특성 evaluate 평가하다

>> 정답과 해설 48쪽

1 글의 빈칸에 들어갈 말로 가장 적절한 것을 고르시오.

① recognize conflict and deal effectively with it
② maintain the level of their emotional intelligence
③ allow the workers to express their opinions freely
④ help the employees solve the problems on their own
⑤ have difficulties identifying and resolving the conflict

빈칸 앞뒤의 연결어를 확인해서 글의 흐름이 바뀌는 부분이 있는지 살펴봐.

2 글의 단어를 사용하여 글의 내용을 나타내는 도식을 완성하시오.

A leader with (1) ______ emotional intelligence …	An emotionally intelligent leader …
– may lose emotional (2) ______. – may have a hard time collaborating with employees to fix problems.	– may create emotionally (3) ______ settings for workers. – pursues his (4) ______ without fear of his ego being damaged.

[3-4] 다음 글을 읽고, 물음에 답하시오.

© wavebreakmedia / shutterstock

We should teach athletes the value of cooperation in addition to competition. We live in a society that is incredibly reliant and cooperative. While we may spend days without competing in our daily lives, we collaborate in a variety of ways, from cooperating with others at work and at home to buying things manufactured by others or developing products for others to purchase. Thus, in today's world, learning to cooperate is just as crucial as learning to compete for our young athletes. This may develop into a component of coaching philosophy. Competition and collaboration are often portrayed as opposing processes, despite the fact that they are mutually complementary. Gunther Luschen, a sport sociologist, has described the relationship between competition and cooperation as 'association' — the ways in which individuals or teams must collaborate in order to compete effectively. Athletes in team sports cooperate with each other in order for their team to perform cohesively. But also, different teams need to cooperate for competition to occur. Teams have to agree to a certain set of rules, as well as on a time and place for their competition. words 185

VOCA athlete 운동선수 value 가치 competition 경쟁 incredibly 엄청나게 reliant 의지하는 cooperative 협력적인 a variety of 다양한 manufacture 생산하다 philosophy 철학 portray 기술하다 opposing 반대되는 crucial 중대한 component 구성 요소 mutually 상호간에 complementary 보완적인 relationship 관계 association 연계, 유대 individual 개인 cohesively 응집력 있게

>> 정답과 해설 48쪽

3 글의 내용과 일치하면 T, 일치하지 않으면 F를 쓰시오.

(1) Cooperation skills are equally as important as competitive skills for our young athletes. ＿＿＿＿

(2) In fact, competition and collaboration are opposing processes. ＿＿＿＿

(3) It is pointed out by a sport sociologist that athletes performs best without collaborating. ＿＿＿＿

4 글의 단어를 사용하여 글의 내용을 나타내는 표를 완성하시오.

주장	We should teach athletes how to (1) ＿＿＿＿ as well as how to compete.
논거	– We live in a reliant and cooperative society. – Competition and collaboration are (2) ＿＿＿＿ though often portrayed as opposing processes. – Not only athletes in team sports but different teams must cooperate with each other for (3) ＿＿＿＿ to happen.

2주 통합적으로 이해하라

글의 전체적인 구조를 파악하는 것이 중요한 문제들이 있습니다. 글의 흐름과 무관한 문장을 고르거나, 글을 올바른 순서로 배열하거나, 주어진 문장이 들어갈 위치를 찾거나, 글의 내용을 요약하는 문제에서는 글의 전체적인 문맥과 문장들의 논리적 연결에 초점을 맞춰서 내용을 이해하는 것이 중요합니다.

무관한 문장 찾기

글의 순서 배열하기

학습할 내용		
	❶ 무관한 문장 찾기	❷ 글의 순서 배열하기
	❸ 문장의 위치 파악하기	❹ 요약문 완성하기

문장의 위치 파악하기

요약문 완성하기

2주 1일 개념 돌파 전략 1

개념 ❶ 무관한 문장 찾기

글의 흐름과 어울리지 않는 문장을 찾는 문제이다.

❶ 글의 전반부에서 핵심이 되는 [1   ]와 주제를 찾는다.

❷ 그 소재와 주제에 대해 일관된 내용이 전개되는지 이어지는 문장들을 살펴본다.

❸ 글의 소재와 주제 면에서 다른 문장과 동떨어진 내용의 문장을 찾는다.

TIP

정답 문장을 제외한 후, 나머지 문장이 매끄럽게 [2   ]되는지 확인한다.

답 1소재 2연결

지문으로 연습하기

다음 글에서 전체 흐름과 관계 없는 문장은?

Not all hackers are bad. ① 'White hat hackers,' sometimes known as 'good hackers' or 'ethical hackers,' use the same hacking tactics as 'black hat hackers' but first acquire permission from the system's owner. ② A white hat hacker uses computers or networks to identify and fix security problems. ③ Despite the fact that network security is a major concern, maintaining it is difficult due to the high cost. ④ White hat hackers attack systems in order to find and fix flaws and prevent black hat hackers from gaining access to data. ⑤ To secure their networks, many corporations and government agencies hire white hat hackers.

words 101

© Getty Images Bank

전략 CHECK

❶ 앞부분에서 글의 핵심 소재인 화이트 햇 해커에 대해 언급하고 있다.

❷ 화이트 햇 해커가 무슨 일을 하는지에 대한 설명으로 내용이 전개되고 있다.

❸ 'Despite the fact ~.'는 네트워크 보안의 어려움에 관한 내용이므로 글의 전체적인 흐름과 관계가 없다.

VOCA ethical 윤리적인 tactics 전술 acquire 얻다, 획득하다 permission 허가 identify 식별하다 security 보안 concern 관심사 maintain 유지하다 due to ~ 때문에 flaw 결함 gain access to ~에 접근하다 corporation 기업 agency 기관 hire 고용하다

>> 정답과 해설 49쪽

개념 2 글의 순서 배열하기

주어진 글 다음에 이어질 내용을 알맞은 순서로 배열하는 문제이다.

❶ 주어진 글을 읽으며 무엇에 관한 글인지 파악하고, 글의 전개 방식을 1 ______ 해 본다.

❷ 각 단락의 중심 내용을 파악한다.

❸ 세부 정보, 2 ______, 대명사 등의 단서를 활용하여 순서에 따라 배열한다.

TIP

인과를 나타내는 연결어: therefore, thus, consequently, as a result, accordingly
역접을 나타내는 연결어: but, however, yet, nevertheless, still, even so, though, although
예시를 나타내는 연결어: for example, for instance

답 1예상 2연결어

지문으로 연습하기

주어진 글 다음에 이어질 글의 순서로 가장 적절한 것을 고르시오.

Although whales are mammals, like humans, they can stay underwater for extended periods of time owing to their unique respiratory system. Because of the undersea environment where they live, whales must breathe consciously.

(A) Since they must stay partially conscious like this, they rest but never completely sleep. They may do so near the surface to readily come up for air.

(B) In other words, they think about every breath they take. They rise to the surface of the water to breathe through blowholes on their heads.

(C) Also, because whales live under the sea, they may drown if they stay asleep. It is believed that one hemisphere of the whale's brain is awake while the other sleeps.

words 115

① (A) – (C) – (B) ② (B) – (A) – (C) ③ (B) – (C) – (A)
④ (C) – (A) – (B) ⑤ (C) – (B) – (A)

전략 CHECK

❶ 주어진 글은 고래가 그들이 사는 해저 환경 때문에 독특한 호흡 체계를 가지고 있다는 내용이다.

❷ (A)는 고래의 수면에 대한 부가적인 설명, (B)는 고래가 의식적으로 호흡을 하는 것에 대한 부연 설명, (C)는 고래의 호흡에 이어 수면의 특징을 추가로 언급하는 부분이다.

❸ since, in other words, also와 같은 연결어를 통해 문단의 전후 관계를 유추해 볼 수 있다.

VOCA mammal 포유류 extended 장기의; 기간을 연장한 period 기간 owing to ~ 때문에 unique 독특한 respiratory system 호흡 체계 undersea 해저의 environment 환경 consciously 의식적으로 partially 부분적으로 surface 수면, 표면 drown 익사하다 hemisphere 반구

개념 3 문장의 위치 파악하기

주어진 문장이 글의 어느 부분에 들어가는지 찾는 문제이다.

❶ 주어진 문장에 포함된 1 ______ 나 연결어 등을 활용하여 앞뒤에 올 수 있는 내용을 유추해 본다.
❷ 문장의 2 ______ 을 염두에 두고 글을 읽는다. 글의 연결이 매끄럽지 않은 부분에 유의한다.
❸ 주어진 문장을 넣어서 앞뒤 문장과의 연결을 확인한다.

답 1 지시어 2 연결

지문으로 연습하기

글의 흐름으로 보아, 주어진 문장이 들어가기에 가장 적절한 곳을 고르시오.

> For example, it strengthens your bones, improves your cardiovascular and respiratory capacities, boosts your immune system, and increases your muscular capacity.

Trekking, regardless of the length of your trek, your location, or even your physical level, is a great activity with many advantages. (①) Whether in the mountains, in the desert or in a more urban environment, it allows you to escape and get away from your daily life, to discover new things and new spaces. (②) Like many other strenuous activities, trekking is beneficial for your physical health. (③) Furthermore, a change in pace and place promotes the reduction of stress. (④) Disconnection from daily life really is a great way to step back from mundane worries and connect with yourself. (⑤)

words 118

ⓒ trek6500 / shutterstock

전략 CHECK

❶ 앞에 For example이 있으므로, 주어진 문장에서 설명하는 내용을 포함할 수 있는 내용이 문장 앞에 온다는 것을 유추할 수 있다.

❷ 주어진 문장이 트레킹이 건강에 미치는 좋은 영향을 예로 들고 있으므로 트레킹이 신체 건강에 유익하다는 내용 바로 뒤에 오는 것이 적절하다.

VOCA cardiovascular 심혈관의 respiratory 호흡의 capacity 능력 muscular 근육의 regardless of ~에 상관없이 urban 도시의 escape 탈출하다 strenuous 격렬한, 열심인 beneficial 유익한 promote 촉진하다 reduction 감소 disconnection 단절 mundane 일상적인

>> 정답과 해설 49쪽

개념 4 요약문 완성하기

글 전체의 내용을 요약한 문장의 빈칸에 알맞은 말을 찾는 문제이다.

❶ 요약문과 선택지를 살펴보고, 본문과 어떤 관계가 있는지, 어떤 정보가 필요한지 파악한다.
❷ 본문의 소재와 주제를 파악하고, [1   ]되는 핵심 어구를 찾는다.
❸ 본문의 핵심 어구가 요약문에 [2   ]로 제시되었거나 주제가 다른 형태로 서술되어 있는지 찾는다.

답 1반복 2동의어

지문으로 연습하기

다음 글의 내용을 한 문장으로 요약하고자 한다. 빈칸 (A), (B)에 들어갈 말로 가장 적절한 것은?

Music education has numerous advantages for youngsters. Music aids in the development of social skills, which is incredibly beneficial in schools. As they play instruments together, students must pay attention to others to better evaluate volume and other elements. They can quickly learn not only to value other people's viewpoints and ideas, but also how to effectively blend such ideas in order to finish the task at hand. In addition to collaboration and teamwork, music education fosters long-term connections and relationships. Students who are members of a band or chorus build special links because they share a passion for music. They bond over music, enjoy thrilling moments, and encourage one another. This special bond also increases students' engagement and motivation in school. words 122

⬇

> Students learn ___(A)___ through music education and form a bond by sharing their passion for music, which ___(B)___ their motivation in school life.

	(A)		(B)
①	knowledge	…	weakens
②	cooperation	…	enhances
③	knowledge	…	enhances
④	cooperation	…	discourages
⑤	cooperation	…	weakens

전략 CHECK

❶ 요약문에서는 음악 교육을 통해 학생들이 배울 수 있는 것을 열거하고 있다.

❷ 음악 교육의 효과가 본문의 주제이고, 이에 해당하는 social skills, collaboration, teamwork, relationships 등의 단어에 주목한다.

❸ 본문의 collaboration, teamwork와 같은 단어를 대체할 수 있는 말, 동기 부여를 '증가시킨다'는 의미의 increases와 같은 뜻을 가진 단어를 각각 찾는다.

© Getty Images Bank

VOCA numerous 수많은 youngster 젊은이 incredibly 엄청나게 instrument 악기 evaluate 평가하다 element 요소 value 가치 있게 여기다 viewpoint 관점 blend 혼합하다 task 일, 임무 collaboration 공동 작업 foster 조성하다 long-term 장기의 chorus 합창단 bond 유대 thrilling 흥분되는, 신나는 engagement 참여 motivation 동기 부여 passion 열정

2주 1일 개념 돌파 전략 2

1 다음 글에서 전체 흐름과 관계 없는 문장은?

Fashion designers create various apparel for people. ① They are now beginning to use new technologies such as body-scanning for a better custom fit, or seamless knitting technologies that can produce clothing with just a simple push of a button. ② New technology, resources, and tools will change the face of fashion in the future, much as the sewing machine did in the past. ③ New consumer demands and preferences have more to do with function and less to do with style. ④ Thus, high-tech textiles will allow fashion designers to build new product lines with practical functions like sun protection. ⑤ With the development of industrial sewing machines, dressmaking at home rapidly declined. words 109

전략 적용하기

무관한 문장 찾기

❶ 첫 문장에서 [1] 디자이너와 그들이 하는 일이 핵심 소재임을 알 수 있다.

❷ 글의 주된 흐름은 최근에는 패션 디자이너가 새로운 [2]과 자원, 도구 등을 사용하여 옷을 만들고 있다는 내용이다.

❸ 가정에서의 재봉이 감소하고 있다는 내용은 전체 흐름과 관계가 없다.

답 1 패션 2 기술

© Prostock-studio / shutterstock

VOCA apparel 의상 custom 맞춘, 주문한 fit 맞음새, 꼭 맞는 것 seamless 이음매가 없는 knitting 뜨개질 sewing machine 재봉틀 consumer 소비자 demand 요구 preference 선호 function 기능 textile 직물, 옷감 practical 실용적인 decline 감소

>> 정답과 해설 51쪽

2 글의 흐름으로 보아, 주어진 문장이 들어가기에 가장 적절한 곳을 고르시오.

Vegetarian diets, however, require far fewer crops and much less water to sustain.

We understand how to live a more environmentally responsible lifestyle, from recycling to cycling to work. Avoiding animal products can help to lower one's carbon footprint dramatically. Why are meat and dairy so bad for the environment? Beyond transporting meat and other animal products, the animals' needs for food and water are harmful to the environment. (①) Animal feed consumption contributes considerably to deforestation, habitat loss, and species extinction. (②) For instance, Brazil alone grows soybeans for European livestock on 5.6 million acres. (③) Even worse, poor people are pushed to grow commercial crops for animal feed instead of food crops. (④) Vegetarianism is a simple and practical way to lessen our carbon impact. (⑤) We can safeguard both our health and the global ecology by eating local vegetables in season.

words 139

© Yulia Furman / shutterstock

전략 적용하기

문장의 위치 파악하기

❶ 연결어 [1   ]가 있으므로 앞에 오는 내용과 반대되는 내용으로 전환되는 문장이라는 것을 유추할 수 있다.

❷ 주어진 문장이 [2   ] 식단에 대한 내용이므로, 앞에는 육류 소비에 대한 내용이, 뒤에는 채식에 대한 부연 설명이 이어지는 것이 알맞다.

답 1 however 2 채식

VOCA vegetarian 채식의 crop 작물 sustain 유지하다 responsible 책임감 있는 dramatically 극적으로 dairy 유제품 transport 운송하다 consumption 소비 contribute to (~의) 원인이 되다 considerably 상당히, 꽤 deforestation 삼림 벌채 habitat 서식지 species 종 extinction 멸종 livestock 가축 safeguard 보호하다 ecology 생태(계)

2주 2일 필수 체크 전략 1

1 다음 글에서 전체 흐름과 관계 없는 문장은?

© Sira Anamwong / shutterstock

One of the biggest challenges facing South Korean society is its rapidly aging population. South Korea is one of the fastest aging countries. ① A study showed it will become the world's most aged society by 2067, with the senior population making up 46.5 percent of the whole population. ② Marriage rates are falling and child births are at an all-time low, which is to blame for the country's upcoming disaster. ③ Korea's fertility rate, which estimates the average number of children a woman will have in her lifetime, reached a record low of 0.83 in 2020. ④ Women's increased participation in society improves the international competitiveness of the country. ⑤ Korea must take immediate action to address the issue of its aging population.

words 119

문제 해결 전략

첫 문장에서 글의 핵심 소재 및 주제가 한국의 급속한 [1] 임을 알 수 있고, 이에 대한 부연 설명으로 글이 전개되고 있다. 중간에 언급되는 [2] 의 사회 참여 확대는 글의 전체적인 흐름과 관계없다.

답 1노령화 2여성

VOCA challenge 도전 face 직면하다 population 인구 blame ~의 책임으로 돌리다 upcoming 다가오는 disaster 재앙 fertility rate 출산율 estimate 추정하다 average 평균의 participation 참여 competitiveness 경쟁력 take action ~에 대해 조치를 취하다 immediate 즉각적인 address (문제를) 다루다

>> 정답과 해설 53쪽

2 주어진 글 다음에 이어질 글의 순서로 가장 적절한 것을 고르시오.

In Hongseong, Korea, a dog named Baekgu, one of the most common local dogs, was honored as a rescue dog. Baekgu has shown why dogs are people's best friends.

(A) After 40 hours of searching, she was found two kilometers from her home. The search crew had sent out a thermal drone, which discovered Baekgu in a rice field. Ms. Kim had collapsed there, where the rice grew tall and hid her from view.

(B) Also, when Ms. Kim began to show signs of hypothermia, Baekgu kept her warm throughout. If it had not been for Baekgu, she might not have been found safe. Ms. Kim is now recovering in the hospital.

(C) Ms. Kim, the owner of Baekgu, a 90-year-old woman with dementia, went missing on a rainy day in the middle of summer. On a nearby farm's video camera, Ms. Kim and her dog, Baekgu, were spotted leaving the village.

* dementia 치매 * hypothermia 저체온증 words 149

① (A) – (C) – (B) ② (B) – (A) – (C) ③ (B) – (C) – (A)
④ (C) – (A) – (B) ⑤ (C) – (B) – (A)

문제 해결 전략

주어진 글에서 백구라는 개가 구조견으로 임명되었다는 내용이 나오므로, 백구의 주인 김 씨가 실종되고, 백구로 인해 무사히 [1] 되기까지의 과정을 순서에 맞게 구성해 본다. after와 [2] 같은 연결어를 이용하여 문단의 순서를 유추해 볼 수 있다.

답 1 구조 2 also

VOCA common 흔한, 보통의 honor 영예를 주다 rescue 구조 thermal 열의, 온도의 discover 발견하다 collapse 쓰러지다 sign 징후 recover 회복하다 spot 발견하다

[3-4] 다음 글을 읽고, 물음에 답하시오.

In the U.S., a driver's license is not so difficult to get; nonetheless, you must pass a driving skills test as well as a written test before the state will issue you one.

(A) First, in order to pass the written exam, you must be familiar with the rules of the road and comprehend your obligations as a driver. After passing the written exam, you will be able to get your permit.

(B) The driving skills test, also referred to as the road test, is a little more challenging than the written test. Not everyone passes the driving test the first time, but if you fail, you can try again another day.

(C) This permit allows you to practice driving while accompanied by a licensed driver. After having enough practice behind the wheel, you need to schedule an appointment for the driving skills test to demonstrate your driving ability. words 146

VOCA driver's license 운전면허 state 주 issue 발급하다 be familiar with ~에 익숙하다 comprehend 이해하다 obligation 의무 permit 허가(증) refer to as ~로 부르다 challenging 어려운 accompany 동반하다 wheel (자동차 등의) 핸들 schedule 일정을 잡다 appointment 약속 demonstrate 보여 주다, 입증하다

>> 정답과 해설 53쪽

3 주어진 글 다음에 이어질 글의 순서로 가장 적절한 것을 고르시오.

① (A) – (B) – (C) ② (A) – (C) – (B) ③ (B) – (C) – (A)
④ (C) – (A) – (B) ⑤ (C) – (B) – (A)

문제 해결 전략

미국에서 운전면허를 따는 과정을 설명하는 글이다. 1 ______ 시험을 통과하면 운전 연습을 할 수 있는 2 ______ 이 나오고, 연습을 충분히 한 후에 운전 능력 시험을 보는 과정이 잘 나타나도록 글을 배열한다.

답 1 필기 2 허가증

영영 풀이를 정확히 이해하고, 글을 처음부터 훑어보며 해당하는 단어를 찾아.

4 다음 영영 풀이에 해당하는 단어를 글에서 찾아 쓰시오.

(1) things that you must do according to the law, rules, your promises, etc.

(2) an official document showing that a person is allowed to do or have something

(1) ______ (2) ______

문제 해결 전략

(1)은 규칙에 맞게 해야 하는 것, (2)는 무언가를 허용하는 공식적인 ______ 라는 의미이다.

답 문서

2주 2일 필수 체크 전략 2

1 다음 글에서 전체 흐름과 관계 없는 문장은?

© Africa Studio / shutterstock

Whether you have a gym membership or not, one of the most effective exercise equipment is most likely to be available between your basement and main floor: a stairway. ① Walking up the stairs works on a range of leg and core muscles, as well as your balance. ② When you climb the stairs, you are also engaging your hip and thigh muscles to a significant degree, which is beneficial. ③ As home training has grown in popularity, a growing number of films have been put online that may be viewed and followed from the comfort of one's own home. ④ It's twice as difficult as brisk walking on flat ground and half as difficult as climbing a hill or mountain. ⑤ Going up a few flights of stairs is good for your overall health.

words 130

문제 해결 전략

첫 문장에 나타난 글의 핵심 소재가 1 ______ 이고 계단으로 다양한 운동 효과를 얻을 수 있다는 내용이 중심 내용임을 알 수 있다. 그러므로 계단을 오르는 것이 주는 2 ______ 에 대해 이야기하고 있지 않은 문장을 찾는다.

답 1 계단 2 효과

VOCA membership 회원 자격, 회원권 effective 효과적인 equipment 장비 available 이용할 수 있는 basement 지하층 a range of 다양한 core 중심부 muscle 근육 balance 균형 engage 관여시키다 thigh 넓적다리 significant 중요한 popularity 인기 brisk walking 활발한 보행 flat 평평한 flight 계단[층계] overall 전반적인

>> 정답과 해설 55쪽

2 주어진 글 다음에 이어질 글의 순서로 가장 적절한 것을 고르시오.

Trevor Noah's *Born a Crime* is the story of a naughty kid who grows into a brave young man trying to find his place in a world where it is not appropriate for him to be. In his incredible journey from apartheid-era South Africa to his current position as host of *The Daily Show*, it all began with a criminal act: his birth.

ⓒ Sky Cinema / shutterstock

(A) Therefore, he spent most of his childhood indoors due to his mother's fear of a government that could take him away at any time.

(B) Trevor's country at the time outlawed a white Swiss father and a black Xhosa mother. The couple could have been sentenced to five years in prison just because he was born.

(C) With the end of white rule in South Africa, Trevor finally sets out on a magnificent adventure. He lives his life openly and freely, bearing decades of sacrifice in his heart.

* apartheid 아파르트헤이트(예전 남아프리카 공화국의 인종 차별 정책) words 149

① (A) – (C) – (B) ② (B) – (A) – (C) ③ (B) – (C) – (A)
④ (C) – (A) – (B) ⑤ (C) – (B) – (A)

문제 해결 전략

주어진 글에서 1[ ] 차별이 행해지던 곳에서 태어난 Trevor Noah라는 인물이 쇼의 진행자가 되기까지의 내용을 담은 책을 언급하고 있으므로, 이어지는 내용 역시 그의 2[ ]부터 현재까지 그의 이야기를 순서대로 제시할 것임을 예상할 수 있다.

답 1인종 2출생

VOCA naughty 장난꾸러기인 appropriate 적절한 incredible 놀라운 era 시대 current 현재의 indoors 실내에서 government 정부 outlaw 불법화하다 sentence (형을) 선고하다 magnificent 멋진 bear 품다 sacrifice 희생

2주 3일 필수 체크 전략 1

1 글의 흐름으로 보아, 주어진 문장이 들어가기에 가장 적절한 곳을 고르시오.

ⓒ Marcin Krzyzak / shutterstock

> Then, as the dancer becomes familiar with the music, he or she may begin to clap their hands in a regular rhythm.

Flamenco is a form of Spanish dance that is highly expressive. Flamenco is a dance that features hand clapping, percussive footwork, and delicate hand, arm, and torso movements. (①) The dance is usually accompanied by a vocalist and a guitarist. (②) A flamenco dancer may stay motionless and expressionless for the first few moments of a song. (③) As the emotion grows, the dancer will gradually move into more passionate movements. (④) The dance's climax is frequently marked by forceful stomping, which is typically intensified with percussion attachments on the shoes, as well as beautiful arm gestures. (⑤) Folding fans are used for aesthetic purposes, and castanets are sometimes held in the hands for clicking. words 132

문제 해결 전략

플라멩코라는 스페인의 1 [ ]에 대한 설명이 글의 중심 내용이다. 정적인 움직임에서 점점 더 2 [ ]적인 움직임으로 진행되는 플라멩코의 특징에 대한 설명이 이어지고 있으므로, Then과 begin to와 같은 말을 통해 주어진 문장이 점차 고조되는 춤의 어느 단계에 해당하는지 추측할 수 있다.

답 1춤 2열정

VOCA expressive 표현이 풍부한 feature 특징으로 삼다 percussive (특히 타악기를) 쳐서 소리를 내는 delicate 섬세한 torso 몸통 accompany 동반하다 motionless 움직임이 없는 expressionless 감정 표현이 없는 passionate 열정적인 climax 절정 frequently 자주 mark 특징짓다 forceful 힘이 있는 stomp 쿵쿵거리며 걷다; 발을 구르며 춤추다 typically 보통 intensify 강화하다 attachment 부착물 aesthetic 미적인

>> 정답과 해설 56쪽

2 다음 글의 내용을 한 문장으로 요약하고자 한다. 빈칸 (A), (B)에 들어갈 말로 가장 적절한 것은?

Humans are known to be the only creatures on earth with the ability to laugh. Laughter enhances the quality of life and may relieve the body of so many health problems. For instance, laughter is considered to be a stress buster, and researchers found a direct link between laughter and the healthy function of blood vessels. When you laugh, your brain releases endorphins, which might help you feel better. Laughter also increases the number of antibody-producing cells and improves the efficacy of T-cells, which help the immune system function better. Because laughter has such a positive effect on the body, mind, and spirit, all you have to do to live a happy life is laugh.

* endorphin 엔도르핀(뇌에서 분비되는, 진통 작용을 하는 호르몬) words 115

⬇

Laughter, a unique human characteristic has the power to ___(A)___ stress, improve mood, and promote ___(B)___, all of which can help with various health issues.

	(A)	(B)		(A)	(B)
①	reduce	··· immunity	②	reduce	··· consumption
③	cause	··· cooperation	④	reduce	··· cooperation
⑤	cause	··· immunity			

© Ollyy / shutterstock

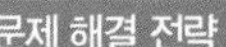

문제 해결 전략

본문의 중심 내용은 웃음이 [1] 를 낮추고 기분을 나아지게 하며 면역 체계에 도움이 된다는 것이고, 요약문에서는 웃음이 [2] 에 미치는 여러 가지 효과에 대해 언급하고 있다. 빈칸 앞뒤의 stress, promote와 같은 말과 관련 있는 내용을 본문에서 찾아 같은 의미가 되도록 선택지의 단어를 고른다.

답 1 스트레스 2 건강

VOCA laugh 웃다 enhance 높이다 relieve 완화하다 blood vessel 혈관 release 방출하다 antibody 항체 cell 세포 efficacy 효능 immune system 면역 체계 function 기능하다 spirit 정신 consumption 소모 cooperation 협동

[3-4] 다음 글을 읽고, 물음에 답하시오.

© cybrain / shutterstock

Artificial intelligence may or may not someday replace human labor. Machines translate documents faster than humans, saving time and money. It is an automated process for translating textual content from one language into another. It offers a faster turnaround and may be more cost-effective. (①) Translation software often struggles with the ability of a word or phrase to have multiple meanings. (②) This means a failure to consider the different contexts ________ the same word of a language can be used. (③) Also, a piece of content may have different tones — formal or casual, persuasive or humorous. (④) Machine translations often miss these nuances, and thus the content fails to satisfy the target audience. (⑤) Therefore, machine translation always needs a final review. It must be proofread for potential errors. words 134

VOCA artificial intelligence 인공 지능 replace 대체하다 labor 노동 translate 번역하다 document 문서 automated 자동화된 process 과정 turnaround 처리 시간 cost-effective 비용 효율이 높은 context 문맥 tone 어조 struggle with ~로 고심하다 phrase 구(句) consider 고려하다 formal 격식을 차리는 casual 격식을 차리지 않는 persuasive 설득력 있는 humorous 익살스러운 nuance 뉘앙스, 미묘한 차이 proofread 교정을 보다 potential 잠재적인

>> 정답과 해설 56쪽

3 글의 흐름으로 보아, 주어진 문장이 들어가기에 가장 적절한 곳을 고르시오.

> However, machine translation does not understand context and tone.

① ② ③ ④ ⑤

문제 해결 전략

주어진 문장이 연결어인 1 [ ] 로 시작하므로, 주어진 문장의 내용과 반대되는 내용 바로 뒤에 위치한다는 것을 알 수 있다. 글의 중심 내용이 기계 번역의 장점과 단점이고, 주어진 문장은 기계 번역의 2 [ ] 을 언급하고 있으므로 장점에서 단점으로 전환되는 곳에 위치하는 것이 알맞다.

답 1 However 2 단점

4 글의 빈칸에 알맞은 관계사를 쓰시오.

____

문제 해결 전략

선행사 contexts를 수식하는 절을 이끄는 관계사가 와야 한다. 뒤에 완전한 형태의 절이 오므로 관계부사 또는 「[ ] +관계대명사」가 알맞다.

답 전치사

2주 3일 필수 체크 전략 2

1 글의 흐름으로 보아, 주어진 문장이 들어가기에 가장 적절한 곳을 고르시오.

For example, some colors are considered to be stimulating, while others may be soothing.

Color therapy is an alternative remedy that uses color and light to treat physical or mental health. This concept dates back to ancient Egyptians who used sun-activated solarium rooms constructed with colored glass for therapeutic purposes. (①) Color therapy is based on the premise that different colors evoke different responses in people. (②) Therefore, colors may impact one's energy level, mood, appetite, emotions and even decision-making. (③) Perhaps this suggests that color and lighting might be effective healing aids for a variety of ailments. (④) Color therapy has been believed to positively affect wide range of fields such as academic performance, aggressive behavior, learning disabilities, insomnia, and muscle relaxation. (⑤) words 119

문제 해결 전략

글의 소재는 1 [ ] 치료이고, 색상이 치료에 사용된 역사와 원리, 적용 분야 등에 대한 소개가 글의 주요 내용이다. 주어진 문장이 For example로 시작하고, 색상이 불러일으킬 수 있는 반응에 대한 예시를 들고 있으므로, 색상이 다양한 2 [ ] 을 유발한다는 내용 뒤에 오는 것이 알맞다.

답 1색상 2반응

VOCA alternative 대안적인 remedy 치료 mental 정신적인 date back (to) ~까지 거슬러 올라가다 activate 활성화하다 solarium 일광욕실 therapeutic 치료의 premise 전제 evoke 불러일으키다 response 반응 appetite 식욕 decision-making 의사 결정 ailment 질병 aggressive 공격적인 disability 장애 insomnia 불면증 relaxation 이완

>> 정답과 해설 58쪽

2 다음 글의 내용을 한 문장으로 요약하고자 한다. 빈칸 (A)와 (B)에 들어갈 말로 가장 적절한 것은?

Movies have been a part of our culture for decades. People have been fascinated by the imaginative worlds depicted in theater. The movie industry, however, has been challenged in recent years by streaming services. These internet-based businesses are transforming the way we consume content and how we perceive entertainment. For many years, streaming services went unrecognized as a potentially disruptive trend, but due to their reduced cost, they have steadily gained popularity over going to the movies. Even if certain exceptional films are exclusively accessible in theaters, many people are unwilling to pay when there is a more appealing alternative of watching movies at home for a lesser price. For individuals who desire easy access to entertainment sitting on a couch, it is a terrific option. Furthermore, the most noteworthy benefit of streaming services is that an immense amount of content is available at the same time worldwide. words 148

⬇

With their strengths in low cost, ____(A)____, and extensive content, streaming services have sparked ____(B)____ in the entertainment business.

	(A)		(B)
①	scarcity	···	depression
②	scarcity	···	innovation
③	convenience	···	depression
④	scarcity	···	problems
⑤	convenience	···	innovation

문제 해결 전략

요약문은 [1] 서비스의 강점과 그 강점을 바탕으로 스트리밍 서비스가 엔터테인먼트 업계에 미친 영향에 대해 이야기하고 있다. 본문의 중심 내용은 스트리밍 서비스가 소비자들이 콘텐츠를 소비하는 방식을 변화시키고 있다는 것이고, 이에 대한 이유로 [2] 의 저렴함, 이용의 편리함, 방대한 콘텐츠를 제시하고 있다.

답 1스트리밍 2비용

© Diego Cervo / shutterstock

VOCA fascinate 매혹시키다 imaginative 상상력이 풍부한 depict 그리다, 묘사하다 transform 변형시키다 perceive 인식하다 unrecognized 인정받지 못한 potentially 잠재적으로 disruptive 지장을 주는 exceptional 예외적인 exclusively 배타적으로 accessible 접근하기 쉬운 terrific 아주 좋은 noteworthy 주목할 만한 immense 거대한 available 이용할 수 있는 spark 촉발하다

1 다음 글에서 전체 흐름과 관계 없는 문장은?

If you want to travel and make a difference, you can look into volunteer abroad programs. Nepal has stunning mountains and challenging hikes. You will be awestruck by the natural beauty and scale of Annapurna, Langtang, and Everest. The Himalayas are a great place to discover the beauty of tranquility. You'll learn about a unique culture as well as the challenges of existing in this region of the world. You can also help the towns you've traveled through. ① While traveling, you should be careful about safety accidents and it is better to have travel insurance. ② Many schools in Nepal will need help during your visit. ③ Volunteer in a local Nepalese school to assist in improving the children's learning conditions and gain a new perspective. ④ But select wisely, as teaching is generally a long-term commitment. ⑤ Even if you can't teach, there are many other ways to aid the community's education. words 149

VOCA volunteer 자원하다 stunning 깜짝 놀랄, 굉장히 아름다운 awestruck 경이로워하는 scale 규모 tranquility 평온 unique 독특한 travel insurance 여행 보험 condition 조건 perspective 관점 long-term 장기간의 commitment 헌신 aid 돕다

>> 정답과 해설 60쪽

2 주어진 글 다음에 이어질 글의 순서로 가장 적절한 것을 고르시오.

© Adhisha Naik / shutterstock

The Alchemist, authored by Paulo Coelho, is one of the most widely read books in history. It was first published in Portuguese in 1988, and it has since been translated into many other languages around the world. The book's main theme is about following one's dream and realizing destiny.

(A) The advice given to Santiago, the main character, 'when you genuinely want something to happen, the whole universe will conspire so that your wish comes true,' is the core of the philosophy illustrating the novel's main theme.

(B) If Santiago had allowed himself to be controlled by his fear while realizing his dream, he would not have discovered the wealth and, even more crucially, the purpose of his life.

(C) Another interesting theme in the narrative is the harmful consequence of being afraid of something. People who allow fear to rule their life will live in misery.

words 144

① (A) – (C) – (B)　② (B) – (A) – (C)　③ (B) – (C) – (A)
④ (C) – (A) – (B)　⑤ (C) – (B) – (A)

문단의 뒷부분에 나온 말이 이어지는 다음 문단에서 부연 설명되는 경우가 많아.

VOCA alchemist 연금술사　author 쓰다, 저술하다　publish 출판하다　Portuguese 포르투갈어　translate 번역하다　theme 주제　realize 실현하다　destiny 운명　genuinely 진정으로　conspire 공모하다　philosophy 철학　illustrate 설명하다　control 통제하다　crucially 중요하게　narrative 이야기　consequence 결과　misery 불행

3 글의 흐름으로 보아, 주어진 문장이 들어가기에 가장 적절한 곳을 고르시오.

> Children were taken to a room with toys after each session to evaluate how their play patterns altered.

According to Social Learning Theory, people learn new behaviors 'by direct experience or through observing others.' Professor Albert Bandura and his team used a Bobo Doll, a blow-up toy in the shape of a life-size bowling pin, to see if children would copy violence. They divided the Stanford University nursery's 72 children into three groups of 24. (①) One group saw adults yelling at the Bobo Doll. (②) Adult subjects occasionally smacked or tossed the toy. (③) Another group saw an adult non-aggressively engaging with the Bobo Doll, while the last group saw only the Bobo Doll. (④) Bandura discovered that kids who see violent adults are more inclined to respond aggressively. (⑤) The findings highlight how children learn from others. words 134

VOCA session (특정한 활동을 위한) 시간 evaluate 평가하다 alter 바뀌다 behavior 행동 observe 관찰하다 nursery 보육원 subject 피험자, 연구[실험] 대상 smack 세게 때리다 toss 던지다 non-aggressively 공격적이지 않게(↔ aggressively) engage with 다루다 be inclined to ~하는 경향이 있다 respond 반응하다 highlight 강조하다

>> 정답과 해설 60쪽

4 다음 글의 내용을 한 문장으로 요약하고자 한다. 빈칸 (A)와 (B)에 들어갈 말로 가장 적절한 것은?

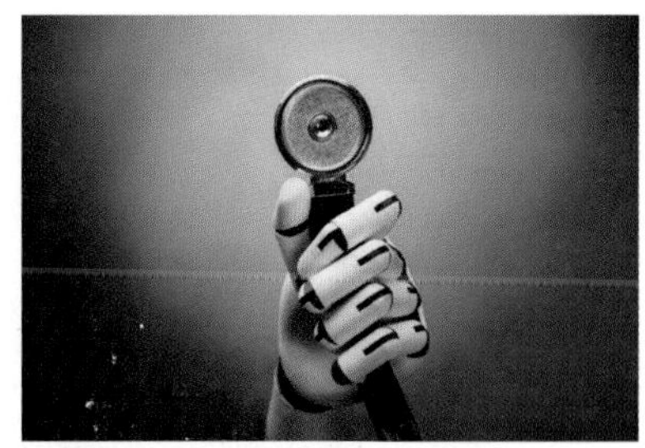
© Andrey_Popov / shutterstock

Some estimate that medical AI will be used in 90% of hospitals and replace up to 80% of what doctors do. An AI platform that uses data analytics, cloud computing, and other modern information technology to assist clients with medical research can diagnose heart disease better than doctors. Smartphone apps now accurately identify skin cancer. Patients, however, are wary about using medical AI, even when it outperforms human doctors. Why? They believe algorithms can't treat their specific medical needs. Patients favored cheaper health care over AI-based care. That meant more misdiagnosis, but they preferred a human provider. Patients do not think AI is more costly, inconvenient, or less informative. Opposition to medical AI appears to stem from the belief that AI ignores individual differences. People feel they are special, including in their health. Other people have a cold; 'my' cold is a unique sickness.

words 144

⬇

Despite the proven ability of AI doctors to perform their jobs, patients ____(A)____ human doctors because they want their unique characteristics and circumstances to be more ____(B)____.

	(A)		(B)
①	fear	···	focused
②	prefer	···	respected
③	suspect	···	focused
④	prefer	···	ignored
⑤	suspect	···	respected

VOCA estimate 추정하다 replace 대체하다 analytics 분석 client 고객 diagnose 진단하다 heart disease 심장병 accurately 정확하게 identify 식별하다 skin cancer 피부암 wary 경계하는 outperform ~보다 성능이 우수하다 algorithm 알고리즘 specific 특정한 favor 선호하다 misdiagnosis 오진 costly 비싼 informative 유익한 opposition 반대 stem from ~에서 생겨나다

2주 창의·융합·코딩 전략 1

[1-2] 다음 글을 읽고, 물음에 답하시오.

© 2happy / shutterstock

Extreme sports make you feel energized, powerful, and almost unstoppable. They will help you push your limits, overcome fear, improve yourself, and set new goals. Extreme sports addiction has a scientific and biological basis, so it's not surprising that they might cause addiction. Adrenaline, a hormone that prepares the body to respond to external events, is the cause. It increases our breathing capacity, allowing more oxygen to reach the muscles. As a result, you will feel powerful, nimble, and quick, enhancing euphoria and decreasing dread. After this change in your body, endorphins, another happy hormone, are released. This has a dramatic effect on one's mood and well-being. People become hooked on the thrill of participating in risky activities, and they crave more stimulus. This is also due to the fact that the body becomes accustomed to certain sensations, making it necessary to increase the amount of risk to achieve certain levels of thrill.

words 153

VOCA energize 활력을 북돋우다 powerful 강력한 unstoppable 멈출 수 없는 overcome 극복하다 improve 개선하다 addiction 중독 biological 생물학적인 basis 근거 respond 반응하다 external 외부의 capacity 용량 oxygen 산소 nimble 민첩한 enhance 높이다 euphoria 행복감 dread 공포 hook 사로잡다, 열중하게 하다 crave 갈망하다 stimulus 자극 sensation 감각

>> 정답과 해설 61쪽

1 글의 내용과 일치하도록 알맞은 어구에 연결하시오.

(1) Extreme sports can lead to addiction, •

(2) A hormone called adrenaline increases our ability •

(3) Feelings of joy and well-being •

• ⓐ which is not an unexpected finding.

• ⓑ are enhanced as a result of the release of endorphins.

• ⓒ to breathe and permits more oxygen to reach our muscles.

2 글의 요지를 나타내는 도식을 완성하시오.

Extreme Sports의 효과

- 활력이 넘치고, 강력하며, 멈출 수 없는 듯한 느낌을 줌.
- (1) ______________를 넘어서고, 두려움을 극복하고, 자신을 개선하고, 새로운 목표를 달성하게 함.

▼

Extreme Sports에 중독되는 이유

- 아드레날린이 호흡 능력을 증가시키고 더 많은 (2) ______________가 근육에 도달하게 하여 민첩하고 빠르게 느껴짐.
- 엔도르핀이 분비되어 기쁨과 행복의 감정을 유발함.

▼

Extreme Sports 중독의 결과

- 더 많은 자극을 갈망함.
  - 특정 수준의 스릴을 느끼기 위해서는 (3) ______________의 양을 증가시킬 필요가 있음.

[3-4] 다음 글을 읽고, 물음에 답하시오.

Many factors influence how well we learn. We can't control all of the factors, but we can control many of them. Remember that your senses feed your brain. As a result, your brain will have an easier time focusing and remembering when you use your senses. You can use your vision to help your learning by picturing what you read as a movie in your head. This is called 'visualizing.' Use a yellow highlighter to emphasize key points in a text and different colors for notes. Keep track of what you've learned with mind maps, diagrams, and drawings. You can utilize your hearing to learn by reading aloud or teaching new topics to others. Chewing gum while learning will help you use your sense of taste. Another way to boost your brainpower is to create an environment where you work well. Many like to work in natural light from a window. Temperature also matters. A hot room can make you tired. Some people like studying listening to music, while others prefer silence. Get rid of all distractions, whatever they are. For example, turn off your phone and tell your family you need privacy. words 193

VOCA factor 요소 influence 영향 feed (정보 등을) 주다 focus 집중하다 vision 시각 emphasize 강조하다 keep track of ~을 기록하다 diagram 도표 utilize 활용하다 chew 씹다 boost 높이다 temperature 온도 matter 중요하다 get rid of 제거하다 distraction 집중에 방해가 되는 것 privacy (방해받지 않고) 혼자 있는 상태

>> 정답과 해설 61쪽

3 글의 내용을 요약할 때, 빈칸 (A), (B), (C)에 들어갈 말로 가장 적절한 것을 보기 에서 골라 쓰시오.

보기

improve	senses	ability
productive	complicated	reduce

It is vital to use various (A) ________ such as vision, hearing, and taste, as well as to create a (B) ________ environment by controlling lighting, temperature, and noise, in order to (C) ________ the learning efficiency.

각 선택지의 내용에 해당하는 문장을 본문에서 찾아 일치 여부를 판단해 봐.

4 글의 내용과 일치하지 않는 것을 모두 고르시오.

① 다양한 시각화의 활용은 학습 효과를 향상시키는 데 도움이 된다.

② 껌을 씹는 것은 미각을 활용하여 학습에 도움을 줄 수 있다.

③ 대부분의 사람들이 자연광에서 작업하는 것을 선호하지 않는다.

④ 방이 너무 따뜻하면 피곤함을 느낄 수 있다.

⑤ 주의를 산만하게 하는 요소들을 무시할 수 있어야 한다.

BOOK 2 마무리 전략

핵심 한눈에 보기

1주 전략 REVIEW

❶ 심경 파악하기

* 인물의 심경이나 상황이 변하는 부분이 있으면 앞뒤 내용을 비교해 봐.
* 감정이나 행동을 나타내는 다양한 표현을 익혀 두는 것이 중요해.

❷ 지칭 추론하기

* 각각의 대명사가 무엇을 가리키는지 표시해 가며 글을 읽어.
* 가리키는 대상을 대명사에 대입해 읽으면서 정답을 확인해 볼 수 있어.

❸ 빈칸 추론하기

* 글의 소재와 중심 내용이 무엇인지 파악해.
* 빈칸이 있는 문장이 주제문이면 일반적인 내용을, 뒷받침 문장이면 구체적인 내용을 선택지에서 찾아.

학습할 내용	❶ 신유형 · 신경향 · 서술형 전략 ❷ 고난도 해결 전략

2주 전략 REVIEW

❶ 무관한 문장 찾기

* 글의 소재와 주제가 무엇인지, 글에 일관된 흐름이 있는지 파악해.
* 흐름상 어색한 문장을 뺀 뒤, 앞뒤 연결이 자연스러운지 확인해.

❷ 글의 순서 배열하기

* 시간의 흐름, 비교와 대조 등 글이 어떤 방식으로 전개되는지 파악해.
* 각 단락의 핵심 내용을 파악하고, 연결어나 대명사 등을 활용해서 순서를 배열해 봐.

❸ 문장의 위치 파악하기

* 주어진 문장의 앞뒤 내용을 추측해 봐.
* 흐름이 어색하거나 정보가 부족한 부분에 문장을 넣고 확인해 볼 수 있어.

❹ 요약문 완성하기

* 요약문을 먼저 읽고 본문의 내용을 예측해 봐.
* 본문에서 반복되는 표현으로 주제를 파악하고 요약문과 비교해.

[1-2] 다음 글을 읽고, 물음에 답하시오.

© ju_see / shutterstock

Writing poetry demands us to be open and honest about our feelings, which is the first step toward truly expressing ourselves. This acknowledgement of our deepest thoughts allows us to be true to ourselves and boosts our self-esteem. We write our finest poems when we are completely immersed in our emotions and attempting to make sense of what we are feeling. The release of emotions into pen and paper as an outlet helps us to relax, gain clarity, and move forward. ______________ have been documented during both world wars and the American Civil War. During the wars, poems were used to help soldiers to deal with trauma and the brutality of war. Poetry has been used by doctors, too. Doctors would write poetry for their patients in order to establish an emotional connection with them. Poetry assists both the doctor and the patient to understand the patient's emotions that the patient might be going through and 그들의 치료 전체에 새로운 깊이를 부여한다.

words 167

VOCA demand 요구하다 express 표현하다 acknowledgement 인지, 인정 boost 높이다 self-esteem 자존감 immerse ~에 몰두하게 만들다 release 풀어 줌 outlet 출구 clarity 명료함 forward 앞으로 document 기록하다 trauma 정신적 외상 brutality 잔혹함 establish 확립하다 connection 관계, 연결 assist 돕다 go through 겪다

>> 정답과 해설 62쪽

1 글의 빈칸에 들어갈 말로 가장 적절한 것을 고르시오.

① The negative effects of poetry
② Poets' efforts for creating poems
③ The difficulties of writing poems
④ Poetry's powerful healing qualities
⑤ The ambiguous qualities of poetic language

TIP 빈칸이 포함된 문장 뒤에 부연 설명이 이어지면 이를 잘 요약하는 선택지를 고른다.

빈칸 앞뒤의 내용을 파악해서
관련 내용을 잘 요약한 선택지를 찾아.

2 글의 밑줄 친 우리말과 같은 뜻이 되도록 주어진 말을 알맞은 순서로 배열하시오.

____

(their / a new depth / therapy / gives / entire / to)

TIP 동사 give는 「give+간접목적어+직접목적어」 또는 「give+직접목적어+to+간접목적어」 형태로 쓸 수 있다.

[3-4] 다음 글을 읽고, 물음에 답하시오.

© Rob Crandall / shutterstock

Ruth Bader Ginsburg was an American lawyer and judge who served on the United States Supreme Court from 1993 until her death in September 2020. Her appointment defied all gender stereotypes. She attacked specific areas of discrimination and violations of women's rights one at a time.

(A) In addition, *the Notorious R.B.G.* social media page gained popularity among young people, offering goods and parody music videos. Her experience of overcoming discrimination and 법 체제의 가장 높은 수준에 도달한 것 inspires young women.

(B) In the case of Ledbetter vs. Goodyear Tire & Rubber Co., for example, she dissented because a female worker was paid significantly less than males with the same qualifications. Her strong dissenting and unwavering dedication earned her a spot on the Supreme Court for over three decades.

(C) Her perseverance, fierce attitude, and push to break barriers made her not only a giant in the legal world, but also a pop culture icon. Her face appears on aprons, T-shirts and memes that say 'I dissent.'

* United States Supreme Court 미국 대법원 words 166

VOCA judge 판사 serve ~을 위해 일하다 appointment 임명 defy ~에 저항하다 gender 성별 stereotype 고정 관념 specific 구체적인 discrimination 차별 violation 위반 right 권리 notorious 악명 높은 popularity 인기 goods 상품 overcome 극복하다 inspire 영감을 주다 dissent 반대 의견을 말하다 significantly 상당히[크게] qualification 자격 unwavering 확고한 dedication 헌신 perseverance 인내 legal 법정의 meme 밈(모방 등을 통해 이어지는 사회 관습 또는 문화)

>> 정답과 해설 62쪽

3 주어진 글 다음에 이어질 글의 순서로 가장 적절한 것을 고르시오.

① (A) – (C) – (B)　② (B) – (A) – (C)　③ (B) – (C) – (A)
④ (C) – (A) – (B)　⑤ (C) – (B) – (A)

TIP 주어진 글 바로 뒤에 이어질 내용으로 가장 알맞은 것을 고르고, 연결어에 유의해서 나머지 글의 순서를 유추한다.

4 글의 밑줄 친 우리말과 같은 뜻이 되도록 주어진 말을 사용하여 빈칸에 알맞은 말을 쓰시오.

____

(reach, high, levels, the legal system)

TIP 동명사는 '~하는 것'의 의미로 전치사의 목적어 역할을 할 수 있다.

고난도 해결 전략 1회

1 다음 글에 나타난 'He'의 심경으로 가장 적절한 것은?

They'd been looking for him all over the place. Alice was finally gone. They used the word 'gone,' as if she had just got up and walked away. When she was examined about an hour ago, she appeared to be in the same condition as before, but then she was gone. He'd frequently wondered what difference it would be if she were not here. However, the emptiness that had been left in her absence was astounding. He looked at the nurse in grief. She thought he was asking what he needed to do next, so she proceeded to tell him what to do. Fill out the document. He had a good grasp of what she was saying, but he was still devastated. She had existed in the past, but she no longer did. Not at all, as if everything had never happened. words 142

① bored
② furious
③ relieved
④ sorrowful
⑤ encouraged

© LightField Studios / shutterstock

VOCA

examine 검사하다
condition 상태
frequently 자주
emptiness 공허함
absence 부재
astounding 놀라운
grief 슬픔
proceed 진행하다
grasp 이해, 파악
devastated 큰 충격을 받은
exist 존재하다

>> 정답과 해설 63쪽

2 밑줄 친 부분이 가리키는 대상이 나머지 넷과 다른 것은?

ⓒ fizkes / shutterstock

Brad attempted to persuade Jessie that ① she shouldn't give money to the street beggar since ② she merely used it to buy a drink. Jessie, on the other hand, continued doing it. She said, "She can do anything she wants with the money." When Brad complained, ③ she just smiled and held his large hands in hers, saying that giving to others blesses not only the recipient but also the giver. The following day, she went to bed in the middle of the day. When asked why ④ she did so, she said that it was what people in Spain did, and that one should follow the local traditions of a country. Brad believed it wasn't so much about a tradition as it was about ⑤ her personal preference and this suited her very well as an excuse.

words 134

VOCA

attempt to ~하려고 시도하다
persuade 설득하다
beggar 거지
merely 단지
bless 축복
recipient 받는 사람, 수령인
local 지역적인
tradition 전통
preference 취향
suit ~에 어울리다
excuse 핑계, 변명

[3-4] 다음 글을 읽고, 물음에 답하시오.

디지털 정보가 신뢰할 수 있고 믿을 만한지 판단하는 것은 매우 어렵다. The sheer amount of digital content is overwhelming, and it's quickly becoming bigger and bigger. Concerns about misinformation or so-called 'fake news' make deciding what to believe more difficult. In order to learn, solve issues, and make decisions effectively in today's world, we must have the digital information literacy skills which are necessary to evaluate the accuracy, relevance, reliability, and quality of information we are exposed to. In this context, 'digital information literacy' refers to the skill to analyze, change, generate, use, and distribute digital information in an efficient and ethical manner. Being digitally literate includes more than simply understanding how to use certain applications or software; it also includes ______________. The effective use of these skills is required for a variety of tasks such as finding cheap housing, establishing a health insurance plan, and deciding which college to attend.

© hafakot / shutterstock

* digital information literacy 디지털 정보 활용 능력

words 160

VOCA

sheer 순전한
amount 총합
overwhelming 압도적인
concern 우려
misinformation 잘못된 정보
fake 가짜의
literacy 읽고 쓸 수 있는 능력
evaluate 평가하다
accuracy 정확성
relevance 관련성
reliability 신뢰성
expose 노출하다
analyze 분석하다
generate 생성하다
distribute 분배하다
ethical 윤리적인
insurance 보험
sophisticated 세련된
demonstrate 보여 주다

3 글의 빈칸에 들어갈 말로 가장 적절한 것을 고르시오.

① using critical thinking skills to achieve challenging goals
② achieving success in the workplace by winning the competition
③ obtaining required information on the Internet as fast as possible
④ demonstrating the skill to read and write from early childhood
⑤ acquiring increasingly sophisticated, rapidly changing digital tools

4 글의 밑줄 친 우리말과 같은 뜻이 되도록 주어진 말을 바르게 배열하시오.

It is ______________________________.
(determine / if / quite difficult / to / reliable and trustworthy / is / digital information)

>> 정답과 해설 63쪽

[5-6] 다음 글을 읽고, 물음에 답하시오.

© Maridav / shutterstock

Bacteria and viruses are invisible ① to the naked eye, yet they are all around us. But how can we identify the difference between them? With bacteria quickly gaining antibiotic resistance, it is essential ② to understand their difference. Viruses can't reproduce on their own, so they need a host to survive. Viruses like COVID-19 can be readily killed by handwashing, because soap disrupts their fatty layer. Handwashing and maintaining a safe distance ③ is our primary defenses against them. Unlike viruses, bacteria are free-living cells ④ which can live inside or outside a body. Some bacteria inhabit our digestive system or live on our skin, and help digestion and energy metabolism. Other dangerous bacteria may cause infectious diseases that have killed many human lives historically. We need to distinguish between viral and bacterial illnesses ⑤ to avoid antibiotic misuse and the emergence of antibiotic-resistant superbugs. Viruses cannot be treated with antibiotics, nor bacteria with antivirals. Thus, if you have a viral illness, such as a cold, you should not ______________.

*antibiotic 항생제 *antiviral 항바이러스제 words 171

VOCA

invisible 눈에 보이지 않는
naked eye 육안
identify 식별하다
resistance 저항, 내성
essential 필수적인
reproduce 복제하다
host 숙주
readily 쉽게
disrupt 부수다, 찢다
fatty layer 지방층
maintain 유지하다
distance 거리
primary 주요한
defense 방어
free-living 독립적으로 사는
cell 세포
inhabit ~에 살다
digestive system 소화 계통
metabolism 신진대사
infectious disease 감염병
misuse 오남용
emergence 출현

5 글의 빈칸에 들어갈 말로 가장 적절한 것을 고르시오.

① eliminate good bacteria in your body
② expect your doctor to prescribe antibiotics
③ take any medicine prescribed by the doctor
④ forget to take antibiotics as soon as possible
⑤ neglect washing your hands and wearing masks

6 글의 ①~⑤ 중 어법상 틀린 부분을 찾아 바르게 고쳐 쓰시오.

______________ ➡ ______________

고난도 해결 전략 2회

1 다음 중 전체 흐름과 관계 없는 문장은?

© Cristian Dobre / shutterstock

Camel racing is a popular social activity and festive heritage in the communities concerned. The sport has been around for centuries, but technology is changing the game. ① Since child riders were outlawed in 2002, small robots are now frequently used instead of humans in an effort to establish a 'more humane' form of racing. ② Robotic jockeys are used to train young camels, while more mature camels are trained by experienced riders. ③ Those who oppose animal abuse, such as animal rights advocates, no longer support camel riding as a recreational activity. ④ The robots, which weigh no more than 4 kg, have a walkie-talkie speaker enabling owners to deliver commands to the camels during the race, as well as a small automatic whip operated by a remote control. ⑤ When the race is on, a group of cars accompany the camels, allowing owners to control the speed of their robot's whip. words 148

VOCA

camel 낙타
festive 축제의
heritage 유산
community 지역 사회
concerned 관련된
outlaw 법으로 금지하다
humane 인도적인
jockey 기수
train 훈련시키다
mature 성숙한
oppose 반대하다
abuse 학대
advocate 옹호자
support 지지하다
recreational 오락의
weigh ~만큼 무겁다
command 명령
whip 채찍
operate 작동시키다
accompany 동행하다

2 주어진 글 다음에 이어질 글의 순서로 가장 적절한 것을 고르시오.

Barcelona, lying on the northeastern coast of Spain, is the country's most popular tourist destination, despite being smaller than the capital city of Madrid.

(A) This Roman Catholic church is the jewel of architect Antoni Gaudi's legacy. Although the construction of the Sagrada Familia commenced in 1882, the building remains unfinished. Gaudi devoted his life to this church, and even so, only a quarter of the project was completed at the time of his death in 1926.

(B) But once finished, it will be as tall as the tallest mountain in the area, because Gaudi believed that no man-made structure should rise above God's creation. With its tall ceilings and glass windows that produce beautiful natural light, Sagrada Familia's interior offers a once-in-a-lifetime experience for all visitors.

(C) With its warm weather, sun-drenched beaches, and bustling streets, this port city is a perfect gateway into Mediterranean culture. Barcelona is a fusion of Roman, Gothic, and modern architecture. The Sagrada Familia is a must-see tourist attraction in this interesting city.

words 166

① (A) – (C) – (B)　② (B) – (A) – (C)　③ (B) – (C) – (A)
④ (C) – (A) – (B)　⑤ (C) – (B) – (A)

VOCA

coast 해안
destination 목적지
capital city 수도
jewel 보석
legacy 유산
construction 건설
commence 시작하다
architect 건축가
devote 바치다
quarter 4분의 1
interior 실내 장식
sun-drenched 햇빛[햇볕]이 많이 내리쬐는
bustling 북적거리는
Mediterranean 지중해의
fusion 융합
tourist attraction 관광 명소

[3-4] 다음 글을 읽고, 물음에 답하시오.

© Caterina Trimarchi / shutterstock

Fashion contributes about £1 trillion to the global economy each year. It is, nonetheless, one of the most polluting industries on the planet. We will not have a fashion industry in the future unless we begin to address the negative effects of the industry as soon as possible. Above all, finding sustainable materials for clothes is critical. (①) Cotton, for instance, uses a lot of water. (②) Some synthetic textiles like polyester are made from non-renewable resources like oil. (③) Other materials, like viscose, cause massive deforestation, harming endangered species. (④) As a result, we must continue to produce more sustainable materials for both the fashion industry and the earth. (⑤) The truth is that we will run out of resources if we keep using them this way.

* polyester 폴리에스터 * viscose 비스코스(인조 견사나 셀로판의 원료) words 137

VOCA
trillion 1조
pollute 오염시키다
industry 산업
address (문제를) 다루다
negative 부정적인
sustainable 지속 가능한
material 재료
cotton 면
synthetic 합성의
textile 직물, 옷감
non-renewable 재생 불가능한
deforestation 삼림 파괴
endangered 멸종 위기에 처한
species 종

3 글의 흐름으로 보아, 주어진 문장이 들어가기에 가장 적절한 곳을 고르시오.

> A large percentage of the materials utilized in the fashion industry today are resource-intensive.
> * resource-intensive 자원 집약적인

① ② ③ ④ ⑤

4 글의 내용을 한 문장으로 요약하고자 한다. 빈칸 (A), (B), (C)에 들어갈 말로 가장 적절한 것을 보기에서 골라 쓰시오.

보기

pollution	economic	resources
technology	environmental	textiles

> The fashion industry causes massive (A) ___________. To maintain the industry in the future, we must develop materials that consume fewer (B) ___________ and minimize (C) ___________ damages.

>> 정답과 해설 64쪽

[5-6] 다음 글을 읽고, 물음에 답하시오.

ⓒ 4 PM production / shutterstock

Choosing the right university for your interests and academic background is critical to your academic success. Ask yourself what you want from your desired university and what you want to do after graduation. If you are interested in a specific vocation, look for universities that have a stronger reputation than others in its field. Personality types also have an impact on academic achievement. (①) A scholarly student is self-motivated to work hard to pass tests and get good ratings. (②) This person will thrive in a highly scholarly atmosphere. (③) If you cannot study for long periods of time and achieving good grades is not your major goal, you may attend an institution with a more relaxed academic environment. (④) Both costs vary by country and university, so do your research to figure out which one best suits your situation. (⑤) If you cannot afford your preferred education, you may be eligible for student loans, grants, or scholarships. Remember that if you take out a loan, you must repay it after you graduate. words 168

VOCA

desired 바랐던, 희망했던
graduation 졸업
vocation 직업
reputation 명성
field 분야
personality 성격
impact 영향
scholarly 학구적인
self-motivated 스스로 동기 부여가 된
thrive 성공하다, 번창하다
institution 기관
afford ~의 비용을 감당하다
eligible (자격 · 조건이 맞아서) ~을 할 수 있는
loan 대출
grant 보조금
scholarship 장학금
repay 상환하다, 갚다

5 글의 흐름으로 보아, 주어진 문장이 들어가기에 가장 적절한 곳을 고르시오.

> Finally, calculate your financial ability to afford tuition and living expenses.

① ② ③ ④ ⑤

6 다음 중 위 글의 내용과 일치하지 않는 것은?

① To achieve academic success, you must select an appropriate university.
② If you have a specific career in mind, seek universities with a better reputation in that field.
③ If you work hard for good grades, you should consider a less rigorous academic environment.
④ Tuition and living expenses differ by country and university.
⑤ Student loans may be available to help fund your education.

memo

memo

memo

book.chunjae.co.kr

교재 내용 문의 ································ 교재 홈페이지 ▸ 중학 ▸ 교재상담
교재 내용 외 문의 ···························· 교재 홈페이지 ▸ 고객센터 ▸ 1:1문의
발간 후 발견되는 오류 ···················· 교재 홈페이지 ▸ 중학 ▸ 학습지원 ▸ 학습자료실

일등공략 필승학습!
단기간에 끝장내자!

특목고 대비

일등 전략

중학 영어 중문 독해

BOOK 3

정답과 해설

◀ 정답은
이안에
있어!

중학 영어 중문 독해

BOOK 3

정답과 해설

정답과 해설 차례

정답과 해설

정답과 해설

BOOK 1 1주 글의 핵심을 꿰뚫어라

1일 개념 돌파 전략

BOOK 1 8~11쪽

1 ① 2 ① 3 ④ 4 ⑤

1 주제 찾기 | 답 ①

❶ Dogs and cats have progressed (현재완료시제) / from being just pets to being crucial family members. (from A to B: A에서 B까지) ❷ Naturally, / pet owners / have become concerned about / how and what to feed (의문사+to부정사) their pets. ❸ Even in the 1990s, / most people's primary (제1의, 주요한) consideration / when (they are) purchasing pet food / was (V) / price, / rather than (~보다) quality and nutritional content. ❹ However, / today's pet owners think / that (목적어절을 이끄는 접속사) their animals deserve high-quality, healthy food. ❺ As a result, / they increasingly feed (V) / their pets (I·O) / meals (D·O) containing (현재분사(능동)) less animal flesh. ❻ Grains, / on the other hand, / are becoming / a more common ingredient / in pet food. ❼ Pet owners / also attempt to (~을 시도하다) match / different food products to their pets / in a more individualized (비교급) manner. ❽ Some even use / delivery services for meals / prepared (과거분사(수동)) by chefs.

해석 ❶ 개와 고양이는 단순한 애완동물에서 소중한 가족 구성원으로 발전해 왔다. ❷ 자연스럽게, 애완동물 주인들은 그들의 애완동물에게 무엇을 어떻게 먹일지에 대해 고민하게 되었다. ❸ 1990년대만 해도, 애완동물 먹이를 구매할 때 많은 사람들의 주된 고려 사항은 질과 영양 성분 보다 가격이었다. ❹ 그러나, 오늘날의 애완동물 주인들은 그들의 동물들이 양질의 건강한 먹이를 먹을 자격이 있다고 생각한다. ❺ 그 결과, 그들은 점점 더 그들의 애완동물에게 동물의 살이 덜 함유된 먹이를 먹인다. ❻ 반면에, 곡식이 애완동물 먹이에서 더 흔한 재료가 되고 있다. ❼ 또한 애완동물 주인들은 그들의 애완동물에게 좀 더 개인화된 방식으로 다른 먹이들을 맞춰 주려고 시도한다. ❽ 몇몇 사람들은 심지어 요리사가 준비한 먹이를 배달하는 서비스를 이용하기도 한다.

해설 글의 도입부에서 애완동물이 소중한 가족 구성원으로 발전했다고 말한 뒤, 그들의 먹이 선택에 있어 가격을 중요하게 여겼던 과거와 달리 애완동물 주인들이 점점 그들의 애완동물에게 양질의 먹이를 먹이려고 한다는 내용을 언급하므로 ①이 글의 주제로 가장 적절하다.

지엽적인 내용의 선택지를 고르지 않으려면 글의 중심 내용을 정확하게 파악해야 해.

2 제목 찾기 | 답 ①

❶ Drones are / Unmanned Aerial Vehicles (C), / and they are used (수동태) / for a variety of (다양한) purposes, / including (~을 포함하여) military operations and aerial photography. ❷ There are / also numerous ways / in which (전치사+관계대명사) they can assist humans / in times of need. ❸ In particular, / drones provide / a rescue team / with a bird's-eye view of the situation, (provide A with B: A에게 B를 제공하다) / allowing (분사구문) them (O) to locate (O·C(to부정사)) people / who (주격 관계대명사) have gone missing or become lost / as a result of (~의 결과로) natural disasters / such as hurricanes, earthquakes, or floods. ❹ For example, / after the Kilauea volcano erupted / on Hawaii's Big Island in 2018, / a drone assisted / in the rescue of a man / from the lava's devastation. ❺ A foldable drone can change shape / to fit through small spaces, / making rescue missions more efficient.

(after: 시간의 부사절을 이끄는 접속사 / a drone: S / assisted: V / devastation: 폐허 / to fit: to부정사의 부사적 용법(목적) / making: 분사구문 / rescue missions: O / more efficient: O·C(형용사구))

해석 ❶ 드론은 무인 항공기로, 군사 작전, 항공 사진 촬영 등을 포함한 다양한 목적으로 사용된다. ❷ 또한 위급한 순간에 드론이 인간을 도울 수 있는 많은 방법이 있다. ❸ 특히, 드론은 구조팀이 높은 곳에서 내려다보는 시점으로 상황을 파악할 수 있게 하여, 허리케인, 지진, 또는 홍수와 같은 자연재해로 인해 실종된 사람들의 위치를 찾게 해 준다. ❹ 예를 들어, 2018년에 Hawaii의 Big Island에 있는 Kilauea 화산이 폭발한 후에, 드론이 용암의 폐허로부터 한 남성을 구조하는 것을 도왔다. ❺ 접이식 드론은 작은 공간에 맞게 모양을 바꿀 수 있어서 구조 임무를 더 효율적이게 한다.

해설 드론이 군사 작전이나 항공 사진 촬영과 같은 다양한 목적으로 사용되지만, 특히 유사시 사람들을 구조하기 위해 사용될 수 있다는 것이 글의 주제이다. 따라서 ①이 글의 제목으로 가장 적절하다.

① 수색과 구조를 위한 드론 ② 드론 디자인의 최신 경향 ③ Kilauea 화산 폭발의 영향 ④ 사람들은 어떻게 자연재해로부터 안전할 수 있을까? ⑤ 구조 임무 효율성 향상을 위한 방법

3 주장 및 요지 찾기 | 답 ④

❶ Milk is / a good source of calcium, protein, vitamin D, vitamin A, and other nutrients. ❷ Milk, / however, / is not required / in everyone's diet. ❸ About two-thirds of the world's population / cannot digest / lactose, a sugar found in dairy products. ❹ When they consume milk, / they experience / discomfort and stomach pain. ❺ Besides, / some people / do not drink milk / because they follow a vegan diet / for a variety of reasons. ❻ For such people, / a wide range of milk alternatives / are available, / including soy milk, almond milk, and coconut milk. ❼ They also contain / essential nutrients, / although each option has a different nutrient profile. ❽ If you have a milk digestion problem / or follow a vegan diet, / try replacing milk with one of these alternatives.

(of calcium ~ nutrients: 전치사구(source 수식) / is not required: 수동태 / two-thirds: 3분의 2 / found: 과거분사(수동) / When: 시간의 부사절을 이끄는 접속사 / they: S / experience: V / discomfort and stomach pain: O / because: 이유의 부사절을 이끄는 접속사 / including: ~을 포함하여 / although: 양보의 부사절을 이끄는 접속사 / each option: each+단수 명사 / If: 조건의 부사절을 이끄는 접속사 / replacing milk with: replace *A* with *B*: A를 B로 대체하다)

해석 ❶ 우유는 칼슘, 단백질, 비타민 D, 비타민 A, 그리고 다른 영양 성분들의 좋은 원천이다. ❷ 그러나 우유가 모든 사람의 식단에 필요한 것은 아니다. ❸ 세계 인구의 약 3분의 2는 유제품에서 발견되는 당분인 유당을 소화할 수 없다. ❹ 그들이 우유를 섭취할 때, 그들은 불편과 복통을 경험한다. ❺ 게다가, 어떤 사람들은 다양한 이유로 채식주의 식단을 따르기 때문에 우유를 마시지 않는다. ❻ 그러한 사람들을 위해, 두유, 아몬드유, 그리고 코코넛유를 포함하여 다양한 범위의 우유 대체품을 이용할 수 있다. ❼ 각 선택마다 다른 영양 성분을 가지고 있지만, 그 대체품들 또한 필수 영양분을 포함하고 있다. ❽ 만약 당신이 우유를 소화하는 데 문제가 있거나 채식을 하고 있다면, 이러한 대안 중 하나로 우유를 대체하는 것을 시도해 보라.

해설 유당을 소화 할 수 없거나 여러 가지 이유로 인해 채식주의 식단을 따라서 우유를 마실 수 없는 사람들은 두유, 아몬드유, 코코넛유와 같은 음료로 우유를 대체할 수 있다고 설명하고 있다. 따라서 ④가 글의 요지로 가장 적절하다.

4 목적 찾기 | 답 ⑤

❶ The main barrier / preventing your online accounts from being hacked / is a strong password. ❷ The first important aspect of a secure password / is / its length. ❸ It must have / a minimum of eight characters. ❹ It should also contain / a mix of upper and lowercase letters, numbers, and symbols. ❺ Next, / avoid / using words from the dictionary. ❻ When hackers attempt to break into your accounts, / they use / various dictionaries / to crack your passwords. ❼ Finally, / don't use the same password / for multiple accounts. ❽ A hacker can obtain access to all of your accounts / by cracking one password. ❾ To ensure maximum security, / you should always create / a unique password / for each of your accounts.

(The main barrier: S / preventing: 현재분사(능동) / being: 동명사(전치사의 목적어) / is: V / of a secure password: 전치사구(aspect 수식) / should: 의무를 나타내는 조동사 / avoid: 동명사를 목적어로 하는 동사 / When: 시간의 부사절을 이끄는 접속사 / attempt: to부정사를 목적어로 하는 동사 / they: S / use: V / to crack: to부정사의 부사적 용법(목적) / by cracking: 전치사+동명사 / To ensure: to부정사의 부사적 용법(목적))

해석 ❶ 당신의 온라인 계정이 해킹당하는 것을 막아 주는 주된 장벽은 강력한 비밀번호이다. ❷ 안전한 비밀번호의 첫 번째 중요한 측면은 그것의 길이이다. ❸ 그것은 최소한 여덟 글자로 이루어져야 한다. ❹ 그것은 또한 대문자와 소문자, 숫자, 그리고 기호를 포함해야 한다. ❺ 다음으로, 사전에 나온 단어를 사용하는 것을 피하라. ❻ 해커들이 당신의 계정에 침입하려고 시도할 때, 그들은 비밀번호를 풀기 위해 다양한 사전을 이용한다. ❼ 마지막으로, 같은 비밀번호를 여러 계정에 사용하지 마라. ❽ 해커는 하나의 비밀번호를 알아냄으로써 당신의 모든 계정에 대한 접근 권한을 얻을 수 있게 된다. ❾ 최대한의 안전을 보장하기 위해, 당신은 항상 계정별로 고유의 비밀번호를 만들어야 한다.

해설 온라인 계정을 해킹당하지 않고 안전하게 보호하기 위해서는 강력한 비밀번호의 설정이 중요하다고 설명하면서 이를 위한 세 가지 방법을 제시하고 있다. 따라서 ⑤가 글의 목적으로 가장 적절하다.

1일 개념 돌파 전략 2 　　BOOK 1 · 12~13쪽

1 ②　　2 ④

1 목적 찾기 | 답 ②

❶ We're pleased / to announce the introduction / of a Community Announcements page / to our website. ❷ We've created a space / to voice your opinions / on your community. ❸ We welcome / stories, comments, and letters / to the editor. ❹ We recommend / that you include as many details as possible. ❺ Photographs or video recordings / are also encouraged. ❻ Please note / that announcements / received after 4:00 p.m. / will not be posted / until the next working day. ❼ Nothing advertising-related / will be uploaded. ❽ We've been / constantly on the look out for new methods / to communicate local stories / and assist

(to announce: to부정사의 부사적 용법(감정의 이유) / 've created: 현재완료시제 / to voice: to부정사의 형용사적 용법(space 수식) / that: 목적어절을 이끄는 접속사 / are ... encouraged: 수동태 / that: 목적어절을 이끄는 접속사 / received: 과거분사(수동) / will ... be posted: 미래시제 수동태 / advertising-related: 수식어가 뒤에서 수식 / 've been: 현재완료시제 / to communicate: to부정사의 형용사적 용법(methods 수식))

individuals / in sharing their thoughts / with other community members. ❾ We hope / that this page will serve as an excellent means / of bringing the community together / in a fun and supportive environment.

전치사+동명사 / 목적어절을 이끄는 접속사 / ~로써 / 전치사+동명사

해석 ❶ 우리의 웹 사이트에 지역 사회 공지 게시판 도입을 알리게 되어 기쁩니다. ❷ 우리는 여러분이 지역 사회에 대한 의견을 표현할 수 있는 공간을 만들었습니다. ❸ 우리는 이야기, 의견, 그리고 편집자에게 보내는 편지 등을 환영합니다. ❹ 가능한 한 많은 세부 사항을 포함할 것을 추천합니다. ❺ 사진이나 비디오 녹화 영상 또한 권장됩니다. ❻ 오후 4시 이후에 받은 공지는 다음 업무일까지 게시되지 않는다는 점을 알아 두시기 바랍니다. ❼ 광고와 관련된 어떠한 것도 업로드되지 않습니다. ❽ 우리는 지역의 이야기를 전하고 사람들이 자기의 생각을 다른 지역 사회 구성원과 공유할 새로운 방법을 꾸준히 찾아 왔습니다. ❾ 우리는 이 게시판이 재미있고 협력적인 환경에서 지역 사회를 하나로 모을 훌륭한 수단으로써 기여하기를 희망합니다.

해설 지역 주민들에게 웹 사이트에 새롭게 도입된 지역 사회 공지 게시판에 다양한 의견을 보낼 것을 독려하면서 게시물을 보내는 방법에 관해 설명하는 글이다. 따라서 ②가 글의 목적으로 가장 적절하다.

글의 앞부분에서 소재가 무엇인지 찾고, 그 소재와 관련하여 글쓴이가 어떤 의도와 목적을 가지고 있는지 파악해.

2 제목 찾기 | 답 ④

❶ The magnificent baobab tree / is one of Africa's icons, / and every part of the baobab tree / is valuable to Africans. ❷ The bark / can be used / to make rope and cloth, / the seeds / ∧ to make cosmetic oils, / and the trunks / ∧ to store water. ❸ The fruit is rich in vitamins and minerals. ❹ For ages, / African women / have relied on the baobab fruit / for health and beauty. ❺ In spite of these advantages, / however, / farmers rarely plant baobabs / because they usually take between 14 and 27 years / to flower. ❻ But the baobab tree / might be cultivated / more easily / in the future. ❼ Researchers from an African university / were able to get them / to flower / at 27 months. ❽ This would reduce / farmers' concerns / about a long maturation period / and encourage them to invest in baobab plantations. ❾ They hope / that this will assist / in diversifying agriculture / in many African countries, / as well as increasing farmer income and food security / in the continent.

every+단수 명사 / 조동사+수동태 / to부정사의 부사적 용법(목적) / (can be used) / (can be used) / 현재완료시제(계속) / ~에도 불구하고 / 이유의 부사절을 이끄는 접속사 / get: V, them: O, to flower: O·C(to부정사) / encourage: V, them: O, to invest: O·C(to부정사) / 목적어절을 이끄는 접속사 / *A* as well as *B*: B뿐만 아니라 A도 (A: diversifying agriculture / in many African countries, B: increasing farmer income and food security / in the continent)

해석 ❶ 장대한 바오밥나무는 아프리카의 상징 중 하나이고, 바오밥나무의 모든 부분은 아프리카인들에게 귀중하다. ❷ 껍질은 밧줄과 천을 만드는 데 사용될 수 있고, 씨앗은 화장용 오일, 그리고 몸통은 물을 저장하는 데 사용될 수 있다. ❸ 열매는 비타민과 미네랄이 풍부하다. ❹ 오랫동안, 아프리카 여성들은 건강과 미용을 위해 바오밥 열매에 의존해 왔다. ❺ 그러나 이러한 이점에도 불구하고, 바오밥나무가 꽃을 피우는 데 대개 14년에서 27년이 걸리기 때문에 농부들은 바오밥나무를 거의 심지 않는다. ❻ 그러나 미래에는 바오밥나무를 더 쉽게 재배할 수 있을지 모른다. ❼ 한 아프리카 대학의 연구원들은 그것들이 27개월 만에 꽃을 피우게 했다. ❽ 이것은 긴 성숙기에 대한 농부들의 걱정을 줄여 주고 그들이 바오밥 농장에 투자하도록 독려할 것이다. ❾ 그들은 이것이 아프리카에서 농부의 수입과 식량 안전성을 높일 뿐만 아니라, 많은 아프리카 국가에서 농업을 다양화하는 데에도 도움을 줄 것이라고 희망한다.

해설 아프리카에서 바오밥나무의 쓰임에 관해 설명하면서, 바오밥나무가 개화까지 오래 걸리는 것으로 인해 그동안 잘 재배되지 못하다가 이를 단축시킨 연구를 통해 이제는 더 쉽게 재배될 수 있을 것이라는 내용의 글이다. 따

라서 ④가 글의 제목으로 가장 적절하다.
① 바오밥 씨앗에서 기름을 얻는 법
② 바오밥나무와 아프리카의 농부들
③ 아프리카에서 바오밥나무의 다양한 기능
④ 바오밥나무의 더 쉬운 재배 가능성
⑤ 아프리카에서 농업 다양화의 중요성

중심 내용을 함축적으로 잘 나타낸 선택지를 찾아. 부연 설명이나 예시가 어떤 주제를 뒷받침하고 있는지 파악하면 중심 내용이 무엇인지 알 수 있어.

2일 필수 체크 전략 1

BOOK 1 · 14~17쪽

1 ④ 2 ⑤ 3 ③ 4 (1) with (2) is

1 제목 찾기 | 답 ④

❶ For hundreds of years, / Native American tribes / have employed (현재완료시제(계속)) / the talking stick / during council meetings and other key tribal ceremonies. ❷ The talking stick provides / an opportunity for everyone (의미상 주어) / to voice (to부정사의 형용사적 용법(opportunity 수식)) their ideas. ❸ When it is someone's turn / to use (to부정사의 형용사적 용법(turn 수식)) the talking stick, / he or she speaks / without interruption. ❹ They don't have to (= need not) compete / for time or attention. ❺ They can share (V1) and appreciate (V2) / each other's views and opinions / while (they are) passing the talking stick / from person to person. ❻ When (they are) teaching children, / they also employ / the talking stick. ❼ Children learn / that (목적어절을 이끄는 접속사) every voice, / no matter how small, / deserves / to be heard (to부정사의 명사적 용법(목적어)). ❽ The ultimate goal of the talking stick is / to maintain (to부정사의 명사적 용법(보어)) a fair and productive conversation, / which (관계대명사의 계속적 용법) contributes to social harmony.

해석 ❶ 수백 년 동안, 아메리카 원주민들은 의회 회의와 다른 주요한 부족 행사 중에 토킹 스틱을 사용해 왔다. ❷ 토킹 스틱은 모든 사람에게 그들의 생각을 표현할 기회를 제공한다. ❸ 누군가가 토킹 스틱을 사용할 차례가 되면, 그 사람은 방해받지 않고 이야기한다. ❹ 그들은 시간이나 주의 집중을 위해 경쟁할 필요가 없다. ❺ 사람들끼리 토킹 스틱을 전달하는 동안, 그들은 서로의 견해와 의견을 공유하고 인정할 수 있다. ❻ 아이들을 가르칠 때도 그들은 토킹 스틱을 사용한다. ❼ 아이들은 아무리 작을지라도 모든 목소리가 경청 될 가치가 있음을 배운다. ❽ 토킹 스틱의 궁극적인 목표는 공정하고 생산적인 대화를 유지하는 것이고, 그것은 사회적 조화에 기여한다.

해설 모든 사람에게 그들의 생각을 표현할 기회를 제공하고 이를 통해 공정하고 생산적인 대화를 유지하여 사회적 조화에 기여하는 것이 토킹 스틱의 궁극적인 목표라고 설명하고 있다. 따라서 ④가 글의 제목으로 가장 적절하다.
① 의회 회의에서의 의사소통 규칙 ② 아메리카 원주민의 오래전에 잊혀진 전설 ③ 아이들에게 존경심을 가르치는 전통적인 방법 ④ 토킹 스틱: 효과적인 의사소통 방법 ⑤ 사람들이 당신이 말하는 것에 주목하게 하는 방법

2 주제 찾기 | 답 ⑤

❶ Do you believe / (that) you spend too much time / on social media (spend time on: ~에 시간을 보내다), / preventing (분사구문) you from concentrating on your life? (prevent *A* from *B*: A가 B하지 못하게 하다) ❷ Then / a social media detox / might (조동사(추측)) be / a great idea. ❸ Here are (V) some suggestions (S). ❹ First

of all, / turn off all the notifications. ❺ You'll find yourself / checking more frequently, / but after some time,
V O O·C(현재분사)
/ you'll focus on the tasks / at hand. ❻ You can even remove / social networking applications. ❼ Then, / engage in non-tech activities / such as reading, acquiring a new skill, or participating in sports. ❽ When you begin a social media detox, / you may become / bored. ❾ However, / by detoxing from the effects of social media, / you may find yourself / with a clearer mind and more energy / to tackle / what matters most to you.

(When: 시간의 부사절을 이끄는 접속사 / become: V / bored: C / by detoxing: 전치사+동명사 / to tackle: to부정사의 형용사적 용법 (a cleaner mind and more energy 수식) / what: 관계대명사)

해석 ❶ 당신은 소셜 미디어에 너무 많은 시간을 할애하고, 그것이 당신이 삶에 집중하는 것을 막는다고 생각하는가? ❷ 그렇다면 소셜 미디어 해독이 좋은 생각이 될 수 있다. ❸ 여기 몇 가지 제안이 있다. ❹ 우선, 모든 알림을 꺼라. ❺ 당신도 모르게 더 자주 확인하겠지만, 어느 정도 시간이 지나면 당면한 일에 집중하게 될 것이다. ❻ 당신은 심지어 소셜 미디어 앱을 지울 수도 있다. ❼ 그리고, 독서, 새로운 기술 습득하기, 또는 스포츠에 참여하기 등과 같은 첨단 기술과 관련되지 않은 활동에 참여하라. ❽ 당신이 소셜 미디어 해독을 시작하면 지루해질 수도 있다. ❾ 그러나 소셜 미디어의 영향에서 벗어남으로써, 당신에게 가장 중요한 것을 다룰 더 또렷한 마음과 더 많은 에너지를 갖게 될 것이다.

해설 소셜 미디어로 인해 삶에 집중할 수 없을 때, 소셜 미디어 해독이 좋은 방법이 될 수 있으며, 소셜 미디어의 영향에서 벗어나면 중요한 것을 해결하기 위한 더 또렷한 마음과 더 많은 에너지를 얻게 된다는 것이 중심 내용이다. 따라서 ⑤가 글의 주제로 가장 적절하다.

① 소셜 미디어 중독의 증상 ② 첨단 기술과 관련 없는 활동의 예 ③ 소셜 미디어에서 알림의 역할 ④ 우리가 소셜 미디어로 할 수 있는 다양한 일들 ⑤ 우리가 소셜 미디어를 줄여야 하는 이유와 방법

3~4 주제 찾기 | 답 3 ③ 4 (1) with (2) is

❶ Museums have / a responsibility / to accommodate people with a broad range of requirements, / including the visually impaired. ❷ Museums are attempting / to provide these individuals with artistic experiences. ❸ The Tiflológico Museum in Madrid / was founded / to give visually challenged people / a chance / to experience the masterpieces of art and architecture / that sighted people take for granted. ❹ The museum displays / models of historic architecture, paintings, sculptures, and textile art / that may be experienced by touch. ❺ Another museum / that tries to accommodate / the requirements of visually impaired people / is the Smithsonian. ❻ The tours are given / by trained docents / who provide extensive and sensory descriptions of the artworks. ❼ There are / also attempts / to make public art / more accessible / to the visually impaired. ❽ Six murals / in Santiago's Barrio Lastarria neighborhood /

(to accommodate: to부정사의 형용사적 용법(a responsibility 수식) / including: ~을 포함하여 / the visually impaired: 시각 장애인들 / provide A with B: A에게 B를 제공하다 / was founded: found 설립하다 / visually challenged people: I·O / a chance: D·O / to experience: to부정사의 형용사적 용법(a chance 수식) / that: 목적격 관계대명사(선행사: a chance) / of historic architecture, paintings, sculptures, and textile art: 전치사구(models 수식) / that: 목적격 관계대명사 / Another museum: S / that: 주격 관계대명사 / is: V / trained: 과거분사(수동) / who: 주격 관계대명사 / to make: to부정사의 형용사적 용법 (attempts 수식) / more accessible: 비교급)

have been outfitted / with touch screens, braille, and audio guides. ❾ Visually impaired art lovers / can experience the city's spectacular street art / through their fingers.

현재완료시제 수동태

해석 ❶ 박물관은 시각 장애인을 포함하여 다양한 범위의 요구를 가진 사람들의 편의를 도모할 책임이 있다. ❷ 박물관은 이러한 개인들에게 예술적 경험을 제공하는 것을 시도하고 있다. ❸ Madrid에 있는 Tiflológico 박물관은 시각 장애가 있는 사람들에게 앞을 볼 수 있는 사람들이 당연하게 여기는 미술과 건축의 걸작들을 경험할 기회를 제공하기 위해 설립되었다. ❹ 그 박물관은 촉감으로 경험될 수 있는 역사적 건축물과 그림, 조각 그리고 섬유 예술의 모형을 전시한다. ❺ 시각 장애인들의 편의를 도모하려고 노력하는 또 다른 박물관은 Smithsonian이다. ❻ 예술 작품에 대한 광범위하고 감각적인 묘사를 제공하는 숙련된 안내원에 의해 투어가 제공된다. ❼ 또한 대중 예술이 시각 장애인에게 더 다가갈 수 있게 하려는 시도들도 있다. ❽ Santiago의 Barrio Lastarria 마을의 여섯 개의 벽화는 터치스크린, 점자, 그리고 오디오 가이드를 갖추고 있다. ❾ 시각 장애가 있는 예술 애호가들은 그 도시의 멋진 거리 예술을 그들의 손가락을 통해 경험할 수 있다.

해설 3 박물관이 시각 장애인의 편의를 도모할 책임이 있다고 언급한 후, Tiflológico 박물관과 Smithsonian 박물관을 예로 들며 시각 장애인에게 예술적 경험을 제공하기 위해 노력하는 박물관에 대해 부연 설명하고 있다. 후반부에 박물관 외에도 시각 장애인이 대중 예술을 경험할 수 있도록 벽화를 조성한 마을에 대해 언급하며 글을 마무리하고 있다. 따라서 ③이 글의 주제로 가장 적절하다.

① 대중 예술의 긍정적인 영향 ② 미술관에서의 전시 원칙 ③ 시각 장애인이 예술을 접할 수 있게 하려는 시도들 ④ 세계 각국의 다양한 종류의 미술 전시회 ⑤ 시각 장애인을 위한 미술 교육의 현재 상태

4 (A) 'A에게 B를 제공하다'는 provide *A* with *B*로 나타내므로 전치사 with를 쓴다. (B) 주어 Another museum이 3인칭 단수이므로 이에 동사의 수를 일치하여 is를 쓴다.

2일 필수 체크 전략 2

BOOK 1 · 18~19쪽

1 ④　　2 ①

1 주제 찾기 | 답 ④

❶ Here's / an interesting experiment about happiness. ❷ People were given envelopes / on the street. ❸ When some opened the envelope, / they found / a $5 bill and a message / instructing them / to use the money for themselves. ❹ Others found a message / asking them / to donate or spend the money / on someone else. ❺ Some people / got the same envelopes, / but with $20 bills instead of $5. ❻ Later that evening, / they received a call / inquiring about their happiness / and how they had used the money. ❼ Those who had spent the money on others / — what we term 'prosocial spending' — / were significantly happier / than those who had spent the money on themselves / by the end of the day. ❽ The quantity of money / in the envelopes / had no effect on their satisfaction. ❾ What mattered / was / how they had used their money. ❿ According to this study, / spending as little as $5 on someone else / can enhance / your own happiness.

수동태 / 시간의 부사절을 이끄는 접속사 / 현재분사(능동) / 현재분사(능동) O / O·C(to부정사) / ~ 대신에 / 현재분사(능동) / 의문사절(목적어) / ~한 사람들 / 관계대명사 / V / 비교급 / 관계대명사 / 의문사절(보어) / 동명사(주어)

해석 ❶ 여기 행복에 대한 흥미로운 실험이 있다. ❷ 사람들은 거리에서 봉투를 받았다. ❸ 몇몇 사람들이 봉투를 열었을 때, 그들은 5달러짜리 지폐와 그 돈을 자기 자신을 위해 쓰라고 지시하는 메시지를 발견했다. ❹ 다른 사람들은 그 돈을 기부하거나 다른 누군가에게 쓰라고 요청하는 메시지를 발견했다. ❺ 몇몇 사람들은 같은 봉투를 받았지만 5달러 대신에 20달러 지폐가 있는 봉투였다. ❻ 그날 저녁 늦게, 그들은 그들의 행복감과 그 돈을 어떻게 썼는지 묻는 전화를 받았다. ❼ 돈을 다른 사람들에게 썼던 사람들 — 우리가 '친사회적인 소비'라고 일컫는 것 — 은 돈을 자기 자신에게 썼던 사람들보다 하루가 끝날 즈음에 훨씬 더 행복했다. ❽ 봉투 안에 있던 돈의 양은 그들의 만족감에 영향을 미치지 않았다. ❾ 중요한 것은 그들의 돈을 어떻게 사용했는지였다. ❿ 이 연구에 따르면, 다른 누군가에게 5달러만큼 적은 돈을 쓰는 것도 당신 자신의 행복을 향상시킬 수 있다.

해설 글의 도입부에서 행복에 대한 실험에 관해 언급하고, 실험 참여자들이 적은 돈이더라도 자기 자신이 아닌 다른 이를 위해 쓰는 '친사회적 소비'를 했을 때 그들의 행복감이 향상되었다는 실험 결과를 제시하며 글을 마무리하고 있다. 따라서 ④가 이 글의 주제로 가장 적절하다.
① 사람들의 행복에 영향을 주는 요인들 ② 돈을 현명하게 쓰는 것의 중요성 ③ 사람들이 다른 사람에게 돈을 쓰는 이유 ④ 친사회적 소비가 사람들의 행복에 미치는 영향 ⑤ 사람들이 자선 단체에 돈을 기부하도록 장려하는 방법

2 제목 찾기 | 답 ①

❶ Some bioengineers created / a glove-like device / that(주격 관계대명사) uses a smartphone app / to translate(to부정사의 부사적 용법(목적)) American Sign Language / into English speech in real time. ❷ The system / includes / thin, flexible sensor gloves. ❸ These electrically conductive fiber sensors / detect hand gestures and finger placements / that(주격 관계대명사) represent specific letters, numbers, and words. ❹ The device converts / the finger motions / into electrical signals, / (convert *A* into *B*: A를 B로 바꾸다[전환하다]) which(관계대명사의 계속적 용법) are sent to a smartphone. ❺ The signals / are then translated(수동태) into spoken(과거분사(수동)) words / at a pace of / roughly one word per second. ❻ The gadget / was tested with four deaf people. ❼ The wearers repeated / each hand motion(each+단수 명사) 15 times. ❽ A machine-learning algorithm / turned these gestures / into letters, numbers, and words. (turn *A* into *B*: A를 B로 바꾸다) ❾ Every letter of the alphabet and the numerals 0 through 9 / were recognized(수동태) by the system. ❿ This device is expected(to부정사를 목적어로 하는 동사) / to make it(가목적어) possible / for people(의미상 주어) who(주격 관계대명사) use sign language / to speak directly with non-signers / without the need for someone else to translate.(진목적어)

해석 ❶ 몇몇 생체 공학자들이 미국 수화를 실시간으로 영어로 통역하기 위해 스마트폰 앱을 사용하는 장갑과 같은 장치를 만들었다. ❷ 그 장치는 얇고 유연한 센서 장갑을 포함한다. ❸ 이 전기 전도성이 있는 섬유 센서들은 특정 글자, 숫자, 단어를 나타내는 손의 움직임과 손가락의 배치를 감지한다. ❹ 그 장치는 손가락의 움직임을 전기 신호로 변환시키고, 그것은 스마트폰으로 전송된다. ❺ 그러면 그 신호는 대략 1초당 한 단어의 속도로 구어로 통역된다. ❻ 그 장치는 네 명의 청각 장애인들과 함께 테스트되었다. ❼ 그것을 착용한 사람들은 각각의 손의 움직임을 15번 반복했다. ❽ 기계 학습 알고리즘이 이러한 움직임을 글자, 숫자, 그리고 단어로 변환시켰다. ❾ 알파벳의 모든 글자와 0부터 9까지의 숫자들이 그 장치에 의해 인식되었다. ❿ 이 장치는 수화를 사용하는 사람들이 수화를 사용하지 않는 사람들과 다른 누군가가 통역해 줄 필요 없이 직접 말하는 것을 가능하게 할 것으로 기대된다.

해설 생체 공학자들이 전기 전도성이 있는 특수 센서가 수화 사용자의 손의 움직임을 감지하여 그것을 스마트폰 앱을 통해 통역해 주는 장치를 개발했고, 이를 통해 수화를 사용하는 사람들이 누군가의 통역이 없어도 수화를 사용하지 않는 사람들과 직접 말하게 될 것을 기대한다는 내용의 글이다. 따라서 ①이 글의 주제로 가장 적절하다.
① 수화를 통역하는 유용한 도구 ② 미국 수화: 얼마나 체계적인가? ③ 입을

수 있는 장치의 이로움과 결점 ④ 수화를 사용하는 사람들의 손동작을 인식하는 법 ⑤ 효과적인 의사소통을 장려하기 위해 무엇을 할 수 있는가?

3일 필수 체크 전략 1 BOOK 1·20~23쪽

1 ② **2** ④ **3** ⑤ **4** (1) to understand (2) allowing

1 목적 찾기 | 답 ②

Dear Mr. Rogers,

❶ I appreciate / all you've done (현재완료시제(완료)) / for our organization. ❷ However, / I've heard / several complaints / regarding your work. ❸ Mr. Baker recently called / to say (to부정사의 부사적 용법(목적)) you had promised / to complete (to부정사(목적어)) his repair work / three weeks ago. ❹ However, / you haven't finished (현재완료시제 / V1) the work or contacted (V2) him. ❺ I have / numerous comparable complaints / on file. ❻ You may recall / ∧(that) you pledged to better manage (V1) your time / and complete (V2) all the tasks on schedule / during the last meeting. ❼ These additional complaints show / ∧(that) you have failed. ❽ Due to (~로 인하여) these recent events, / your evaluation will be lowered accordingly. ❾ Our company / depends on (~에 의존하다) timely service delivery, / and I'm confident in your capacity / to do so (to부정사의 형용사적 용법(capacity 수식)). ❿ Please contact me / if (조건의 부사절을 이끄는 접속사) you disagree with the assessment result.

Sincerely,

Mark Tepper

해석 Rogers 씨께,

❶ 당신이 우리 조직을 위해 해온 모든 일에 감사 드립니다. ❷ 그러나, 저는 당신의 업무와 관련하여 몇 가지 불평들을 들었습니다. ❸ 최근 Baker씨가 당신이 3주 전에 수리 작업을 완료하기로 약속했었다고 전하기 위해 전화를 했습니다. ❹ 그러나, 당신은 그 작업을 마치거나 그에게 연락하지 않았습니다. ❺ 저는 많은 비슷한 불평들이 기록된 것을 가지고 있습니다. ❻ 당신은 지난 회의에서 시간을 더 잘 관리하여 모든 업무를 예정대로 마칠 것을 약속했다는 점을 떠올릴 수 있을 것입니다. ❼ 이러한 추가적인 불평들은 당신이 그러지 못했음을 보여 줍니다. ❽ 최근의 이러한 사건들로 인하여, 당신의 평가 결과는 그에 상응하게 낮아질 예정입니다. ❾ 우리 회사는 서비스를 적시에 제공하는 것에 의존하고 있고, 나는 당신이 그렇게 할 능력이 있음을 확신합니다. ❿ 평가 결과에 동의하지 않는다면 제게 연락하시기 바랍니다.

Mark Tepper 드림

해설 담당 작업을 계속해서 기간 내에 처리하지 못하는 직원에 대한 고객들의 불평들을 근거로, 그 직원의 올해 직원 평가 결과가 낮아질 것임을 알리는 글이다. 따라서 ②가 글의 목적으로 가장 적절하다.

글쓴이와 글을 읽는 사람이 어떤 관계인지 파악하며 읽어 봐.

2 주장 및 요지 찾기 | 답 ④

❶ While exercise is an important aspect / of maintaining a healthy and functional body, / there is / also a time for rest. ❷ If you're not feeling well, / the gym may not be / the best place for you. ❸ However, / how ill is / too sick to exercise? ❹ One basic guideline is / that if the discomfort is above the neck, / it is permissible to exercise. ❺ Exercising is acceptable / if you have a runny nose, nasal congestion, or a sore throat. ❻ On those days, / you could consider / reducing the time and intensity of exercising. ❼ On the other hand, / if the pain is below the neck, / avoiding the gym is / a wise choice. ❽ In particular, / you should especially avoid / the sweat sessions / if you have an upset stomach, a hacking cough, or a fever.

❾ You should also avoid / going to the gym / if you experience shortness of breath.

(While: 부사절을 이끄는 접속사(~인 반면) / of maintaining: 전치사+동명사 / If: 조건의 부사절을 이끄는 접속사 / too ~ to …: 너무 ~해서 …할 수 없다 / that: 보어 역할을 하는 명사절을 이끄는 접속사 / it: 가주어 / to exercise: 진주어 / Exercising: 동명사(주어) / if: 조건의 부사절을 이끄는 접속사 / consider: 동명사를 목적어로 하는 동사 / avoiding: 동명사(주어) / is: V / a wise choice: C / avoid: 동명사를 목적어로 하는 동사)

해석 ❶ 운동이 건강하고 잘 기능하는 신체를 유지하는 데 중요한 요소이지만, 쉬어야 할 때도 있다. ❷ 당신이 몸 상태가 좋지 않다고 느낀다면, 체육관은 당신에게 최적의 장소가 아닐 수 있다. ❸ 그러나, 얼마나 아파야 운동을 할 수 없는 정도일까? ❹ 한 가지 기본적인 기준은 불편함이 목보다 위쪽이라면 운동하는 것이 허용될 만하다는 것이다. ❺ 만약 콧물, 코막힘, 또는 인후통을 겪는다면 운동을 해도 괜찮다. ❻ 그런 날에는 운동의 시간과 강도를 낮추는 것을 고려해 볼 수 있다. ❼ 반면, 고통이 목보다 아래쪽이라면, 체육관을 피하는 것이 현명한 선택이다. ❽ 배탈, 마른기침, 혹은 열이 있다면 당신은 특히 땀 흘리는 운동을 피해야 한다. ❾ 또한 호흡 곤란을 겪을 때도 체육관에 가는 것을 피해야 한다.

해설 몸 상태에 따라 운동을 쉬어야 할 때가 있다고 언급하면서, 목보다 위쪽이 불편하다면 운동을 해도 되지만 목보다 아래쪽이 불편하거나 배탈, 기침, 열과 같은 증상이 있다면 땀 흘리는 운동을 피해야 한다고 설명하고 있다. 따라서 ④가 글의 요지로 가장 적절하다.

예시와 부연 설명이 뒷받침하는 내용이 무엇인지 살펴봐.

3~4 주장 및 요지 찾기 | 답 3 ⑤ 4 (1) to understand (2) allowing

❶ Schools / are obligated to provide / a safe and secure learning environment / for students, parents, teachers, and staff. ❷ Schools require / all the assistance / (that) they can get / when it comes to safety, / and security cameras / can play a role in that. ❸ However, / there is / a debate / about installing security cameras at school. ❹ Supporters of security cameras think / that installing them is essential / for safety and behavior management. ❺ Opponents, / however, / believe / that security cameras lead to a hostile school atmosphere. ❻ While perspectives differ, / it is vital / to understand the benefits of any security system. ❼ School security cameras / increase emergency response / and demonstrate the school's dedication to safety. ❽ They deter / crime and school violence / while also allowing teachers / to identify and tackle / bullying situations.

(are obligated to: ~해야 한다 / when it comes to: ~에 관한 한 / play a role in: ~에서 역할을 하다 / about installing: 전치사+동명사 / that(❹): 목적어절을 이끄는 접속사 / that(❺): 목적어절을 이끄는 접속사 / lead to: ~을 초래하다 / While: ~이지만 / it: 가주어 / to understand the benefits of any security system: 진주어 / increase: V1 / demonstrate: V2 / while also allowing: 접속사+분사구문 / teachers: O / to identify and tackle: O·C(to부정사))

해석 ❶ 학교는 학생, 학부모, 교사, 그리고 직원을 위한 안전한 학습 환경을 제공할 의무가 있다. ❷ 학교는 안전에 관한 한 그들이 받을 수 있는 모든 도움이 필요하고, 보안 카메라가 그 역할을 할 수 있다. ❸ 그러나 교내 보안 카메라 설치에 관한 논쟁이 있다. ❹ 보안 카메라를 지지하는 사람들은 그것들을 설치하는 것이 안전과 행동 관리에 필수적이라고 생각한다. ❺ 그러나 반대하는 사람들은 보안 카메라가 적대적인 교내 분위기를 초래한다고 믿는다. ❻ 관점은 다르지만, 어떠한 보안 체계든 그것의 이점을 이해하는 것이 필수적이다. ❼ 학교 보안 카메라는 긴급 사태에 대한 대응을 증진시키고 안전에 대한 학교의 헌신을 보여 준다. ❽ 그것들은 약자를 괴롭히는 상황을 교사들이 확인하고 다룰 수 있게도 하면서 범죄와 학교 폭력을 저지한다.

해설 3 안전을 위해 학교에 보안 카메라를 설치하는 것과 관련하여 찬반 의견이 있지만, 보안 카메라가 교내 긴급 사태에 대한 대응을 증진시키고 약자를 괴롭히는 상황을 교사들이 빠르게 다룰수 있게 하여 범죄와 학교 폭력을 저지한다고 글을 마무리하고 있다. 따라서 ⑤가 글의 주제로 가장 적절하다.

4 (A) '~하는 것'이라는 뜻의 명사적 용법의 to부정사가 문장의 주어일 때, 문장 앞에 가주어 it을 쓰고 to부정사를 문장 뒤에 쓰므로 to understand가 알맞다. (B) 부사절 'while they also allow teachers to identify ~.'를 분사구문으로 나타낸 것으로, 부사절과 주절의 주어와 시제가 일치하므로 주어를 생략하고 allow를 현재분사형으로 바꿔 쓴 allowing이 알맞다.

3일 필수 체크 전략 2

BOOK 1 · 24~25쪽

1 ④ 2 ⑤

1 목적 찾기 | 답 ④

To whom it may concern,

❶ This city / has made (현재완료시제) significant improvements / on its neighborhood parks / in recent years. ❷ As a result, / the number of playgrounds / with new equipment (전치사구(playgrounds 수식)) / that (주격 관계대명사) meets current safety laws and guidelines / has expanded / over the past few years. ❸ However, / many of these locations / were almost vacant / during the latest (최근의) heat wave, / which (관계대명사의 계속적 용법) was blamed on a lack of proper sun protection. ❹ In my opinion, / introducing (동명사(주어)) a form of sunscreen during the summer / would encourage / increased (과거분사(수동)) use of the playgrounds / while also providing (접속사+분사구문) better protection for children. ❺ I'm hoping / (that) you'll start working (동명사(목적어)) / on improving (동명사(전치사의 목적어)) the playgrounds soon, / and I'm looking forward to seeing (look forward to -ing: ~하기를 고대하다) the facilities (O) / well used (O·C) / even during the hot season.

Sincerely,

Linda Johnson

해석 관계자분께,

❶ 이 도시는 최근 몇 년간 근린공원을 상당히 개선해 왔습니다. ❷ 그 결과, 현재의 안전 법규와 기준을 따른 새로운 기구들이 있는 놀이터의 수가 지난 몇 년간 증가했습니다. ❸ 그러나 그 중 많은 곳들이 최근의 무더위 동안 거의 비어 있었는데, 그것은 적절한 햇볕 차단 장치의 부족 때문이었습니다. ❹ 제 의견으로는, 여름 동안 일종의 햇볕 차단 설비를 도입하는 것이 아이들을 위한 더 좋은 보호를 제공하면서 놀이터의 사용 증가를 촉진할 것입니다. ❺ 놀이터를 개선하는 일에 곧 착수해 주시기를 희망하고, 더운 계절에도 그 시설들이 잘 사용되는 것을 보기를 고대합니다.

Linda Johnson 드림

해설 여름 동안 놀이터를 사용하는 사람들의 수가 감소했던 문제의 원인으로 무더위 속 햇볕을 막아 줄 장치가 없다는 점을 언급하며 사용객을 늘리고 어린이들을 위한 더 나은 보호 제공을 위해 놀이터에 햇볕을 막을 수 있는 장치를 도입할 것을 요청하고 있다. 따라서 ④가 글의 목적으로 가장 적절하다.

2 주장 및 요지 찾기 | 답 ⑤

❶ Everyone seems to be seeking / a way out of their jobs. ❷ Some blame / their employers or colleagues. ❸ Others complain / about a lack of work-life balance. ❹ They fantasize / about living a stress-free and peaceful life / away from their jobs. ❺ However, / having a job / has several advantages. ❻ First and foremost, / your work / provides / a consistent source of cash. ❼ Money is / unquestionably beneficial and vital / for survival. ❽ Aside from that, / your job / has an impact on your identity. ❾ It is / an important factor / in determining who you are / as a person. ❿ Working also allows you / to meet people / with diverse personalities, experiences, and skills. ⓫ The new acquaintances / will enrich your life. ⓬ Finally, / it aids / in the development of existing skills as well as the acquisition of new ones. ⓭ This is critical / for your career / since it will serve / as a stepping stone / toward achieving / your larger professional objectives.

to be seeking: to부정사구(보어) / Some: S / blame: V / their employers or colleagues: O / about living: 전치사+동명사 / having: 동명사(주어) / First and foremost: = Above all / Aside from: ~외에도 / has an impact on: have an impact on: ~에 영향을 주다 / It: = your identity / in determining: 전치사+동명사 / who you are: 의문사절(목적어) / allows: V / you: O / to meet: O·C(to부정사) / existing: 현재분사(능동) / ones: = skills / since: 이유를 나타내는 부사절을 이끄는 접속사 / toward achieving: 전치사+동명사

해석 ❶ 모두가 그들의 일에서 벗어날 방법을 찾고 있는 것 같다. ❷ 몇몇 사람들은 그들의 고용주나 동료들을 탓한다. ❸ 다른 사람들은 일과 삶의 균형 부족에 대해 불평한다. ❹ 그들은 그들의 일에서 벗어나 스트레스 없고 평화로운 삶을 사는 것에 대한 환상을 품는다. ❺ 그러나, 직업을 갖는 것은 여러 가지 장점이 있다. ❻ 다른 무엇보다도, 당신의 일은 지속적인 자금의 원천을 제공한다. ❼ 돈은 의심할 나위 없이 생존을 위해 유익하고 필수적이다. ❽ 그것 외에도, 당신의 일은 당신의 정체성에 영향을 준다. ❾ 그것은 당신이 한 사람으로서 어떤 사람인지를 결정하는 데 중요한 요소이다. ❿ 일을 하는 것은 또한 당신이 다양한 성격과 경험, 그리고 기술을 가진 사람을 만나게 한다. ⓫ 그 새로운 사람들은 당신의 삶을 풍요롭게 할 것이다. ⓬ 마지막으로, 그것은 새로운 기술의 습득뿐만 아니라 원래 있던 기술을 발전시키는 것을 돕는다. ⓭ 그것이 당신의 더 큰 전문적 목표를 성취하는 것에 대한 디딤돌 역할을 할 것이므로 이는 당신의 경력에 매우 중요하다.

해설 직업을 갖는 것에 여러 가지 장점이 있다고 언급하면서 자금의 원천 제공, 개인의 정체성 결정, 다양한 성격과 경험을 가진 사람들과의 만남, 기술 습득과 발전 등에 대해 이야기하고 있다. 따라서 ⑤가 글의 요지로 가장 적절하다.

누구나 합격 전략

BOOK 1 26~29쪽

1 ① 2 ① 3 ⑤ 4 ③

1 주제 찾기 | 답 ①

해석 식품 포장지에 있는 영양 정보는 소비자들이 그들의 건강을 위한 식품을 구입하는 것을 돕는다. 사람들이 기후 변화에 더 많은 관심을 가지고 그 안에서 자신의 역할을 의식함에 따라, 다른 종류의 식품 라벨인 '탄소 발자국'에 대한 수요가 증가하고 있다. 탄소 발자국이란 우리의 행동에 의해 배출

되는 온실가스의 총량을 말한다. 비료, 거름, 운송, 포장, 그리고 식품 가공 모두 식품의 탄소 발자국에 영향을 미친다. 탄소 표기는 소비자들이 그들의 탄소 발자국을 낮추려는 목표를 충족하기 위해 그들의 식습관을 바꾸도록 도울 것으로 기대된다. 한 연구에 따르면, 환경 정보가 있는 상표는 일반적인 식품 상표와 비교해 볼 때 한 사람의 탄소 발자국을 약 5퍼센트까지 줄여 준다. 탄소 표기는 또한 식품 산업이 배출 면에 있어서의 '하향 경쟁'에서 건설적으로 경쟁하도록 압박할 것이다.

해설 기후 변화에 대한 사람들의 관심이 높아지고 이를 위한 자신의 역할을 의식하게 되면서, 식품의 탄소 수치를 표기한 탄소 발자국의 수요가 증가하고 있다고 설명하고 있다. 이러한 탄소 발자국이 사람들의 식습관을 바꾸고 식품 산업의 탄소 배출을 압박하는 등 탄소 배출을 줄이게 하는 역할을 할 것으로 기대된다는 내용이므로 ①이 글의 주제로 가장 적절하다.

① 탄소 표기가 식품에 미치는 영향 ② 탄소 발자국을 측정하는 방법 ③ 식량 소비가 환경에 미치는 영향 ④ 식품 포장지에서 영양 정보의 역할 ⑤ 탄소 발자국을 최소화하기 위한 식품 업계의 노력

2 제목 찾기 | 답 ①

해석 문자 메시지를 보내는 것이 선호되는 연락 방식으로서 통화를 대체하였다. 이런 변화는 대부분 소셜 미디어 네트워크 사용 증가의 결과로 일어났지만, 그것은 또한 사람들의 태도와 행동의 변화도 반영했다. 문자 메시지를 보내는 것은 왜 많은 사람에게 매력적일까? 우선, 문자 메시지를 보내는 것은 대개 의사소통의 사적인 수단으로 사용된다. 누군가가 다른 사람의 문자 메시지를 엿듣는 것은 불가능하다. 그러나 전화 통화에 있어 이것은 그렇지 않다. 게다가, 사람들은 메시지에 즉각 답장해야 하는 압박을 덜 느낀다. 문자 메시지를 보내는 것은 사람들이 가장 편한 시간에 답장하고, 가장 적절하거나 바람직한 방법으로 메시지를 작성할 수 있게 해 준다. 마지막으로, 문자 메시지를 보내는 것은 시간이 덜 걸린다. 그것은 정보 교환을 대체로 더 짧고 더 효율적으로 만들기 위해 약어나 이모티콘의 사용을 장려한다.

해설 사람들이 전화 통화보다 문자 메시지로 소통하는 것을 더 선호하게 되었는데, 그에 관한 이유로 문자 메시지가 사적인 소통 수단인 점, 편한 시간에 적절한 방법으로 응답 가능한 점, 약어나 이모티콘의 사용을 통한 빠른 정보 교환이 가능한 점 등을 이야기하고 있다. 따라서 ①이 글의 제목으로 가장 적절하다.

① 사람들이 통화를 하기보다 문자 메시지를 보내는 이유 ② 스마트폰의 다양한 기능들 ③ 통신과 개인정보 보호 문제 ④ 효율적인 정보 전달을 위한 방법 ⑤ 사람들의 생활 방식과 행동의 변화

3 주장 및 요지 찾기 | 답 ⑤

해석 당신의 아이의 지능이나 재능을 칭찬하는 것은 그의 자존감을 높이고 그에게 동기를 부여하는 것처럼 보일지 모른다. 그러나 사실, 이런 종류의 칭찬은 꽤 반대되는 효과를 일으킬 수 있다. Carol Dweck과 그녀의 팀은 일련의 실험적 연구들에서 그 효과를 입증하였다. 바로 '우리가 아이들의 능력을 칭찬할 때, 아이들은 더 조심하게 되고 도전을 피하는 경향이 있다.'는 것이다. 그들은 마치 그들을 실패하게 만들고 당신의 호의적인 평가를 잃게 할지도 모르는 것은 어떤 것도 하길 두려워하는 것처럼 행동한다. 아이들은 또한 지능이나 재능이 사람들이 가지거나 가지지 못하는 무언가라고 생각할 수 있다. 이것은 아이들이 실수를 했을 때 무력함과 좌절감을 느끼게 할 수 있다. 만약 당신의 실수가 당신이 지능이 부족하다는 것을 의미한다면, 더 잘하도록 노력하는 것이 무슨 소용이겠는가?

해설 아이의 지능이나 재능을 칭찬하는 것이 아이의 자존감을 높일 것이라고 생각할 수 있지만, 아이의 능력을 칭찬하는 것은 아이가 좋은 평가를 잃는 것을 두려워하게 만들어 도전과 실패를 피하게 하고, 실패했을 경우 자신이 지능이나 재능이 부족한 사람이라고 생각하게 하는 등의 부정적인 효과가 있음을 설명하고 있다. 그러므로 글의 요지로는 ⑤가 적절하다.

4 목적 찾기 | 답 ③

해석 학부모님들께,

Orchard Valley 고등학교의 새로운 교장으로서 이 편지를 쓰게 되어 기쁩니다. 훌륭한 교육 역사를 지닌 학교를 관리하게 되어 영광입니다! 저는 거의 30년간 교육계에서 일해 왔습니다. 저의 가장 최근의 행정 경험은 Cumberland County에서 중학교 교장직을 맡았던 것입니다. 저의 교육 지도자의 능력을 Orchard Valley 고등학교에 가져와 학생들의 성공을 보장하기 위해 여러분과 함께 일하게 되어 기쁩니다. 저는 교직원들과 함께 학부모, 학생 그리고 지역 사회 파트너들과 좋은 관계를 만들기 위해 열심히 노력할 것입니다. 우리는 모든 학생들의 성취를 증진시키기 위해 인성 교육, 데이터 주도 교육, 그리고 철저한 교과 과정 이행에 계속 중점을 둘 것입니다. 제 문은 다양한 제안에 항상 열려 있습니다. 학년 내내, 어떤 사안이든 주저 없이 제게 연락 주십시오.

Orchard Valley 고등학교 교장

James Brown 드림

해설 새로 부임한 교장이 학부모들에게 쓴 편지로, 자신의 경력을 소개하면서 앞으로 어떤 방식으로 학교를 운영할 것인지 설명하고 있다. 따라서 ③이 글의 목적으로 가장 적절하다.

창의 • 융합 • 코딩 전략 1·2

BOOK 1 30~33쪽

1 ④ 2 (1) charged (2) send 3 ② 4 (1) shell (2) sink (3) seaweed (4) fall (5) month (6) fortunate

1~2 제목 찾기 | 답 1 ④ 2 (1) charged (2) send

해석 Solar Cow는 일부 아프리카 시골 학교에 설치된 소 모양의 태양광 충전 시스템이다. Solar Cow는 태양 전지판, 저장 배터리, 그리고 휴대용 배터리를 위한 충전 시설로 구성된다. 휴대용 배터리는 학생들이 수업에 참석하는 동안 충전되고 학생들은 하루가 끝날 무렵에 그것을 집으로 가져간다. 이 배터리들은 휴대 전화를 충전하고 조명을 제공하기 위한 귀중한 에너지 원천이 된다. 이 친환경 전기는 많은 저소득 가정이 그들의 아이들을 일터가 아닌 학교로 보낼 유인책을 제공한다. 또한 가정의 단기 에너지 요구를 충족시켜 주는 것은 다른 사람에게 의지하는 대신 아이들을 교육시키고 그들의 삶을 개선함으로써 그들이 가난의 굴레를 벗어나는 것을 도와준다. 이러한 이유로, Solar Cow 충전 시스템에만 호환이 되는 특별한 충전 콘센트가 사용되고, 배터리를 충전하기 위해 부모들이 그들의 아이들을 학교에 보내게 한다.

해설 1 아프리카 일부 학교에 설치된 소 모양의 태양광 충전 시스템을 통해 학생들이 학교에서 수업을 듣는 동안 가정에서 필요한 휴대용 배터리를 충전할 수 있다고 설명하면서, 이 충전 시스템에만 호환되는 특별한 충전 콘센트로 인해 저소득 가정에서 배터리 충전을 위해 아이를 학교로 보낼 수밖에 없고, 결국 교육을 통한 삶의 개선이 이루어져 가난에서 벗어나는 것을 돕게 된다는 내용이다. 따라서 글의 제목으로 ④가 가장 적절하다.

① 태양광 충전 시스템의 기본적 원리 ② 아프리카 학생들이 공학을 공부하도록 동기부여 하는 방법 ③ Solar Cow 시스템을 발견한 사람은 누구이며 그 이유는? ④ Solar Cow가 불우한 아프리카 어린이들을 교육하는 방법 ⑤ 교육은 아이들의 삶을 변화시키는 데 어떠한 역할을 하는가?

2 아이들이 학교에서 수업을 듣는 동안 그들이 가져온 배터리가 Solar Cow 시스템을 통해 충전된다. 이 충전 시스템에만 호환되는 특별한 충전 콘센트로 배터리를 충전할 수 있으므로 부모들은 아이들을 다시 학교로 보낸다.

아이들이 학교에 간다. → 배터리가 Solar Cow를 통해 충전된다. → 아이들이 배터리를 집으로 가져간다. → 가족들이 그 배터리를 사용한다. → 부모님이 그들의 아이들을 다시 학교에 보낸다.

3~4 주제 찾기 | 답 3 ② 4 (1) shell (2) sink (3) seaweed (4) fall (5) month (6) fortunate

해석 식사를 준비하면서 시간을 보내는 사람들은 오랜 시간에 걸쳐 미신을 만들어 왔고, 전 세계에 음식과 관련된 많은 미신이 있다. 달걀은 대부분의 부엌에서 널리 사용되고, 그것들은 많은 미신과 관련이 있다. 많은 사람들이 노른자가 두 개 있는 달걀을 깨뜨리는 것이 행운을 가져오거나 심지어 가족 중에 쌍둥이를 임신하는 것을 암시한다고 믿는다. 영국에서는, 삶은 달걀을 먹은 후에 그 껍질을 부숴야 한다. 그렇지 않으면, 마녀가 그것을 이용해 배로 날아가서 그것들을 침몰시킬 수 있다. 한국에서는, 어머니들이 아이를 낳은 후 미역국을 먹는다. 그 결과, 생일에 미역국을 먹는 것이 전통이 되었다. 그러나 시험, 일자리 면접과 같은 날에 미역국을 먹는 것은 권장되지 않는다. 미역의 미끄러운 촉감이 바닥으로 미끄러져 떨어지는 것을 상징한다고 믿기 때문이다. 새해 전야에 스페인에서는 자정에 열두 달을 나타내는 12개의 포도알을 하나씩 먹는 것이 관습이다. 만약 그 포도알이 맛있다면, 앞으로 올 그 달은 운이 좋을 것이다. 만약 맛이 시다면 그 달은 끔찍한 달이 될 것이다.

해설 3 전 세계에 음식과 관련된 다양한 미신들이 있다고 언급한 후, 달걀에 관한 영국의 미신, 미역국에 관한 한국의 미신, 포도에 관한 스페인의 미신들을 차례대로 설명하고 있다. 따라서 ②가 글의 주제로 가장 적절하다.

① 삶은 달걀을 먹는 것에 관한 영국 전설 ② 전 세계의 다양한 음식 미신들 ③ 미역국과 생일 식사의 관련성 ④ 스페인 사람들이 새해 전야에 포도를 먹는 이유 ⑤ 다른 문화권에서 달걀이 어떻게 준비되는지에 대한 차이

4 영국에서는 삶은 달걀을 먹은 후 껍질을 부수지 않으면 마녀가 배로 날아가 그것을 사용해서 배를 침몰시킬 수 있다는 미신이 있다. 한국에서는 미역의 미끄러운 촉감이 바닥으로 미끄러져 떨어지는 것을 상징한다고 믿기 때문에 시험 보는 날에는 미역국을 먹지 말라는 미신이 있다. 스페인에서는 새해 전야 자정에 열두 달을 의미하는 12개의 포도알을 먹는 관습이 있는데, 만일 포도 맛이 좋다면 그 달은 운이 좋을 것이라는 미신이 있다.

음식 미신들	
영국	당신은 삶은 달걀을 먹은 후 (1) 껍질을 부숴야 한다. 그렇지 않으면, 마녀가 그것을 사용해 배를 (2) 가라앉게 할 것이다.
한국	시험을 보는 날에 (3) 미역국을 먹지 말라. 만약 그렇게 한다면, 당신은 바닥으로 미끄러져 (4) 떨어질 수 있다. (= 시험에 떨어질 수 있다)
스페인	당신이 새해 전야에 먹는 12알의 포도는 각 (5) 달을 나타낸다. 만약 포도 맛이 좋다면, 다가올 그 달은 (6) 운이 좋을 것이다.

BOOK 1 2주 세부 정보를 찾아라

1일 개념 돌파 전략 1

BOOK 1 36~39쪽

1 ③　2 ④　3 ④　4 ②

1 내용 일치 | 답 ③

❶ Edward Hopper, a realist painter, / was born / in New York in 1882. ❷ He showed / talent in drawing at age five / and studied at the New York School of Art / from 1900 to 1906. ❸ After graduating, / he worked / as an illustrator / for a short time. ❹ When this career ended, / he traveled to Europe three times / between 1906 and 1910. ❺ Artistic movements like Fauvism and Cubism / were blossoming / in France then, / but he had little interest in them. ❻ Returning to America, / he tried to find / his own artistic style. ❼ Around the mid 1920s, / he began oil paintings and watercolorings. ❽ His paintings / expressed / the reality of America and the life of common people. ❾ He strongly influenced / the Pop Art movement of the 1960s and 1970s.

(Edward Hopper = a realist painter / was born: 수동태 / showed: V1 / studied: V2 / from A to B: A에서 B까지 / as: ~로서 / When: 시간의 부사절을 이끄는 접속사 / Artistic movements like Fauvism and Cubism: S / were blossoming: V / Returning to America: 분사구문 / tried to find: try to+동사원형: ~하려고 노력하다 / expressed: V / the reality of America and the life of common people: O / He: S / influenced: V / the Pop Art movement of the 1960s and 1970s: O)

해석 ❶ 사실주의 화가인 Edward Hopper는 1882년에 New York에서 태어났다. ❷ 그는 5살에 그림에 재능을 보였고, 1900년부터 1906년까지 New York School of Art에서 공부했다. ❸ 졸업 후에 그는 짧은 시간 동안 삽화가로 일했다. ❹ 이 경력이 끝났을 때, 그는 1906년과 1910년 사이에 유럽으로 세 번 여행을 갔다. ❺ 그때 프랑스에는 야수파와 입체파 같은 예술 운동이 꽃을 피우고 있었지만, 그는 그것들에 관심이 없었다. ❻ 미국으로 돌아온 후에, 그는 자신만의 예술적 스타일을 찾기 위해 노력했다. ❼ 1920년대 중반 무렵에, 그는 유화와 수채화를 그리기 시작했다. ❽ 그의 그림은 미국의 현실과 평범한 사람들의 삶을 표현했다. ❾ 그는 1960년대와 1970년대의 팝아트 운동에 큰 영향을 주었다.

해설 'Artistic movements like Fauvism and Cubism ~, but he had little interest in them.'에서 Hopper가 야수파나 입체파에 관심이 없었다고 했으므로 ③은 글의 내용과 일치하지 않는다.

세부 내용을 살피기 전에 글의 앞부분을 통해 무엇에 관한 글인지 파악해.

2 안내문 이해하기 | 답 ④

Springfield Reading Camp

❶ Springfield Youth Center is hosting / the annual Reading Camp / for middle school students / in the community.

(is hosting: 미래를 나타내는 현재진행형)

Date & Place

• Date: Saturday, November 21 (Starting at 10:00 a.m.)

• Place: Springfield Youth Center (Main Hall on the 3rd floor)

Registration

• Fee: $10 (including free lunch)
~을 포함하여

• ❷ Register online / at www.sfyouthcenter.com
명령문 ~에서

Activities

• Reading and Discussion

• Golden Bell Quiz Time

Notes

• ❸ Participants / will receive / a book and a notebook.
S V O

• ❹ The winner of Golden Bell / will be awarded / a $10 gift certificate.
미래시제의 수동태

해석 **Springfield 독서 캠프**

❶ Springfield 청소년 센터는 지역 사회의 중학생들을 위한 연례 독서 캠프를 개최합니다.

날짜 & 장소

• 날짜: 11월 21일, 토요일 (오전 10시에 시작)

• 장소: Springfield 청소년 센터 (3층 대강당)

등록

• 비용: 10달러 (무료 점심 포함)

• ❷ www.sfyouthcenter.com에서 온라인으로 등록하세요.

활동

• 독서와 토론

• Golden Bell 퀴즈 시간

주의 사항

• ❸ 참가자들은 책 한 권과 공책 한 권을 받을 것입니다.

• ❹ Golden Bell 우승자는 상으로 10달러 상품권을 받을 것입니다.

해설 'Participants will receive a book ~.'에서 참가자들이 책을 받는다고 했으므로 ④는 안내문의 내용과 일치하지 않는다.

선택지의 내용을 안내문에서 찾아서 맞는 내용인지 확인해.

3 도표 파악하기 | 답 ④

Percentage of U.S. Students Participating in Cultural Activities (2016)

❶ The graph above shows / the percentage of U.S. homeschooled and public school students / participating in / cultural activities in 2016. ❷ With the exception of live performances and sporting events, / the percentage of homeschooled students / participating in cultural activities / was higher than that of public school students. ❸ For both group of students, / community events / accounted for / the largest percentage / among all cultural activities. ❹ The percentage point difference / between homeschooled students and

(above: 위의 / participating: 현재분사(능동) / With the exception of: ~은 제외하고 / participating: 현재분사(능동) / was: V / that = the percentage / accounted for: (부분·비율을) 차지하다 / The percentage point difference: S / between A and B: A와 B 사이에)

their public school peers / was largest in visiting libraries. ❺ The percentage of homeschooled students / visiting museums or galleries / was more than twice / that of public school students. ❻ Going to zoos or aquariums / ranked the lowest for both groups of students, / with 31 and 23 percent respectively.

(was: V / in visiting: 전치사+동명사 / visiting: 현재분사(능동) / was: V / more than: ~ 이상 / that: = the percentage / Going: 동명사(주어) / ranked: V / the lowest: 최상급 / respectively: 각각)

해석 **문화 활동에 참여하는 미국 학생들의 비율(2016)**

❶ 위 도표는 2016년에 문화 활동에 참여하는 미국의 홈스쿨링을 받는 학생과 공립 학교 학생의 비율을 보여 준다. ❷ 라이브 공연과 스포츠 행사를 제외하고, 문화 활동에 참여하는 홈스쿨링을 받는 학생의 비율이 공립 학교 학생의 비율보다 더 높았다. ❸ 두 집단의 학생에 있어, 지역 사회 행사는 모든 문화 활동 중에서 가장 큰 비율을 차지했다. ❹ 홈스쿨링을 받는 학생과 그들의 공립 학교 또래 간의 비율 차이는 도서관 방문에서 가장 컸다. ❺ 박물관이나 미술관에 방문하는 홈스쿨링을 받는 학생의 비율은 공립 학교 학생의 비율의 두 배 이상이었다(→ 두 배보다 더 적었다). ❻ 두 집단의 학생에 있어 동물원이나 수족관에 가는 것이 가장 낮은 순위를 차지했는데, 각각 31%와 23%였다.

해설 박물관이나 미술관에 방문하는 홈스쿨링의 학생 비율은 42%, 공립 학교 학생의 비율이 25%이므로 '박물관이나 미술관에 방문하는 홈스쿨링의 학생 비율이 공립 학교 학생의 비율보다 두 배 이상 더 많았다'는 내용의 ④는 도표의 내용과 일치하지 않는다.

비교, 증감 등을 나타내는 표현에 유의해.

4 어휘 | 답 ②

❶ American psychologists Adam Galinsky and Hajo Adams discovered / that there is science behind our style. / ❷ In their research, / they had some participants / wear white lab coats for scientists or doctors. ❸ Other participants wore / their everyday clothes. ❹ The participants took a test / that measured their ability / to pay attention. ❺ The people / wearing the white coats / performed better than / the people in regular clothes. ❻ Galinsky and Adams found / that the white coats made the participants / feel less confident and careful. ❼ They also believed / that other kinds of 'symbolic' clothes / can influence / the behavior of the people / wearing them. ❽ A police officer's uniform or a judge's robe, / for example, / increases the wearer's feeling of power or confidence. ❾ And in workplaces / that have a dress code, / 'symbolic' clothes / may also affect / how well employees do their jobs.

(that: 목적어절을 이끄는 접속사 / had: V / some participants: O / wear: O·C(원형부정사) / that: 주격 관계대명사 / to pay: to부정사의 형용사적 용법(ability 수식) / The people: S / wearing: 현재분사(능동) / performed: V / that: 목적어절을 이끄는 접속사 / made: V / the participants: O / feel: O·C(원형부정사) / that: 목적어절을 이끄는 접속사 / wearing: 현재분사(능동) / A police officer's uniform or a judge's robe: S / increases: V / that: 주격 관계대명사 / how well employees do their jobs: 의문사절(목적어))

해석 ❶ 미국의 심리학자인 Adam Galinsky와 Hajo Adams는 스타일에 과학이 있다는 것을 알아냈다. ❷ 연구에서, 그들은 일부 참가자에게 과학자나 의사를 위한 흰색 실험실 가운을 입게 했다. ❸ 다른 참가자들은 그들의 평상복을 입었다. ❹ 참가자들은 집중력을 측정하는 테스트를 받았다. ❺ 흰 가운을 입은 사람들은 평상복을 입은 사람들보다 더 잘 수행했다. ❻ Galinsky와 Adams는 흰 가운이 참가자들을 덜 자신감 있고 신중하게 만든다는 것을 알게 되었다. ❼ 그들은 또한 다른 종류의 '상징적인' 옷들이 그것을 입고 있는 사람들의 행동에 영향을 줄 수 있다고 생각했다. ❽ 예를 들어, 경찰관 제복이나 판사의 법복은 입은 사람의 힘[권력]이나 자신감을 증대시킨다. ❾ 그리고 복장 규정이 있는 직장에서 '상징적인' 옷은 근로자가 그들의 업무를 얼마나 잘하는지에도 영향을 줄 수 있다.

해설 흰 가운을 입은 참가자들이 집중력 측정 테스트를 더 잘 수행했다고 했으므로 흰 가운이 그들을 더 자신감 있고 더 신중하게 만들었다는 흐름이 와야 자연스럽다. 따라서 ②에는 less(덜)가 아니라 more(더 많이) 등이 와야 한다.

1일 개념 돌파 전략 2 BOOK 1 · 40~41쪽

1 ③ 2 ②

1 내용 일치 | 답 ③

❶ Located in Tanzania,(분사구문) / Mt. Kilimanjaro is the tallest(최상급) mountain / on the African continent. ❷ It consists of(~로 구성되다) three volcanic cones: Kibo, Mawenzi, and Shira. ❸ Kibo, the summit of the mountain,(Kibo = the summit of the mountain) / could erupt again, / while(부사절을 이끄는 접속사(~인 반면)) Mawenzi and Shira are extinct(C). ❹ Kilimanjaro is well known for(be known for: ~로 알려져 있다) its snowcapped peak. ❺ The snow / melts(V1) and flows(V2) down the mountain. ❻ So, a wide range of plants and animals / inhabit the area. ❼ However, scientists warn / that(목적어절을 이끄는 접속사) the snow might disappear / within the next 20 years or so. ❽ Kilimanjaro has become(현재완료시제) a popular hiking spot / since(때를 나타내는 부사절을 이끄는 접속사) German geographer Hans Meyer and Austrian mountaineer Ludwig Purtscheller / first reached(V) / the summit of Kibo in 1889. ❾ About 1,000 people / climb the mountain / every year.

해석 ❶ 탄자니아에 위치한 Kilimanjaro 산은 아프리카 대륙에서 가장 높은 산이다. ❷ 그것은 세 개의 원추형 화산인 Kibo, Mawenzi, 그리고 Shira로 구성되어 있다. ❸ 산의 정상인 Kibo는 다시 분출할 수도 있는 반면 Mawenzi와 Shira는 사화산이다. ❹ Kilimanjaro는 눈 덮인 꼭대기로 잘 알려져 있다. ❺ 그 눈은 녹아서 산 아래로 흐른다. ❻ 그래서, 다양한 종류의 동식물이 그 지역에 서식한다. ❼ 그러나, 과학자들은 눈이 향후 20년쯤 이내에 사라질지도 모른다고 경고한다. ❽ Kilimanjaro는 독일 지리학자 Hans Meyer와 오스트리아 산악인 Ludwig Purtscheller가 1889년에 최초로 Kibo 화산의 정상에 오른 이후로 유명한 하이킹 장소가 되었다. ❾ 매년 대략 천 명의 사람들이 그 산을 등반한다.

해설 'So, a wide range of plants and animals inhabit the area.'에서 다양한 동식물이 Kilimanjaro 산에 서식한다고 했으므로 ③은 글의 내용과 일치하지 않는다.

선택지에 언급된 내용을 지문에서 찾아 대조해.

2 어휘 | 답 ②

❶ The reduction of minerals in our food(전치사구) / is / the result of using(전치사+동명사) pesticides and fertilizers / that(주격 관계대명사) kill off beneficial bacteria, earthworms, and bugs in the soil / that(주격 관계대명사) create many of the essential nutrients / in the(우선, 첫째로)

first place. / ❷ Pesticides and fertiliizers also prevent / the uptake of nutrients into the plant. ❸ Fertilizing (동명사(주어)) crops with nitrogen and potassium / has led (현재완료시제) to declines / in magnesium, zinc, iron, and iodine. ❹ For example, there has been (현재완료시제) on average about a 30% decline / in the magnesium content of wheat. ❺ This is partly / due to (원인을 나타내는 전치사) potassium being a blocker / against magnesium absorption by plants. ❻ Lower magnesium levels in soil / also occur with (~와 일어나다) acidic soils / and around 70% of the farmland on earth / is now acidic. ❼ Thus, the overall characteristics of soil (S) / determine (V) the accumulation / of minerals in plants. ❽ Indeed, nowadays our soil is / less healthy (C) / and so are the plants (so+동사+주어) grown (과거분사(수동)) on it.

해석 ❶ 우리의 식품 속 미네랄의 감소는 우선 많은 필수 영양소를 만들어 내는 토양에 있는 이로운 박테리아, 지렁이 그리고 벌레를 죽이는 살충제와 비료를 사용한 결과이다. ❷ 살충제와 비료는 또한 식물로의 영양소 흡수를 막는다. ❸ 농작물에 질소와 포타슘으로 비료를 주는 것은 마그네슘, 아연, 철, 그리고 요오드의 감소로 이어져 왔다. ❹ 예를 들어, 밀의 마그네슘 함량은 평균적으로 약 30%의 감소가 있었다. ❺ 이는 부분적으로 포타슘이 식물에 의한 마그네슘 흡수에 방해물이 되기 때문이다. ❻ 토양의 더 낮은 마그네슘 수치는 산성 토양에서도 나타나는데, 현재 지구상에 있는 농지의 약 70%가 산성이다. ❼ 따라서, 토양의 전반적인 특성은 식물 속 미네랄의 축적을 결정한다. ❽ 실제로, 오늘날 우리의 토양은 덜 건강하고 그 위에서 길러진 식물도 그러하다.

해설 살충제와 비료 사용으로 인해 미네랄 등 식품 속의 필수 영양소 함량이 감소하고, 토양이 산성화되어 그 위에서 자라는 식물들도 덜 건강해진다는 내용의 글이다. 이 같은 흐름으로 볼 때, (A) 식물로의 영양소 흡수를 '막는' 살충제와 비료 사용의 결과로 인해 식품 속 미네랄이 감소했다는 흐름이 알맞다. / provide 제공하다 (B) 질소와 포타슘을 농작물에 비료로 주는 것이 마그네슘, 아연 등의 영양소 감소로 이어졌고 그에 관한 예시로 밀의 마그네슘 함량이 평균 30% '감소'했다라는 내용이므로 decline이 알맞다. / increase 증가 (C) 산성화된 토양은 마그네슘 수치가 낮고 그 결과 식물 속 미네랄 축적량이 적어진다고 했으므로 산성 토양은 '덜' 건강하고 그 토양에서 자란 식물 또한 그렇다는 흐름이 자연스럽다. / more 더 많이

2일 필수 체크 전략 1

BOOK 1 42~45쪽

1 ④ 2 ④ 3 ④ 4 Earhart wanted to do something even bigger.

1 안내문 이해하기 | 답 ④

Pigeon River Campground

❶ (Are you) Looking for / an escape / from your routine? ❷ Pigeon River Campground (S) is (V) / an ideal place (C) / for a relaxing (현재분사(능동)), fun-filled (과거분사(수동)) vacation. ❸ With so much / to do (to부정사의 형용사적 용법(much 수식)) / and so much / to explore, / you will need to keep coming back (keep+-ing: 계속 ~하다) / to experience (to부정사의 부사적 용법(목적)) it all!

Facilities

- 20 campsites available • 8 individual bathrooms
- general store, laundry room • free Internet access

Notes

- Check in: Between 1 p.m. and 6 p.m.
  between *A* and *B*: A와 B 사이에
- Check out: Before 11 a.m.
- ❹ Full payment / must be made / within 10 days / after booking.
  조동사+수동태 / 전치사+동명사
- ❺ Pets / must be on a leash / and the owner / is responsible for cleanup.
  목줄 / ~에 책임이 있다
- ❻ Campfires / are permitted / in the fire rings only.
  수동태

❼ For reservations and more information, / please contact our office / at 844-766-2267.

해석 **Pigeon River 캠핑장**

❶ 일상으로부터 탈출을 찾고 있나요? ❷ Pigeon River 캠핑장은 편안하고 재미로 가득 찬 휴가를 위한 이상적인 장소입니다. ❸ 할 일과 탐험할 것이 많아서 그것을 모두 경험하기 위해 당신은 계속해서 방문해야 할 것입니다!

시설

- 20개의 이용 가능한 야영지 • 8개의 개별 화장실
- 잡화점, 세탁실 • 무료 인터넷 접속

주목할 점

- 체크인: 오후 1시와 6시 사이 • 체크아웃: 오전 11시 이전
- ❹ 예약 후 10일 안에 사용료 전액을 지불해야 합니다.
- ❺ 애완동물은 목줄을 해야 하고, 주인은 청소에 대한 책임이 있습니다.
- ❻ 모닥불은 화로에서만 허용됩니다.

❼ 예약과 더 많은 정보는 저희 사무실인 844-766-2267로 연락 바랍니다.

해설 'Full payment must be made within 10 days after booking.'에서 예약 후 10일 안에 캠핑장 사용료를 전액 지불해야 한다고 했으므로 ④는 안내문의 내용과 일치하지 않는다.

2 안내문 이해하기 | 답 ④

Afterschool Foreign Language Program

❶ Are you interested in / foreign cultures? ❷ Learning a foreign language / can help you / learn about its culture. ❸ Check out / our new afterschool program / and expand your cultural knowledge / as well as / language skills.

(be interested in: ~에 관심이 있다 / Learning: 동명사(주어) / help: V, you: O, learn: O·C(원형부정사) / Check out: 병렬구조 1, expand: 병렬구조 2 / your cultural knowledge: *A*, language skills: *B* / *A* as well as *B*: B뿐만 아니라 A도)

Classes: Spanish, French, Chinese, and Korean

When: 4 p.m. ~ 6 p.m., every Tuesday and Thursday in June (❹ Each class / consists of / 8 lessons.)

(every: ~마다 / consists of: ~로 구성되다)

Registration

• ❺ Sign up / from May 10 to May 15 / through our website / at www.AFLP.edu
from A to B: A에서 B까지 ~을 통해

• ❻ Each student / can sign up / for a maximum of two classes.
(강좌에) 등록하다

Tuition Fee: $30

• ❼ Full payment / is required / when registering.
수동태 (you are)

• ❽ Refunds / can only be given / up to a week / before the class.
조동사+수동태 ~까지

❾ For more information, contact us at 2396-8047.

해석 **방과 후 외국어 프로그램**

❶ 외국 문화에 관심이 있나요? ❷ 외국어를 배우는 것은 그것의 문화에 대해 배우도록 도와줍니다. ❸ 저희의 새로운 방과 후 프로그램을 확인하고 여러분의 언어 능력뿐만 아니라 문화적인 지식을 넓히세요.

수업: 스페인어, 프랑스어, 중국어와 한국어

언제: 오후 4시~6시, 6월 매주 화요일과 목요일
(❹ 모든 수업은 8시간으로 구성됩니다.)

등록

• ❺ 5월 10일부터 5월 15일까지 저희 웹 사이트인 www.AFLP.edu에서 등록하세요.

• ❻ 학생들은 최대 두 개의 수업을 등록할 수 있습니다.

수업료: $30

• ❼ 등록 시 전액을 내야 합니다.

• ❽ 환불은 수업 전 일주일까지만 받을 수 있습니다.

❾ 더 많은 정보를 위해서는 2396-8047로 연락하세요.

해설 'Full payment is required when registering.'에서 등록 시 수강료 전액을 내야 한다고 했으므로 ④가 안내문의 내용과 일치한다.
① 매주 화요일과 목요일 오후에 수업이 진행된다. ② 등록은 6일 동안 웹 사이트에서 할 수 있다. ③ 학생당 최대 두 개의 수업을 등록할 수 있다. ⑤ 환불은 수업 시작 일주일 전까지만 받을 수 있다.

Spanish

French

Chinese

Korean

3~4 내용 일치 | 답 3 ④ 4 Earhart wanted to do something even bigger.

❶ Amelia Earhart, an American pilot, / was born / in Kansas on July 24, 1897. ❷ In 1918, / Earhart left college
= 수동태

/ to volunteer / to treat wounded soldiers / in a Canadian military hospital in Toronto / during World War I.
to부정사의 부사적 용법(목적) 과거분사(수동)

❸ Nearby were pilot practice fields, / where she discovered / her passion for flying. ❹ In 1920, / she went on
V S 관계부사

/ her first airplane ride. ❺ In 1932, / Earhart became the first woman / to fly by herself / across the Atlantic
to부정사의 형용사적 용법(woman 수식)

Ocean. ❻ And three years later, / she became the first person / to fly solo / across both the Atlantic and Pacific
to부정사의 형용사적 용법(person 수식)

Oceans. ❼ Earhart wanted / to do something / even bigger. ❽ On June 1, 1937, / she and navigator Fred
비교급 강조

Noonan, tried to fly about 29,000 miles / around the world. ❾ By June 29, / they had made it to Papua New
과거완료시제 / V1

Guinea / and had only about 7,000 miles left / to go. ❿ But their plane / disappeared in the Pacific Ocean / and
과거시제 / V2 to부정사의 형용사적 용법(7,000 miles left 수식)

they never returned.

해석 ❶ 미국인 조종사인 Amelia Earhart는 1897년 7월 24일 Kansas에서 태어났다. ❷ 1918년에 Earhart는 제1차 세계 대전 동안 Toronto에 있는 캐나다 군 병원에서 부상을 입은 군인들을 치료하는 봉사 활동을 하기 위해 대학을 그만두었다. ❸ 근처에 조종사 훈련장이 있었는데, 그곳에서 그녀는 비행에 대한 열정을 발견했다. ❹ 1920년에 그녀는 처음으로 비행기를 탔다. ❺ 1932년에 Earhart는 혼자서 대서양을 가로질러 비행한 최초의 여성이 되었다. ❻ 그리고 3년 후에 그녀는 혼자서 대서양과 태평양을 모두 횡단 비행한 최초의 사람이 되었다. ❼ Earhart는 훨씬 더 위대한 무언가를 하기를 원했다. ❽ 1937년 6월 1일에 그녀와 조종사 Fred Noonan은 전 세계를 약 29,000마일 비행하는 것을 시도했다. ❾ 6월 29일에 그들은 파푸아 뉴기니까지 이르렀고 7,000마일만을 남겨두고 있었다. ❿ 하지만 그들의 비행기는 태평양에서 사라졌고 그들은 돌아오지 않았다.

해설 3 'And three years later, she became the first person to fly solo across both the Atlantic and Pacific Oceans.'에서 1935년에 Earhart가 대서양과 태평양 모두 혼자서 횡단 비행한 최초의 사람이 되었다고 언급되어 있으므로 ④는 글의 내용과 일치하지 않는다.

4 동사 want는 to부정사를 목적어로 쓴다. -thing으로 끝나는 대명사는 형용사가 뒤에서 수식하며, 부사 even은 '훨씬'이라는 뜻으로 비교급을 강조한다.

2일 필수 체크 전략 2

BOOK 1 46~47쪽

1 ③ 2 ⑤

1 내용 일치 | 답 ③

❶ The humpback whale / is(V1) a species of whalebone whale / and gets(V2) its common name / from the distinctive hump / on its back. ❷ Adult humpback whales usually range(V1) / from 12 to 16 meters in length (from *A* to *B*: A에서 B까지) / and weigh(V2) about 40 tons. ❸ They live(V1) in all oceans around the world / and travel(V2) great distances / between polar feeding grounds in summer / and tropical breeding grounds in winter. (between *A* and *B*: A와 B 사이) ❹ They feed on(~을 먹고 살다) / shrimp-like krill, plankton, and small fish. ❺ Females produce a single calf((고래 등의) 새끼) / every two to three years on average. ❻ They nurse their calves / for almost a year. ❼ Humpbacks make a variety of sounds / to communicate(to부정사의 부사적 용법(목적)) with each other. ❽ The whales string the sounds together / to form(to부정사의 부사적 용법(목적)) songs, / which(관계대명사의 계속적 용법) last 5 to 35 minutes. ❾ The songs vary(V1) / among groups of whales in different regions / and undergo(V2) changes / from year to year.

해석 ❶ 혹등고래는 긴수염고래의 일종이고 그것의 독특한 혹에서 흔히 알려진 이름을 얻었다. ❷ 다 자란 혹등고래는 보통 길이가 12미터에서 16미터에 이르고 무게는 대략 40톤이다. ❸ 그들은 전 세계의 모든 해양에 살고 여름에 극지방의 먹이 먹는 곳과 겨울에 열대 지방의 번식지 사이의 상당한 거리를 이동한다. ❹ 그들은 새우같이 생긴 크릴, 플랑크톤, 그리고 작은 물고기들을 먹는다. ❺ 암컷은 평균적으로 2~3년 마다 한 마리의 새끼를 낳는다. ❻ 그들은 새끼에게 거의 일 년간 젖을 먹인다. ❼ 혹등고래는 서로 의사소통을 하기 위해 다양한 소리를 낸다. ❽ 고래들은 노래를 구성하기 위해 그 소리를 함께 연결하는데, 그것은 5분에서 35분까지 지속된다. ❾ 그 노래들은 다른 지역의 고래 무리들 사이에서 서로 다르고 해마다 변화를 겪는다.

해설 'polar feeding grounds in summer'에서 혹등고래가 여름에는 극지방에서 먹이를 먹는 것을 알 수 있으므로 ③은 글의 내용과 일치하지 않는다.

선택지의 정보가 지문에 제시된 것과 부분적으로 다를 수 있으니 꼼꼼히 확인해.

2 안내문 이해하기 | 답 ⑤

Hamilton County Essay Writing Contest

❶ Do you enjoy writing? ❷ Are you looking for(찾다) / an opportunity / to show off(to부정사의 형용사적 용법(an opportunity 수식)) your writing skills? ❸ We would like to invite you / to participate in(~에 참여하다(= take part in)) our essay writing contest.

Registration

• ❹ The contest is open to all students / aged((나이가) ~세의) 8 to 18 and living(현재분사(능동, students 수식)) in Hamilton County.

• ❺ Interested(과거분사(수동)) participants / are required(수동태) / to fill in an online registration form / by March 15.

Guidelines

• ❻ The essay topic(S) is(V) / 'My Future Dream.'(C)

• ❼ The work / must be a minimum 500 words / in length.

• ❽ The work / must be submitted(조동사+수동태) / on our website / by May 1.

Winners and Prizes

• ❾ The top three entries will receive / the following(다음에[아래] 나오는) cash prizes:

▸ 1st Prize: $100 ▸ 2nd Prize: $80 ▸ 3rd Prize: $60

• ❿ Winners / will be announced(미래시제 수동태) / on July 20 / through our website.

• ⓫ For more information, / please visit our website at / www.hamiltonessay.com

해석 **Hamilton 주(州) 에세이 쓰기 대회**

❶ 글 쓰는 것을 즐기시나요? ❷ 당신의 글쓰기 능력을 뽐낼 기회를 찾고 있나요? ❸ 저희는 당신을 에세이 쓰기 대회에 참가하도록 초대하고 싶습니다.

등록

• ❹ 대회는 Hamilton 주(州)에 살고 있는 8세에서 18세까지의 모든 학생들에게 열려 있습니다.

• ❺ 관심 있는 참가자들은 3월 15일까지 온라인 신청서를 작성해야 합니다.

지침 사항

• ❻ 에세이의 주제는 '내 미래의 꿈'입니다.

• ❼ 작품의 길이는 최소 500단어 이상이어야 합니다.

• ❽ 작품은 5월 1일까지 저희 웹 사이트에 제출되어야 합니다.

우승자와 상품

• ❾ 상위 세 개의 참가작은 다음과 같은 상금을 받게 됩니다:

▸ 1등상: $100 ▸ 2등상: $80 ▸ 3등상: $60

• ❿ 우승자는 저희 웹 사이트를 통해 7월 20일에 발표될 것입니다.

⓫ 더 많은 정보를 위해 저희 웹 사이트 www.hamiltonessay.com을 방문해 주세요.

해설 'Top three entries ~ cash prizes.'에서 상위 세 개의 참가작이 상금을 받게 된다고 하였으므로 ⑤가 안내문의 내용과 일치한다.

① Hamilton 주에 거주하는 8~18세의 학생이 참여할 수 있다. ② 신청서는 온라인으로 작성해야 한다. ③ 작품은 최소 500단어 이상이어야 한다. ④ 작품은 5월 1일까지 웹 사이트에 제출해야 한다.

신청 마감일과 제출 마감일같이 비슷한 정보들을 착각하지 않도록 주의해.

3일 필수 체크 전략 1

BOOK 1 · 48~51쪽

1 ② 2 ③ 3 ⑤ 4 which

1 도표 파악하기 | 답 ②

The Most Spoken Languages in the World in 2021

❶ The graph above shows / the numbers of(~의 수) native speakers and non-native speakers / of the most spoken languages in the world in 2021. ❷ Mandarin is / the most spoken(과거분사(수동)) language / by native speakers with 918 million. ❸ English is the only language / which(주격 관계대명사) has more non-native speakers than native speakers. ❹ Spanish has more native speakers than English, / while(부사절을 이끄는 접속사(~인 반면)) it has much(비교급 강조) fewer non-native speakers than English. ❺ The number of Hindi native speakers / is bigger than (the number of ~+단수 동사) / that(= the number) of Arabic native speakers. ❻ Arabic is / the least spoken language among the six (the+최상급 ~ among+복수명사: … 중에서 가장 ~한/하게) / in terms of(~에 있어서) the number of non-native speakers.

해석 **2021년에 세계에서 가장 많이 쓰이는 언어**
❶ 위의 도표는 2021년에 전 세계에서 가장 많이 쓰이는 언어의 모국어 사용자와 비모국어 사용자의 수를 보여 준다. ❷ 표준 중국어는 모국어로 쓰는 사람이 9억 1,800만명으로 가장 많이 쓰이는 언어이다. ❸ 영어는 모국어로 쓰는 사람보다 모국어로 쓰지 않는 사람이 더 많은 유일한 언어이다(→ 유일하지 않다). ❹ 스페인어는 영어보다 모국어로 쓰지 않는 사람이 훨씬 적은 반면 모국어로 쓰는 사람은 영어보다 많다. ❺ 힌디어를 모국어로 쓰는 사람의 수는 아랍어를 모국어로 쓰는 사람의 수보다 더 크다. ❻ 아랍어는 비모국어 사용자의 수에 있어서 여섯 언어 중 가장 적게 쓰이는 언어이다.

해설 영어와 프랑스어 모두 모국어로 쓰는 사람보다 모국어로 쓰지 않는 사람이 더 많은 언어이므로, '영어는 모국어로 쓰는 사람보다 모국어로 쓰지 않는 사람이 더 많은 유일한 언어이다.'라는 내용의 ②는 도표의 내용과 일치하지 않는다.

비교나 비율을 나타내는 표현뿐 아니라 the only와 같은 표현에도 주의해.

2 어휘 | 답 ③

❶ We are dependent on(be dependent on: ~에 의존하다) / fossil fuels like(~같은) coal, oil, and natural gas / in everyday life. ❷ However, these fossil fuels are limited(수동태 / V1) in supply and / cause(V2) environmental pollution. ❸ Such concerns have inspired(현재완료시제) us(O) / to look for(O·C(to부정사)) clean and renewable energy sources. ❹ Solar and wind power / have proven(현재완료시제) / to be(~가 되다) the alternatives to fossil fuels. ❺ Still, there are(V) some drawbacks(S) / to these technologies. ❻ Both(S(Solar and wind power)) / require(V) temporary weather conditions / such as(~와 같은) sunlight and wind / in order to(in order to+동사원형: ~하기 위해서) function consistently. ❼ Therefore, it(가주어) is clear that we need different types of renewable energy sources(진주어). ❽ For example, / they can be geothermal energy and wave energy / which(주격 관계대명사) produce little or even zero greenhouse gases.

해석 ❶ 우리는 일상생활에서 석탄, 오일, 천연가스와 같은 화석 연료에 의존한다. ❷ 그러나, 이러한 화석 연료는 공급이 한정되어 있고 환경 오염을 초래한다. ❸ 그러한 우려는 우리로 하여금 깨끗하고 재생 가능한 에너지원을 찾게 했다. ❹ 태양열이나 풍력은 화석 연료의 대안으로 입증되었다. ❺ 하지만, 이 기술들에는 몇 가지 문제점이 있다. ❻ 둘 다 지속적으로 기능하기 위해서는 햇빛과 바람과 같은 일시적인 기상 조건을 필요로 한다. ❼ 그러므로 우리가 다른 형태의 재생 가능한 에너지원이 필요하다는 것은 분명하다. ❽ 예를 들어, 그것들은 온실가스를 거의 또는 전혀 만들어 내지 않는 지열 에너지와 파도 에너지가 될 수 있다.

해설 화석 연료를 대체할 깨끗하고 재생 가능한 에너지원으로 태양열과 풍력이 이미 입증되었지만, 그 두 기술 모두 지속적으로 기능하기 위해 햇빛과 바람 같은 '일시적인' 기상 조건이 필요하다는 문제점이 있다는 내용은 자연스럽지 않다. 태양력과 풍력은 꾸준하고 일정한 기상 조건이 필요하므로, ③ temporary(일시적인)를 constant(꾸준한) 등으로 고쳐야 한다.

앞뒤 문맥뿐 아니라 문장 안의 consistently와 같은 단어도 힌트가 될 수 있어.

3~4 어휘 | 답 3 ⑤ 4 which

❶ According to / the child-development psychologist Alison Gopnik, / humans have / a unique opportunity / to develop the traits / that encourage curiosity. ❷ Humans have / a long childhood / when they can exercise their urge / to explore / while they are still dependent on their parents. ❸ While other animals play mainly / by practicing basic survival skills / such as hunting and avoiding dangers / when they are young, / Gopnik says / that human children play / by creating situations / that test their thoughts. ❹ For example, / children test / whether they can build a tower of blocks / as high as them. ❺ During childhood, / humans develop / the cognitive ability / to explore effectively. ❻ When children become adults, / this early practice / allows them / to take risks, test out their possibilities, and shift strategies / when necessary.

- to develop: to부정사의 형용사적 용법(opportunity 수식)
- that: 주격 관계대명사
- when: 관계부사
- to explore: to부정사의 형용사적 용법(urge 수식)
- While: 부사절을 이끄는 접속사(~인 반면)
- by practicing: 전치사+동명사
- such as: ~와 같은
- that: 목적어절을 이끄는 접속사
- by creating: 전치사+동명사
- that: 주격 관계대명사
- whether: 목적어절을 이끄는 접속사
- as high as: as + 부사 + as ~: ~만큼 …하게
- to explore: to부정사의 형용사적 용법(the cognitive ability 수식)
- When: 시간의 부사절을 이끄는 접속사
- allows: V / them: O / to take: O·C1(to부정사) / test out: O·C2(= to test out) / shift: O·C3(= to shift)

해석 ❶ 아동 발달 심리학자인 Alison Gopnik에 의하면, 인간은 호기심을 돋우는 특성을 발달시키는 고유한 기회를 가진다. ❷ 인간은 그들이 아직 부모에게 의존하는 동안 그들의 탐험 욕구를 발휘할 수 있는 긴 아동기를 보낸다. ❸ 다른 동물들이 어릴 때 주로 사냥이나 위험을 피하는 것과 같은 기본적인 생존 기술을 연습하면서 노는 데 반해, Gopnik은 인간 아이들은 자신들의 생각을 시험하는 상황을 만들면서 논다고 말한다. ❹ 예를 들어, 아이들은 그들이 자기만큼 높게 블록 탑을 쌓을 수 있는지 시험한다. ❺ 아동기 동안, 인간은 탐험하는 인지적 능력을 효과적으로 발달시킨다. ❻ 아이가 어른이 되면, 이러한 조기 연습은 그들이 위험을 감수하고, 그들의 가능성을 시험해 보고, 그리고 필요한 경우 전략을 바꾸는 것을 가능하게 한다.

해설 3 인간은 아동기 동안 자기 자신의 생각을 시험하는 놀이를 통해 호기심을 돋우는 특성을 발달시키고, 이러한 능력은 그들이 어른이 되었을 때 위험을 감수하고 가능성을 시험하거나 필요할 때 전략을 수정할 수 있게 한다는 내용의 글이다. 이러한 맥락으로 볼 때, (A) 인간이 호기심을 자극하는 특성을 '발달시키는' 고유한 기회를 가진다는 의미로 develop이 알맞다. / weaken 약화시키다 (B) 뒤에 아이들이 자신만큼 높이 블록 탑을 쌓을 수 있는지 시험하면서 논다는 내용이 나오므로 자기의 생각을 시험하는 상황을 '만들면서' 논다는 의미로 creating이 알맞다. / removing 제거하면서 (C) 아동기 동안 인간은 탐험하기 위한 '인지적' 능력을 발달시킨다는 내용이므로 cognitive가 알맞다. / physical 신체적

4 때를 나타내는 부사 when은 「전치사+관계대명사」로 나타낼 수 있다.

3일 필수 체크 전략 2 BOOK 1 52~53쪽

1 ⑤ 2 ④

1 도표 파악하기 | 답 ⑤

The World's Most Liveable Cities

❶ The two tables above show / the five world's most liveable cities / in 2015 and in 2021 respectively(각각). ❷ The number of countries that(주격 관계대명사) ranked a city / is the same / for both years. ❸ Adelaide, Australia, is the only city / which(주격 관계대명사) is ranked / both in 2015 and in 2021(both *A* and *B*: A와 B 둘 다). ❹ However, / the index of Adelaide / has decreased(현재완료시제) / in 2021 compared to(~와 비교하여) 2015. ❺ The index of the fifth city in 2015 / is higher(비교급) than / that(= the index) of the first city in 2021. ❻ For both 2015 and 2021, / the difference between the first and the fifth cities(between *A* and *B*: A와 B 사이에) / is less(little의 비교급) than 2.

해석 **세계에서 가장 살기 좋은 도시들**

❶ 위의 두 개의 표는 각각 2015년과 2021년에 세계에서 가장 살기 좋은 다섯 도시를 보여 준다. ❷ 도시를 순위에 올린 나라의 수는 두 해에 동일하다. ❸ 호주의 Adelaide는 2015년과 2021년 모두 순위에 오른 유일한 도시이다. ❹ 그러나, Adelaide의 지수는 2015년과 비교해서 2021년에는 낮아졌다. ❺ 2015년에 다섯 번째로 순위에 오른 도시의 지수는 2021년에 첫 번째로 순위에 오른 도시의 지수보다 더 높다. ❻ 2015년과 2021년 모두, 첫 번째와 다섯 번째로 순위에 오른 도시 사이의 차이는 2보다 더 적다(→ 더 크다).

해설 2015년의 1위 도시와 5위 도시의 지수 차이는 0.9로 2보다 적지만 2021년의 1위 도시와 5위 도시의 지수 차이는 2.3으로 2보다 크므로 ⑤는 도표의 내용과 일치하지 않는다.

2 어휘 | 답 ④

❶ We used to think(used to+동사원형: ~하곤 했다) / that(목적어절을 이끄는 접속사) the brain never changes, / but according to the neuroscientist Richard Davidson, / we now know / that(목적어절을 이끄는 접속사) this is not true — specific brain circuits / grow stronger(grow+비교급: 더 ~해지다) / through regular practice. ❷ He explains, / 'Well-being is fundamentally / no different than / learning to play the cello. ❸ If(조건의 부사절을 이끄는 접속사) one practices the skills of well-being, / one will get better at it.' ❹ What this means is / that(보어 역할을 하는 명사절을 이끄는 접속사) you can actually train your brain / to become more grateful, relaxed, or confident / by repeating(전치사+동명사) experiences / that(주격 관계대명사) evoke gratitude, relaxation, or confidence. ❺ Your brain / is shaped(수동태) / by the thoughts / (that) you repeat. ❻ The more neurons fire / as they are inactivated(수동태) / by repeated(과거분사(수동)) thoughts and activities, / the faster they develop into neural pathways(the+비교급, the+비교급: ~하면 할수록, 더 …하다), / which(관계대명사의 계속적 용법) cause lasting(현재분사(능동)) changes in the brain. ❼ The bottom line is / that(보어 역할을 하는 명사절을 이끄는 접속사) we can intentionally create / the habits for the brain / to be happier(비교급).

해석 ❶ 우리는 뇌가 절대 변하지 않는다고 생각했지만, 신경과학자 Richard Davidson에 따르면, 우리는 이제 이것이 사실이 아님을 안다. 즉, 특정한 뇌 회로는 규칙적인 연습을 통해 더 강해진다. ❷ 그는 '행복은 첼로를 연주하는 것을 배우는 것과 본질적으로 다르지 않다. ❸ 만약 어떤 이가 행복의 기술을 연습한다면, 그 사람은 그것을 더 잘하게 될 것이다.'라고 설명한다. ❹ 이것이 의미하는 것은 당신이 감사, 편안함 또는 자신감을 불러일으키는 경험을 반복함으로써 더 감사하고 편안하거나 또는 자신감을 갖도록 당신의 뇌를 실제로 훈련시킬 수 있다는 것이다. ❺ 당신의 뇌는 당신이 반복하는 생각에 의해 형성된다. ❻ 뉴런이 반복된 생각과 활동에 의해 비활성화되어 더 많이 발화할수록, 그것들은 더 빠르게 신경 경로로 발달하고, 이는 뇌에 지속적인 변화를 일으킨다. ❼ 핵심은 우리가 뇌가 더 행복해지도록 의도적으로 습관을 만들 수 있다는 것이다.

해설 우리의 뇌는 반복되는 생각에 의해 형성된다고 했으므로, 반복된 생각과 활동에 의해 '비활성화된' 뉴런이 더 많이 발화할수록 신경 경로로 더 빠르게 발달해서 뇌에 지속적인 변화를 일으킨다는 내용은 어색하다. 따라서 ④ inactivated(비활성화된)를 activated(활성화된)와 같은 단어로 고쳐야 한다.

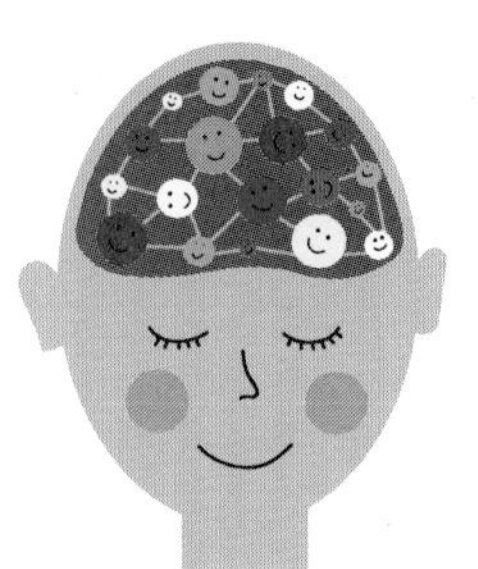

누구나 합격 전략

BOOK 1 54~57쪽

1 ⑤ 2 ④ 3 ③ 4 ④

1 안내문 이해하기 | 답 ⑤

해석 **Grey시 직업 박람회**

4월 28일, 수요일, 오후 2시 ~ 오후 6시

Bayshore 커뮤니티 센터

Grey시 전역의 사업체들은 지금 직업 박람회 부스를 등록할 수 있습니다. 작년의 직업 박람회는 80명이 넘는 고용주와 천 명이 넘는 구직자가 참가한 이 지역에서 열린 가장 큰 행사였습니다. 올해, 저희는 모든 참가자를 위한 충분한 공간이 있는 훨씬 더 넓은 장소로 옮길 것입니다.

- 등록비: 80달러
- 등록 마감 일시: 4월 14일, 오후 6시

고용주들을 위한 향상된 서비스

- 5미터×5미터 부스
- 무료 와이파이와 전기 서비스
- 휴식 공간과 인터뷰 공간
- 고용주 전용 라운지와 다과
- 시 전역에 행사 광고와 홍보

더 많은 정보를 원하시면, www.greycityjobfair.org를 방문하세요.

해설 'Employer-only lounge and refreshments'에서 고용주 전용 라운지와 다과가 제공된다고 했으므로 ⑤가 안내문의 내용과 일치한다.
① 행사 진행 시간은 오후 2시부터 6시까지 총 4시간이다. ② 올해는 작년보다 충분한 공간이 있는 장소로 옮겨서 진행할 예정이다. ③ 등록 마감일은 4월 14일이다. ④ 가로세로의 길이가 각각 5m인 부스가 제공된다.

여러 개의 날짜나 장소가 나왔을 때는 각 내용을 혼동하지 않도록 주의해.

2 내용 일치 | 답 ④

해석 Abu Simbel 신전은 3,200년 전에 람세스 2세에 의해 지어졌다. 그 신전은 원래 이집트 남부의 고대 Nubia 계곡에 있는 산 중턱에 조각되었다. 신전 입구의 양쪽에는 왕이 그 당시 얼마나 세력이 강했는지 보여 주는 20미터 높이의 조각상들을 볼 수 있다. 파라오의 조각상들은 Nasser 호수를 바라보며 떠오르는 태양을 향해 동쪽을 마주하고 있다. 사실, 이 신전은 Aswan 하이 댐 때문에 침수될 위험에 처해 있었다. 그래서, 1960년대 초에 그 신전은 작은 조각들로 분리되었고 1968년에 새로운 장소에서 다시 조립되었다. 지금 이 신전은 원래 있었던 장소보다 60미터 더 높은 곳에 자리 잡고 있다. 놀라운 사실은 당신은 그 신전이 옮겨졌다는 것을 알아차릴 수 없다는 것이다.

해설 'In fact, these temples were in danger of being flooded because of the Aswan High Dam.'에서 Aswan 하이 댐으로 인해 침수될 위험에 처해 있었다고 했으므로, 댐으로 인해 침수된 적이 있었다는 내용의 ④는 글의 내용과 일치하지 않는다.

3 어휘 | 답 ③

해석 온라인 게임은, 연구들에 따르면, 단순한 오락 수단 그 이상이다. 사실, 인터넷 게임은 다양한 방식으로 사람들에게 이로울 수 있다. 예를 들어, 여러 사람이 한꺼번에 하는 온라인 게임은 플레이어가 동일한 목표를 달성하기 위해 협업해야 하기 때문에 사회적 기술을 향상시킬 수 있다. 네덜란드 연구원들은 같은 온라인 게임을 한 십 대들을 대상으로 설문조사를 실시했다. 그들은 대부분의 청소년들이 게임을 더 자주 할수록 사교적으로 더 성공하고 더 적은 유대감을 느낀다는 것을 발견했다. 또한 온라인 게임은 비판적 사고 능력의 개발에도 도움이 될 수 있다. Berlin에 사는 성인들은 매일 비디오 게임을 하는 두 달간의 연구에 참여했다. 그런 다음 연구원들이 참가자들의 뇌를 스캔했다. 그들은 게임을 한 사람들이 뇌의 기억과 계획을 담당하는 영역에 더 많은 신경 세포를 가지고 있다는 것을 발견했다.

해설 온라인 게임을 통해 사회적 기술을 향상시킬 수 있다고 설명하면서 동일한 온라인 게임을 한 청소년들이 게임을 더 자주 할수록 사교적으로 더 성공하고 '더 적은' 유대감을 느낀다는 흐름은 자연스럽지 않다. 따라서, ③ less(덜, 더 적은)를 more(더 많은)와 같은 단어로 고쳐야 한다.

4 도표 파악하기 | 답 ④

해석 **정보 출처에 대한 소비자들의 신뢰도**

(2020년 미국 성인들의 조사에 기반함), 나머지 응답자들은 '신뢰하지도 불신하지도 않는다'라고 응답.

위 그래프는 2020년 미국 성인들을 대상으로 한 설문조사를 기반으로 네 가지 다른 종류의 정보 출처들에 대한 소비자의 신뢰도를 보여 준다. 미국 성인의 대략 절반 정도가 다른 사용자들이나 고객들의 상품평에서 얻은 정보를 믿는다고 말한다. 이것은 같은 출처의 정보에 대해 대해 불신을 갖는다고 말한 미국 성인들의 두 배 이상이다. 네 가지 다른 종류의 정보 출처들 중에서 신뢰와 불신 사이의 가장 적은 차이는 회사나 상표의 그래프에서 보인다. 성인의 1/5보다 더 적은(→ 더 많은) 수가 텔레비전 광고로부터의 정보를 신뢰한다고 말하는데, 그러한 정보를 불신하는 쪽의 수치가 이를 능가했다. 성인의 15%만이 인플루언서가 제공하는 정보를 신뢰한다고 말하고, 반면 이보다 세 배 이상 많은 수치의 성인들이 같은 정보 출처를 불신한다고 말한다.

해설 텔레비전 광고로부터의 정보를 신뢰하는 성인들의 수치가 23%이고 이러한 정보 출처를 불신하는 성인들의 수치는 38%이다. 23%는 성인의 1/5 (20%)보다 높으므로, '성인의 1/5보다 더 적은 수가 텔레비전 광고로부터의 정보를 신뢰한다고 말하고, 그러한 정보를 불신하는 쪽의 수치가 이를 능가했다.'라는 내용의 ④는 도표의 내용과 일치하지 않는다.

this나 those와 같은 대명사가 무엇을 가리키는지 정확히 파악해야 해.

창의・융합・코딩 전략 1・2

BOOK 1 58~61쪽

1 ③ 2 (1) rock (2) jazz (3) South Korea 3 ⑤ 4 ②

1~2 도표 파악하기 | 답 1 ③ 2 (1) rock (2) jazz (3) South Korea

해석 **전 세계의 음악적 취향**(복수 응답 가능)

위 도표는 여섯 나라 간의 음악 선호도 차이를 보여 준다. 멕시코는 클래식 음악과 재즈를 제외한 모든 음악 장르에서 가장 높은 응답자들의 비율을 보인다. 멕시코와 한국은 50% 이상의 응답자들이 팝 음악을 듣는 두 나라이다. 독일과 호주에서 댄스 음악을 듣는 응답자의 비율은 같지만, 독일에서 나머지 다섯 장르 비율의 합은 호주의 합보다 더 높다(→ 더 낮다). 미국에서 댄스와 재즈 음악 비율의 합은 팝 음악의 비율과 같은데, 그것은 여전히 그 나라에서 록 음악의 비율보다 더 낮다. 여섯 나라 중, 인도가 클래식 음악에서 가장 높은 비율을 보인다.

해설 1 독일에서 댄스 음악을 제외한 나머지 다섯 장르의 비율의 합은 131%이고 호주는 153%로 독일이 호주보다 더 낮으므로, '독일에서 나머지 다섯 장르 비율의 합이 호주의 합보다 더 높다'라는 내용의 ③은 도표의 내용과 일치하지 않는다.

2 the most popular는 '가장 인기 있는'이라는 의미이고, the least popular는 '가장 인기 없는'이라는 뜻이다. the lowest sum은 '가장 낮은 총합'이라는 의미이다. 해당 의미를 잘 파악하여 도표를 해석한다.

(1) 독일과 미국에서 가장 인기 있는 음악 장르는 무엇입니까?
→ 록 음악이다.

(2) 여섯 나라 모두에서 가장 인기 없는 음악 장르는 무엇입니까?
→ 재즈 음악이다.

(3) 록과 재즈 음악 비율의 합이 가장 낮은 나라는 어디입니까?
→ 한국이다.

3~4 내용 일치 / 어휘 | 답 3 ⑤ 4 ②

해석 나우루는 남서 태평양에 있는 섬나라이다. 그것은 솔로몬 제도의 북동쪽에서 약 800마일 떨어진 곳에 위치해 있으며, 가장 가까운 이웃은 동쪽으로 약 200마일 정도 떨어진 Banaba섬이다. 나우루는 공식 수도가 없지만, 정부 건물들이 Yaren에 위치해 있다. 약 10,000명의 인구를 가진 나우루는 남태평양에서 가장 작은 나라이고 면적으로는 세계에서 세 번째로 작은 나라이다. 국기에 있는 12개의 꼭짓점을 가진 별이 상징하듯이 나우루 원주민은 12개의 부족으로 이루어져 있으며, 이들은 미크로네시아인, 폴리네시아인, 멜라네시아인이 혼합된 것으로 여겨진다. 그들의 모국어는 나우루어이지만, 영어가 행정 및 상업 목적으로 사용되기 때문에 널리 쓰인다.

해설 3 'English is widely spoken as it is used for government and business purposes.'에서 영어가 행정 및 상업 목적으로 사용되어 널리 쓰인다고 하였으므로 ⑤는 글의 내용과 일치하지 않는다.

4 (A) 문맥상 나우루 섬이 솔로몬 제도의 북동쪽에서 약 800마일 떨어진 곳에 '위치해 있다'는 내용이므로 located가 알맞다. / placed 놓인, 배치된 (B) 나우루가 남태평양에서 가장 작은 나라이고 면적으로는 세계에서 세 번째로 작다는 내용이 이어지므로, 나우루의 '인구'가 10,000명이라는 의미로 population이 와야 알맞다. / maximum 최대 (C) 나우루 원주민은 12개의 부족으로 구성되어 있는데, 이는 미크로네시아인, 폴리네시아인, 멜라네시아인이 '혼합'된 것이라는 내용이 자연스러우므로 mixture가 알맞다. / representative 대표

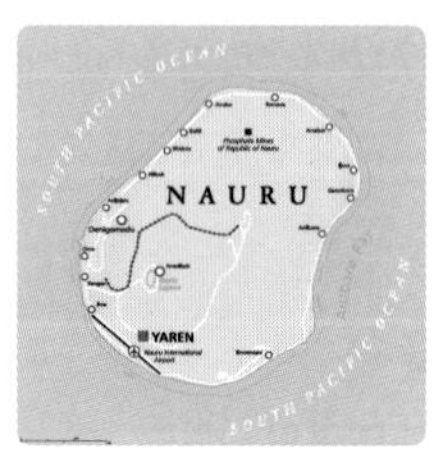

신유형 • 신경향 • 서술형 전략

BOOK 1 64~67쪽

1 ① 2 making them less appealing to giraffes 3 ⑤ 4 promote, introverted

1~2 주제 찾기 | 답 1 ① 2 making them less appealing to giraffes

해석 다윈설의 숲에서 각각의 나무들은 물, 영양분, 그리고 햇빛과 같은 제한된 자원을 두고 경쟁한다. 승자는 그들이 얻을 수 있는 것을 차지함으로써 생존하는 반면, 패자는 살기 위해 분투한다. 그러나 숲에 대한 이러한 '적자생존' 접근법은 크게 바뀌었다. 연구에 따르면, 나무들은 더 정교한 연관성을 가지고 있고 서로 다양한 방식으로 소통한다. 한 가지 방법은 지하의 진균망을 이용하는 것이다. 나무들은 진균 필라멘트 네트워크와 매우 가는 뿌리 끝에 의해 서로 연결되어 있다. 나무들은 물, 영양분 그리고 가뭄, 질병, 곤충의 공격과 같은 정보를 지하 네트워크를 통해 교환한다. 나이 든 나무들은 또한 그들의 지하 네트워크를 통해 어린 나무의 뿌리에 당분을 제공함으로써 햇빛을 덜 받는 어린 나무들을 지탱해 주기도 한다. 나무들은 공기를 통해서도 서로 소통하는데, 근처에 있는 나무에게 곧 닥칠 위험을 경고하기 위해 페로몬과 다른 물질들을 방출하기도 한다. 예를 들어, 기린이 우산 가시 아카시아 나무의 잎을 물면 그 나무는 위험 신호를 내보낸다. 인접한 나무가 이 신호를 감지하면, 그 나무의 잎은 타닌 성분이 증가하여, 잎이 기린에게 덜 매력적이게 만든다. 숲은 나무들이 서로 협력할 때 더 건강해지고 더 안정적이 된다. 이것은 나무의 번식을 증가시키고 나무의 수명을 연장한다.

해설 1 다윈설은 숲을 적자생존 접근법으로 바라보았으나, 실제로 나무들은 서로 더 정교하게 연관되어 있고, 지하의 진균망을 활용하여 가뭄, 공격, 질병 등의 정보를 교환하며 서로 소통하고 있다고 이야기한다. 이러한 나무들의 협력과 공생이 숲을 더 건강하고 안정적으로 만들어서 나무의 번식을 증가시키고 수명을 연장한다고 설명하고 있으므로 ①이 글의 주제로 가장 적절하다.

① 나무들이 의사소통하고 협력하는 방법 ② 오래된 나무들을 보존하는 것의 중요성 ③ 나무의 의사소통에서 균류의 역할 ④ 나무들이 공기 중으로 어떤 물질을 방출하는 이유 ⑤ 다윈설의 숲 관점의 특징

fungus 균류, 곰팡이류(*pl.* fungi)

2 5형식 동사 make는 목적격 보어로 형용사를 쓸 수 있으며 '…가 ~하게 만들다'라는 뜻이다.

3~4 내용 일치 | 답 3 ⑤ 4 promote, introverted

해석 수줍음과 내향성은 그들의 유사성에도 불구하고 같은 것이 아니다. 수줍음은 사회적 평가의 두려움에 대한 반응인 반면, 내향성은 자극, 특히 사회적 자극에 개인이 어떻게 반응하는지와 관련이 있다. 일부 심리학자들은 가장 창의적인 사람들의 삶을 살펴보았고, 그들이 아이디어를 교환하고 홍보하는데 능숙하지만 내성적인 성향도 강하다는 것을 발견했다. 이것은 고독이 종종 창조의 필수 요소이기 때문이다. 어떤 사람들에게는, 혼자 시간을 보내는 것이 그들이 창의적인 아이디어를 얻기 위해 필요한 것일 수 있다. 예를 들어, Charles Darwin은 숲속을 혼자 오래 걸었고 저녁 파티 초대를 정중히 거절했다. 당시 Hewlett-Packard에서 일하고 있었던 Steve Wozniak은 그의 좁은 방에 홀로 앉아 최초의 Apple 컴퓨터를 발명했다. 물론, 이는 우리가 함께 일하는 것을 중단해야 한다는 것을 의미하지는 않는다. Steve Wozniak은 만약 그가 너무 내성적이어서 밖에 나갈 수 없었다면 그것을 결

코 발명하지 못했을 것이라고 말했다. 그리고 그것은 Apple 컴퓨터를 시작하기 위한 Steve Jobs와의 협업으로 입증되었다.

해설 3 '~ he would never have invented it if he had been too introverted to go outside.'에서 Steve Wozniak은 그가 너무 내성적이어서 밖에 나가지 못했다면 최초의 Apple 컴퓨터를 발명하지 못했을 것이라고 말했다고 언급하므로, ⑤는 글의 내용과 일치하지 않는다.

4 '~ they are good at exchanging and promoting ideas but also have a strong tendency toward introversion.'을 통해 창의적인 사람들이 아이디어를 잘 교환하고 홍보하지만 내성적인 경향도 있다는 내용을 파악한다.

Q 본문에 언급된 창의적인 사람의 특징은 무엇인가?

A 그들은 아이디어를 잘 교환하고 홍보하지만 내성적인 경향이 있다.

고난도 해결 전략 1회

BOOK 1 · 68~71쪽

1 ⑤ **2** ① **3** ④ **4** ④ provide → provides **5** ① **6** cause trees to blossom earlier and maintain leaves longer than usual

1 목적 찾기 | 답 ⑤

해석 관계자분께,

토요일에 있던 당신의 행사에 출장 요리를 제공한 것은 저희에게 큰 즐거움이었습니다. 귀사는 저희에게 1,500달러에 해당하는 수표를 주셨는데, 거기에는 오류가 있습니다. 필수 서비스는 합의된 가격으로 제공이 되었지만, 예상치 못한 손님 수의 증가로 인해 저희 직원들은 추가로 50접시를 현장에서 만들어야 했고, 이는 전체 금액을 500달러 상승시켰습니다. 그러므로, 그날 저녁 당신과 우리 매니저 사이에서 성립했던 합의에 기반한 500달러의 초과 요금이 있습니다. 5월 3일까지 저희에게 추가 금액에 대한 수표를 보내서 필요한 수정 조치를 취해 주시기 바랍니다. 이 문제에 관해 저희와 더 소통하길 원하시면, 555-7777로 연락하시거나 시내에 있는 사무실로 방문해 주십시오. 감사합니다.

Ron Thomas 드림

해설 글의 형식은 편지글이다. 편지를 쓴 사람은 출장 요리 업체에서 일을 하는 직원이고, 받는 사람은 행사 주최자이다. 출장 요리 업체는 토요일에 있었던 행사 대금으로 1,500달러를 받았으나, 파티 당일 예상치 못한 추가 손님으로 인해 50접시를 더 만들어야 했고, 그로 인해 500달러의 초과 비용이 발생하였다고 설명하며 양측의 합의대로 초과 비용 500달러를 추가로 지급할 것을 요청하고 있다. 그러므로 ⑤가 글의 목적으로 가장 적절하다.

글쓴이의 목적을 나타내는 문장은 명령문의 형태로 언급되는 경우가 많아.

2 제목 찾기 | 답 ①

해석 비영리 단체인 Fabien Cousteau 해양 연구 센터가 세계 최대 수중 거주지를 건설하려고 시도하고 있다. 그리스의 바다의 신을 따라 이름 지어진 4,000평방피트의 2층짜리 구조물인 Proteus의 디자인이 최근 공개되었다. Proteus는 카리브해 보호 구역에 있는 Curacao 해변의 60피트 깊이에 세워질 것이다. 그것은 '국제 우주 정거장의 수중 버전'이 될 것으로 기대된다. 그것은 자체 온실을 가지고 있는데, 그 온실은 과학자들이 식량을 재배할 수 있게 할 것이고, 풍력과 태양력, 해양 온도차 발전의 조합으로 전력을 얻게 될 것이다. 언제든 Proteus는 연구원을 12명까지 수용할 수 있을 것이다. 과학자들은 다이빙하는 것보다 수중에서 생활함으로써 상당히 오랜 시간 바다에서 시간을 보낼 수 있다. 완공되면, Proteus는 과학자들이 새로운 종류의 해양 생물을 찾고 기후 변화와 플라스틱 오염이 해양 생태계에 미치는 영향을 더 잘 이해하는 데 도움을 줄 것이다.

해설 도입부에서 Fabien Cousteau 해양 연구 센터가 건설하려는 세계에서 가장 큰 수중 거주지인 Proteus에 대해 언급한 후, 그 기지의 내부 구조와 특징을 설명하고 이 시설을 통해 과학자들이 전반적인 해양 생태계를 더 잘 이해하게 될 것이라고 언급하고 있다. 따라서 ①이 글의 제목으로 가장 적절하다.

① Proteus: 수중 연구 시설 ② 연구 센터의 온실 이용 ③ 새로운 형태의 국제 우주 정거장 ④ 플라스틱 오염으로부터 우리의 바다를 보호하는 법 ⑤ 수중 환경에서 사는 것의 어려움

3~4 주장 및 요지 찾기 | 답 3 ④ 4 ④ provide → provides

해석 기술이 계속해서 우리가 일하는 방식을 상상하던 것보다 더 빠르게 재정의함에 따라, 우리가 오늘날의 직업 시장에서 성공하는 데 필요한 기술도 똑같이 가속화된 속도로 계속해서 진화한다. 우리가 경력 초반에 배우는 전문 기술은 전체 경력 동안 지속되지 않을 것이고 결국 쓸모없어질 것이므로, 우리는 끊임없이 능력을 향상시켜야 한다. 게다가, 오늘날의 초등학생이 노동 인구에 진입할 즈음에는 현재 존재하는 직업의 65퍼센트가 더 이상 존재

하지 않을 것으로 추정된다. 결과적으로 우리의 AQ-적응력 지수-가 직업적 성공의 중요한 예측 변수로 부각되었다. AQ는 관련 있는 것을 식별하고, 오래된 지식을 잊고, 장애물을 극복하고, 즉시 변화에 적응하는 능력으로 정의된다. 여전히 직업적 성장에 있어 IQ와 EQ가 중요한 요인이지만, 이렇게 급변하는 환경에서 진정한 '새로운 경쟁력 있는 장점'을 제공하는 것은 바로 AQ이다. 적응하는 우리의 능력이 더 클수록, 우리는 더 쉽게 변화와 발전을 받아들일 수 있을 것이다.

해설 3 직업 시장에서 성공하기 위해 필요한 기술이 빠른 속도로 진화함에 따라 끊임없이 자신의 능력을 향상시키는 것이 중요하다고 언급한 후, 사회의 변화에 적응하는 능력을 의미하는 AQ(적응력 지수)를 제시하며 어떻게 직업적 성공을 이끌어 갈 수 있을지 설명하고 있다. 따라서 ④가 글의 요지로 가장 적절하다.

4 ④ '~한 것은 바로 …이다'라는 강조의 의미를 나타낼 때는 It is와 that 사이에 강조하는 내용을 쓰고 that 뒤에 나머지 내용을 쓴다. 강조하는 내용인 AQ가 문장의 주어이므로 3인칭 단수 동사 provides로 고쳐야 한다.

5~6 주제 찾기 | 답 5 ① 6 cause trees to blossom earlier and maintain leaves longer than usual

해석 인간의 삶은 전기 조명으로 인해 개선되었다. 그러나 빛 또한 공해의 원천이라는 것을 알고 있었는가? 광공해는 인간과 야생 동물 모두에게 해를 끼친다. 특히 대도시에서 사람들은 낮과 밤의 정상적인 리듬을 방해하는 인공적인 빛의 결과로 수면 장애를 겪을 수 있다. 광공해는 또한 야생 동물에게도 해롭다. 예를 들어, 바다거북은 밤에 해변에 알을 낳는데, 물 위의 밝은 수평선이 갓 부화한 거북이들이 바다로 가는 것을 돕는다. 그러나, 그들은 인공적인 빛에 의해 바다로부터 멀리 이끌려 가고 그 결과 죽게 된다. 인공조명은 또한 이주하거나 사냥하는 새들을 유인하여, 그들을 아주 위험한 도시의 야경으로 우회시킨다. 수백만 마리의 새들이 과도하게 빛이 밝혀진 고층 건물들과 탑들에 의해 죽임을 당한다. 빛은 동물뿐만 아니라 식물에도 영향을 미친다. Illinois 콩 농장의 연구에 따르면, 인접한 도로와 차량에서 오는 빛은 농작물의 발달을 7주까지 지연시킬 수 있다. 인공적인 빛은 또한 나무들이 꽃을 더 일찍 피우고 잎을 평소보다 더 오래 유지하는 것을 초래한다고 한다. 어둠은 자연의 가장 중요한 힘 중 하나이고, 우리는 그것을 되찾기 위해 지금 행동해야 한다.

해설 5 글의 도입부에서 광공해가 인간과 야생 동물 모두에게 악영향을 미친다고 언급하고, 이와 관련된 예시로 인간의 수면 장애와 죽음을 맞는 바다거북과 철새, 그리고 정상적인 성장을 하지 못하는 식물 등을 제시하고 있다. 따라서 ①이 글의 주제로 가장 적절하다.

① 인공적인 빛이 자연에 끼치는 부정적인 영향 ② 인간과 다른 야생 동물 사이의 연관성 ③ 나무가 일찍 꽃을 피우고 그들의 잎을 더 길게 유지하는 이유 ④ 도시와 그 주변에서 새와 거북이가 죽는 원인 ⑤ 인공적인 빛을 줄임으로써 환경을 보존하는 방법

6 cause는 목적격 보어로 to부정사를 쓰므로 to blossom을 쓰고, '더 일찍'이라는 의미로 earlier를 이어 쓴다. 등위접속사 and를 활용하여 blossom과 병렬구조를 이루는 maintain을 쓴다. maintain의 목적어로 leaves를 쓰고 '평소보다 더 오래'라는 의미로 longer than usual을 이어 쓴다.

고난도 해결 전략 2회

BOOK 1 · 72~75쪽

1 ⑤ 2 ⑤ 3 ③ 4 ⑤ 5 ④ 6 that she should inspire people to solve

1 안내문 이해하기 | 답 ⑤

해석 **업사이클링 워크숍**

Sunhill 주민 센터에서 연례 업사이클링 워크숍을 개최합니다! 업사이클링은 여러분의 오래된 물건에 새로운 생명을 줍니다. 이 재미있고 상호적인 워크숍은 여러분의 집을 위한 새로운 작품을 만드는 다양한 창의적인 기술을 다룰 것입니다!

언제: 4월 23일 월요일 ~ 4월 26일 목요일

시간: 오후 1시부터 4시까지

장소: 주민 센터 강당

연령: 12세에서 16세 사이의 청소년 대상

참가비: 1인당 10달러 (간식 포함)

활동:

- 유명 패션 디자이너 Elizabeth Thompson의 특별 강의
- 비닐봉지를 깔개로, 티셔츠를 핸드백으로 다시 만드는 것을 포함한 많은 업사이클링 방법

* 모든 재료는 제공됩니다.

등록: www.sunhillcc.com에서 온라인으로만

추가 정보를 원하시면 122-861-3971로 연락 주십시오.

해설 Activities에 언급된 'A special lecture by the famous fashion

designer Elizabeth Thompson'을 통해 워크숍 활동으로 유명 패션 디자이너 Elizabeth Thompson의 특별 강의가 제공되는 것을 알 수 있으므로 ⑤가 안내문의 내용과 일치한다.

① 업사이클링 워크숍은 매년 개최된다. ② 워크숍은 4월 23일부터 26일까지 총 4일 동안 열린다. ③ 워크숍은 12세에서 16세까지의 청소년들을 대상으로 진행된다. ④ 참가비는 1인당 10달러이며 간식이 포함되어 있다.

2 도표 파악하기 | 답 ⑤

해석 **2017년 세계 인터넷 사용 비율**

위 도표는 성별, 지역별로 분류된 2017년 세계 인터넷 사용 비율을 보여 준다. 다섯 개의 지역 중에서, 남성과 여성 인터넷 사용 비율은 둘 다 유럽에서 가장 높았으며, 각각 83%와 76%를 차지했다. 아메리카 대륙을 제외하고는, 각 지역에서 남성 인터넷 사용 비율이 여성 인터넷 사용 비율보다 더 높았다. 남성과 여성의 인터넷 사용 비율 차이는 아랍 국가들에서 가장 높았다. 아랍 국가들의 남성 인터넷 사용 비율은 아시아 태평양 지역의 남성 인터넷 사용 비율과 같았다. 아프리카의 여성 인터넷 사용 비율은 다섯 개 지역 가운데 가장 낮았지만, 아시아 태평양 지역의 여성 인터넷 사용 비율의 절반보다 더 높았다(→ 낮았다).

해설 아프리카의 여성 인터넷 사용 비율은 19%로 다섯 개 지역 중 가장 낮았으나, 아시아 태평양 지역의 여성 인터넷 사용 비율의 절반인 20%보다는 더 적은 수치이므로, '아프리카의 여성 인터넷 사용 비율은 다섯 개 지역 가운데 가장 낮았지만, 아시아 태평양 지역의 여성 인터넷 사용 비율의 절반보다 더 높았다.'라는 내용의 ⑤는 도표와 일치하지 않는다.

3~4 제목 찾기 / 어휘 | 답 3 ③ 4 ⑤

해석 당신이 식료품 쇼핑을 하러 갈 준비가 다 되었다고 가정해 보자. 식료품 쇼핑을 하러 갈 때, 당신은 환경을 위해 변화를 일으킬 수 있다. 자전거를 타고, 상점에서 제공하는 비닐봉지를 사용하는 것을 피하기 위해 당신은 자신의 가방을 가져간다. 뿐만 아니라, 당신은 유기농 과일과 야채를 구입한다. 이 모든 것들은 환경에 이롭다. 하지만, 자전거를 타는 것이 휘발유를 살 돈을 절약해 줌에도 당신이 산 파인애플은 Hawaii에서 비행기를 타고 당신의 마을로 이동했다. 사실, 미국의 음식은 농장에서 저녁 식사 접시까지 평균 1,500마일을 이동한다. 그래서 지역 상품을 먹는 것은 아마도 환경을 위해 할 수 있는 가장 좋은 일 중 하나일 것이다. 그것은 휘발유를 덜 소비한다. 그것은 공기를 많이 오염시키지 않는다. 또한 더 신선하기 때문에 더 맛있을 것이다. 처음에는 오로지 지역 농산물만 구매하는 것이 어려울 것이다. 바나나와 같이 현지에서 재배되지 않는 과일과 채소를 장바구니 밖으로 포함해야 할 것이다. 당신은 또한 음식에 조금 더 많은 돈을 쓰게 될 것이다. 그러나, 당신뿐만 아니라 세상도 더 건강해질 것이다

해설 **3** 지역 농산물을 먹는 것이 환경을 위해 할 수 있는 가장 좋은 일 중 하나일 것이라고 언급하면서 이에 대한 근거에 대해 설명하고 있으므로 ③이 글의 제목으로 가장 적절하다.

① 식료품 쇼핑: 돈을 절약하는 최고의 방법 ② 다른 나라에서 미국까지의 식품의 경로 ③ 지역 농산물을 소비하기: 환경을 위한 행동 ④ 운송에 드는 에너지 문제를 해결하기 위한 노력 ⑤ 저녁 식사를 위한 유기농 재료를 선택하는 법

4 처음에는 오직 지역 농산물만 구입하는 것이 어려울 것이라고 설명하면서 바나나와 같은 현지에서 재배되지 않는 과일과 채소를 포함해야 한다는 내용은 어색하다. 따라서 ⑤ include(포함하다)는 exclude(배제하다) 등의 단어로 고쳐야 한다.

5~6 내용 일치 | 답 5 ④ 6 that she should inspire people to solve

해석 Sylvia Earle은 세계에서 가장 잘 알려진 해양 과학자 중 한 명이다. 바다에 대한 그녀의 사랑은 그녀가 어렸을 때 시작되었고, 그녀가 성인이 된 이후에도 계속되었다. Earle은 1935년 New Jersey에서 태어났다. 그녀의 부모는 딸의 자연계에 대한 이른 관심을 지지했다. 어린 시절 Earle의 가족은 Florida로 이사했고, 그녀는 Florida 주립 대학교에서 이학 학사 학위를 받았다. Duke 대학교에서 박사 학위를 받은 후, Earle은 Harvard에서 연구원으로 1년을 보냈고, 그런 다음 Cape Haze 해양 연구소의 상주 책임자로서 Florida에 돌아왔다. 그 이후로, Earle은 전 세계 심해 탐험의 선도자가 되었다. Earle은 그저 다른 사람을 따르는 것에 만족하지 않았다. 그녀는 물속에서 산 최초의 여성 팀의 팀장이었다. 그리고 1979년, 그녀는 대양저 위를 걸었다. 어떤 배에도 연결되지 않은 채로, 그녀는 그 이전이나 그 이후의 어떤 여성보다 더 깊은 바닷속을 걸었다. 해양 과학자가 되는 것은 Earle의 유일한 일이 아니다. 그녀는 그녀가 사람들에게 바다의 문제를 해결하도록 영감을 주어야 한다고 믿는다. 그녀는 사람들에게 그들의 재능을 더 나은 세상을 만들기 위해 사용하라고 조언한다.

해설 **5** '~ she spent a year as a research fellow at Harvard ~'에서 Earle이 Harvard 대학교에서 1년간 연구원으로 일했다고 했으므로 ④는 글의 내용과 일치하지 않는다.

6 동사 believes의 목적어로 접속사 that이 이끄는 명사절을 쓴다. 명사절의 주어로 she를 쓰고 동사로 should inspire를 쓴다. inspire의 목적어로 people을 쓰고 목적격 보어로 to solve를 쓴다.

BOOK 2 1주 맥락으로 추론하라

1일 개념 돌파 전략 1

BOOK 2 6~9쪽

1 ③ 2 ⑤ 3 ③ 4 ①

1 심경 파악하기 | 답 ③

❶ Annie's big day arrived: / she was ready / to start her career / in London. ❷ She awakened / on Monday morning / with butterflies in her stomach. ❸ She dressed in her homemade outfit. ❹ Even if the company dress code prohibited her from wearing trousers, / it felt good / to be out of school uniform / and free to dress in whatever she chose. ❺ After a one-hour trip to High Holburn, / she headed towards the big structure / dominating the skyline. ❻ Annie's legs shook at the knees / as she entered the magnificently lighted lobby / through the tall Gothic archway, / and her palms grew cold and sweaty. ❼ Recognizing that this was her first proper job, / she attempted to keep / her worries to herself.

(to start: to부정사의 부사적 용법(형용사 수식) / have butterflies in one's stomach: 가슴이 두근거리다 / Even if: 양보의 부사절을 이끄는 접속사 / prohibit A from B: A가 B하는 것을 금지하다 / it: 가주어 / to be out of school uniform: 진주어1 / and (to be) free / to dress in whatever she chose: 진주어2 / dominating: 현재분사(능동) / as: ~할 때 / grew: V / cold and sweaty: C / Recognizing that ... job: 분사구문)

해석 ❶ Annie의 중요한 날이 왔다. 그녀는 London에서 자신의 경력을 시작할 준비가 되었다. ❷ 그녀는 월요일 아침에 가슴이 두근거리며 잠에서 깼다. ❸ 그녀는 집에서 만든 의상을 입었다. ❹ 회사 복장 규정이 바지 착용을 금지하고 있었지만, 교복을 벗어나 자신이 고르는 무엇이든 입을 수 있는 것은 기분이 좋았다. ❺ High Holburn으로 한 시간 동안 이동한 후, 그녀는 스카이라인을 압도하는 커다란 건축물로 향했다. ❻ 높은 고딕 아치형 입구를 통해 화려하게 빛이 비치는 로비에 들어서자, Annie의 다리는 무릎부터 떨렸고 손바닥은 차가워지고 땀이 났다. ❼ 이것이 그녀의 첫 번째 제대로 된 일이라는 것을 인지하면서, 그녀는 자신의 걱정을 숨기려 했다.

해설 Annie는 처음 출근하는 날 가슴이 두근거린다고 했다. 회사 건물에 들어서며 다리가 떨리고 손에 땀이 나기까지 하는 것으로 보아 그녀가 매우 긴장하고 불안해하는 것을 알 수 있다.

① 활기차고 명랑한 ② 편안하고 안도하는 ③ 긴장되고 불안해하는 ④ 단조롭고 지루한 ⑤ 우울하고 낙담한

2 지칭 추론하기 | 답 ⑤

❶ There was one frozen dessert / left over / after we completed our meal, / so I asked Amy / if I might put it / in the dish of her dog, Sandy. ❷ When Sandy noticed the smell of the food, / she wriggled and licked it up / until it was gone from her dish. ❸ Being satisfied, / she sat up, / turned her head, / and begged for more. ❹ The party came to an end / when Sandy became tired and lay down at Amy's feet. ❺ As we drove

(left over: 과거분사구(수동) / if: 목적어절을 이끄는 접속사 / her dog = Sandy / When: 시간의 부사절을 이끄는 접속사 / until: 시간의 부사절을 이끄는 접속사 / Being satisfied: 분사구문 / sat: V1 / turned: V2 / begged: V3 / when: 시간의 부사절을 이끄는 접속사 / As: ~할 때)

away, / Amy expressed her delight at realizing / that her neighbors were also Sandy's good friends. ❻ She also expressed her gratitude / to all of us / for attending.

(at realizing: 전치사+동명사 / that: 목적어절을 이끄는 접속사 / for attending: 전치사+동명사)

해석 ❶ 우리가 식사를 마친 뒤에 남은 냉동 디저트가 하나 있었고, 그래서 나는 Amy에게 그것을 그녀의 개인 Sandy의 그릇에 넣어 줘도 되는지 물었다. ❷ 음식의 냄새를 알아챘을 때, Sandy는 접시에서 그것이 사라질 때까지 꿈틀거리며 그것을 핥았다. ❸ 만족하여, Sandy는 일어나 앉더니 고개를 돌려 더 달라고 간절히 바랐다. ❹ Sandy가 지쳐서 Amy의 발치에 누웠을 때, 파티는 막을 내렸다. ❺ 우리가 차를 몰고 떠날 때, Amy는 자신의 이웃들이 Sandy에게도 좋은 친구라는 것을 깨달은 것에 대한 기쁨을 표현했다. ❻ 그녀는 또한 우리 모두에게 참석해 준 것에 대한 감사를 나타냈다.

해설 등장인물은 I, Amy, Amy의 개 Sandy이며, Sandy와 Amy가 대명사 she(her)로 지칭되고 있음을 염두에 둔다. ①~④는 접시 위의 음식을 먹고 더 달라고 바라는 Sandy의 모습을 나타내므로 대명사가 Sandy를 가리키고, ⑤는 자신의 개와도 친구가 된 이웃들에 대해 기쁨을 표현하는 Amy에 대한 문장이므로 대명사가 Amy를 가리킨다.

동물을 가리킬 때 대명사 it뿐만 아니라 he/she를 사용하기도 해.

3 빈칸 추론하기 1 | 답 ③

❶ A person's social environment / may be thought of / as having an inner circle of close friends / and an outside circle of acquaintances. ❷ Granovetter, a sociology professor, / called these 'strong ties' and 'weak ties.' ❸ New information is more easily obtained / when we have weak ties / rather than strong ones. ❹ Granovetter interviewed 282 people / and found / that the majority obtained jobs / through a personal connection. ❺ Only a small number of individuals / obtained work / through close friends; / 84% found work / through weak connections or casual acquaintances. ❻ The People ^ you spend the most time with / have access to the same information. ❼ So we rely on friendly outsiders / to inform us of opportunities / outside our personal networks. ❽ Thus, the more of those we know, the better.

(may be thought of: 조동사가 있을 때의 수동태 / as having: 전치사+동명사 / Granovetter = a sociology professor / called: V, these: O, 'strong ties' and 'weak ties': O·C / is ... obtained: 수동태 / when: 시간의 부사절을 이끄는 접속사 / rather than: ~보다 / that: 목적어절을 이끄는 접속사 / ^: (who(m)) / the more ..., the better: the+비교급, the+비교급: ~할수록 더 …하다)

해석 ❶ 한 사람의 사회적 환경은 가까운 친구들로 이루어진 내부 집단과 지인들로 이루어진 외부 집단을 가지고 있는 것으로 생각될 수 있다. ❷ 사회학 교수인 Granovetter는 이것을 '강한 유대 관계'와 '약한 유대 관계'라고 불렀다. ❸ 새로운 정보는 우리가 강한 유대 관계보다는 약한 유대 관계를 가지고 있을 때 더 쉽게 얻을 수 있다. ❹ Granovetter는 282명을 인터뷰했고 대다수가 인맥을 통해 일자리를 얻은 것을 발견했다. ❺ 소수의 사람들만이 가까운 친구들을 통해 일자리를 얻었고, 84%는 약한 연줄이나 가벼운 지인을 통해 일자리를 찾았다. ❻ 당신과 많은 시간을 보내는 사람들은 동일한 정보에 접근한다. ❼ 그래서 개인적인 네트워크 밖의 기회를 우리에게 알려 주도록 우리는 친근한 외부인들에게 의존한다. ❽ 그러므로, 우리가 그런 사람들을 더 많이 알수록 더 좋다.

해설 글의 중심 내용은 새로운 정보나 아이디어가 필요할 때 강한 유대 관계에 있는 사람들보다 약한 유대 관계에 있는 사람들이 더 중요한 역할을 한다는 것이다. 그러므로 개인적인 네트워크 밖의 기회를 얻기 위해서 약한 유대 관계에 속하는 사람들에 의존한다는 내용이 들어가야 하고, 이에 해당하는 것은 ③이다.

① 친한 친구들 ② 가장 가까운 친척들 ③ 친근한 외부인들 ④ 경력 상담인 ⑤ 전문적인 노동자들

4 빈칸 추론하기 2 | 답 ①

❶ Upcycling is the process / of recycling(전치사+동명사) previously discarded(과거분사(수동)) materials. ❷ Upcycled(과거분사(수동)) items are / often more useful or appealing than(비교급) new items. ❸ That's why it's called(수동태(= is called)) upcycling: / things gain worth! ❹ Recycling and upcycling are not the same thing. ❺ During recycling, / items are broken down(수동태). ❻ Plastic is shredded and melted into pellets, / while(~인 반면) glass is shattered and heated / before being recast(동명사의 수동태). ❼ This downcycling is an essential component of recycling / and it devalues the resources. ❽ However, / upcycling is an innovative way of reusing waste. ❾ Materials are used in a novel way, / (and are) given a second life. ❿ Think of a pallet coffee table. ⓫ The pallet becomes a beautiful piece of furniture. ⓬ Both recycling and(both A and B: A와 B 둘 다) upcycling are important / as(이유의 부사절을 이끄는 접속사) they reuse materials / instead of throwing(전치사+동명사) them away. ⓭ Less landfill trash is better / for the environment.

해석 ❶ 업사이클링은 이전에 버려진 재료들을 재활용하는 과정이다. ❷ 업사이클된 물건은 종종 새로운 물건보다 더 유용하거나 매력적이다. ❸ 바로 그 점이 그것이 업사이클링이라고 불리는 이유이다. 물건들은 가치를 획득한다! ❹ 재활용과 업사이클링은 같은 것이 아니다. ❺ 재활용을 하는 동안, 물건들은 분해된다. ❻ 플라스틱은 잘게 잘려 작은 알갱이로 녹고, 유리는 다시 주조되기 전에 부서지고 가열된다. ❼ 이러한 다운사이클링은 재활용의 필수적인 요소이고 그것은 자원의 가치를 떨어뜨린다. ❽ 하지만, 업사이클링은 쓰레기를 재사용하는 혁신적인 방법이다. ❾ 재료는 참신한 방식으로 사용되고, 제2의 삶을 부여받는다. ❿ 팔레트 커피 테이블을 생각해 보라. ⓫ 팔레트는 아름다운 가구가 된다. ⓬ 재활용과 업사이클링 모두 재료를 버리는 대신 재사용하기 때문에 중요하다. ⓭ 더 적은 매립 쓰레기는 환경에 더 좋다.

해설 재활용은 자원의 가치를 떨어뜨리는 과정이 있으나, 업사이클링은 물건이 새 제품보다 더욱 유용하고 매력적일 수 있고, 재료에 새로운 생명을 줌으로써 그것을 더 가치있게 만든다고 언급하므로 ①이 알맞다.

① 물건들은 가치를 획득한다 ② 쓰레기의 총량이 늘어난다 ③ 생활 방식이 더 편리해진다 ④ 우리는 자원에 대해 제한된 접근성을 가지고 있다 ⑤ 우리는 생존을 위해 환경에 의존한다

핵심 소재를 파악하고, 그것에 대해 언급되는 내용을 가장 잘 요약한 선택지를 찾아.

1일 개념 돌파 전략 2

BOOK 2 · 10~11쪽

1 ②   2 ②

1 심경 파악하기 | 답 ②

❶ I felt(V) isolated(C) / despite(= in spite of) the love and support of those(~한 사람들) around me. ❷ The sadness hadn't hit(과거완료시제) me / suddenly or unexpectedly. ❸ Rather, it had taken(과거완료시제) me / in a silent and invisible way. ❹ I gradually realized / that(목적어절을 이끄는 접속사) the house appeared gloomy, chilly, and lonely / when(시간의 부사절을 이끄는 접속사) I returned home from work in the weeks and months /

after Emerson left for the orchard, / and I felt lonely spending nights alone. ❺ I wished / ^(that) I could have the opportunity / to tell him about all of the situations / ^(that) I had seen during the day. ❻ I missed / telling him / about all our friends / under the stars / as we sat looking into the fading embers of the fire.

분사구문 / (that) / to부정사의 형용사적 용법(opportunity수식) / (that) / 동명사(목적어) / 분사구문

해석 ❶ 주변 사람들의 사랑과 지지에도 불구하고 나는 고립되었음을 느꼈다. ❷ 슬픔이 갑자기 또는 예상치 않게 나를 덮친 것은 아니었다. ❸ 오히려, 그것은 조용하고 보이지 않는 방식으로 나를 사로잡았다. ❹ Emerson이 과수원으로 떠난 후 몇 주 그리고 몇 달 만에 내가 퇴근하고 집에 돌아왔을 때, 나는 집이 우울하고 쌀쌀하며 쓸쓸해 보인다는 것을 차츰 깨달았고, 나는 혼자 밤을 보내며 외로움을 느꼈다. ❺ 나는 하루 동안 봤던 모든 상황을 그에게 말해 줄 기회가 있으면 싶었다. ❻ 나는 우리가 꺼져가는 불씨를 바라보며 별들 아래에 앉아서 우리의 모든 친구들에 대해 그에게 말하던 것을 그리워했다.

해설 isolated, sadness, gloomy, chilly, lonely, alone, missed 등의 표현에서 Emerson이 떠난 후 외롭고 쓸쓸해하는 'I'의 심경을 알 수 있다.

① 즐겁고 기쁜 ② 외롭고 슬픈 ③ 긴장되고 불안해하는 ④ 놀라고 겁먹은 ⑤ 당혹스럽고 난처한

2 빈칸 추론하기 1 | 답 ②

❶ Rapid global tourist growth / has created jobs. ❷ Tourism employs / about 7% of the global workforce. ❸ Tourism creates / direct and indirect employment. ❹ Direct employment includes / tourism-related jobs. ❺ This includes / hotel, restaurant, and transportation workers. ❻ Occupations / linked to tourism but not directly related / are indirect jobs. ❼ Take a fisherman. ❽ He never meets tourists. ❾ Without tourists, / however, / he cannot provide fish to the hotel, / thus he is indirectly employed. ❿ Because of these indirect links, / it's difficult to estimate the economic impact of tourism. ⓫ It's also difficult to estimate / how many people work in tourism. ⓬ There may also be numerous unofficial occupations. ⓭ Since street vendors and tuk-tuk drivers / are unlikely to be registered, / their earnings are not recorded / as sources of tourism income. ⓮ Thus, / the true economic benefits of tourism / may be up to twice as large as / what has been reported!

현재완료시제 / S / 과거분사(수동) / V / 수동태 / ~ 때문에 / 가주어 / 진주어(to부정사구) / 의문사절(목적어 역할) / 이유의 부사절을 이끄는 접속사 / ~로서 / 배수 표현+as+원급+as / 관계대명사

해석 ❶ 급속한 세계적 관광객 수 증가는 일자리를 창출했다. ❷ 관광업은 전 세계 노동 인구의 약 7%를 고용한다. ❸ 관광업은 직접적, 간접적 고용을 창출한다. ❹ 직접적인 고용은 관광 관련 일자리를 포함한다. ❺ 이는 호텔, 식당, 운송업 종사자들을 포함한다. ❻ 관광업과 연관되어 있지만 직접적인 관련이 없는 직종은 간접적인 일자리이다. ❼ 어부의 경우를 들어 보자. ❽ 그는 관광객을 만나지 않는다. ❾ 그러나 관광객이 없으면, 그는 호텔에 생선을 제공할 수 없으므로 그는 간접적으로 고용된 것이다. ❿ 이러한 간접적인 연관성 때문에, 관광업의 경제적 효과를 추정하는 것은 어렵다. ⓫ 얼마나 많은 사람들이 관광업에 종사하는지 추정하는 것도 어렵다. ⓬ 또한 수많은 비공식적인 직업이 있을 수 있다. ⓭ 노점상과 툭툭 운전기사는 등록되지 않을

가능성이 크기 때문에, 그들의 수입은 관광 수입원으로 기록되지 않는다. ⓮ 따라서, 관광업의 진정한 경제적 이익은 보고된 것의 두 배 까지도 될 수 있다!

해설 관광업은 세계적으로 고용에서 차지하는 비중이 크며 직접적, 간접적 고용을 창출한다. 그 중 간접적인 고용 또는 비공식적 직업의 경우에는 추정하는 것이 어렵다고 했으므로, 실제로 관광업이 고용에 미치는 경제적 영향은 보고된 것보다 더 클 것이라는 내용의 ②가 알맞다.

① 향상된 기술 ② 보고된 것 ③ 실제 관광객 수 ④ 저가 항공의 성장 ⑤ 관광업 부문의 세금 증가

2일 필수 체크 전략 1

BOOK 2 12~15쪽

1 ⑤ 2 ③ 3 (A) my sister 또는 Dona (B) Mom 4 ③

1 심경 파악하기 | 답 ⑤

❶ Unfortunately, / the air movement / brought the smells in the sleeping bag / to the surface. ❷ Lying on the floor in the crowded shelter (분사구문1) / and surrounded by unpleasant smells (분사구문2), / I regretted leaving (regret+동명사: ~한 것을 후회하다) my career / in return for this suffering. ❸ In the loft, / I overheard (V) someone (O) / complaining (O·C) that (목적어절을 이끄는 접속사) this hike was not what (관계대명사) he had signed up for (과거완료시제). ❹ He assumed / (that) he was going on a spring walk; / he had no idea / (that) it would be this chilly, unpleasant mess. ❺ I attempted to sleep / for many hours / without success. ❻ I couldn't find a comfortable position / on the hard floor. ❼ Sleep was not going to happen / anytime soon.

해석 ❶ 불행히도, 공기의 이동은 침낭 안의 냄새를 표면으로 가져왔다. ❷ 사람이 많은 쉼터의 바닥에 누워 불쾌한 냄새에 둘러싸인 채, 나는 이 고통과 맞바꾸려 직장을 그만둔 것을 후회했다. ❸ 다락에서, 나는 누군가가 이 등산은 그가 신청한 것이 아니라고 불평하는 것을 우연히 들었다. ❹ 그는 봄 산행을 할 것이라 여겼고, 그는 그것이 이렇게 춥고 불쾌한 엉망진창이 될 줄은 전혀 알지 못했다. ❺ 나는 몇 시간 동안 잠을 자려고 시도했지만 성공하지 못했다. ❻ 나는 딱딱한 바닥에서 편안한 자리를 찾을 수 없었다. ❼ 잠은 곧 오지 않을 것 같았다.

해설 unpleasant smells, regretted, suffering, couldn't find a comfortable position 등의 표현에서 'I'가 불편함을 느끼고 있음을 알 수 있다.

① 즐거운 ② 화가 난 ③ 걱정하는 ④ 편안한 ⑤ 불편한

궁정적이거나 부정적인 의미를 가진 표현들이 반복되고 있는지 확인해 봐.

2 지칭 추론하기 | 답 ③

❶ One of the Chinese men / was dressed as Santa Claus, / with his beard made of stiff paper (with+명사구+과거분사: ~가 …된 채로). ❷ The only person / who (주격 관계대명사) believed he was the real Santa Claus / would be / too little to understand (to부정사의 부사적 용법(형용사 수식)) / that Santa Claus was not Chinese. ❸ When (시간의 부사절을 이끄는 접속사) it was Tommy's time, / the Santa guy asked of his age. ❹ He felt (that) it was a trick question / since (이유의 부사절을 이끄는 접속사) he was seven according to the American calendar / and eight according to the Chinese calendar. ❺ He said / (that) he was born on March 17, 1951. ❻ That seemed to satisfy him. ❼ He then gravely inquired / whether Tommy had been a very nice kid this year / and had obeyed his parents. ❽ Tommy knew the only answer and nodded back to him / with equal solemnity.

(whether: ~인지 아닌지(= if) / had been: 과거완료시제1 / had obeyed: 과거완료시제2)

해석 ❶ 중국인 남자들 중 한 명이 뻣뻣한 종이로 만든 턱수염을 하고 산타클로스 복장을 하고 있었다. ❷ 그가 진짜 산타클로스라고 믿었던 유일한 사람은 너무 어려서 산타클로스가 중국인이 아니라는 것을 이해할 수 없었을 것이다. ❸ Tommy의 차례였을 때, 산타 옷을 입은 남자는 그의 나이를 물었다. ❹ 그는 미국 달력으로는 7살, 중국 달력으로는 8살이었기에, 그는 그것이 교묘한 질문이라고 느꼈다. ❺ 그는 1951년 3월 17일에 태어났다고 말했다. ❻ 그것은 그를 만족시키는 것처럼 보였다. ❼ 그러고 나서 그는 엄숙하게 Tommy가 올해 정말 착한 아이였고 부모님의 말씀을 잘 따랐는지 물었다. ❽ Tommy는 유일한 답을 알고 있었고, 똑같은 엄숙함으로 그에게 고개를 끄덕였다.

해설 ①, ②, ④, ⑤는 산타클로스 복장을 하고 Tommy에게 질문을 하는 중국인 남자를 가리키고, ③은 몇 살인지 묻는 그의 질문에 대답하는 Tommy를 가리킨다.

3~4 지칭 추론하기 | 답 3 (A) my sister 또는 Dona (B) Mom 4 ③

❶ It was a midday / when John and I met, / and he suggested / we (should) go swimming / at Lincoln High School. ❷ I lent him a nickel / because he needed five cents / to make fifteen, the cost of admission. ❸ We rushed home for my bike, / and when my sister, Dona, found out (that) we were going swimming, / she cried / since she only had an empty Coke bottle / and no money to go swimming. ❹ I waved for her to come / and the three of us mounted the bike — / Dona on the crossbar, / John on the handlebars, / holding the Coke bottle (which(that)) we'd cash for a nickel to cover the difference, / and me racing up the streets, avoiding cars. ❺ We spent the day swimming / under the afternoon sun, / so that when we got home / our mom asked us / which was darker, the floor or us. ❻ Her hands were on her hips / and her lips were tight.

(when: 시간의 부사절을 이끄는 접속사 / lent: V, him: I·O, a nickel: D·O / because: 이유의 부사절을 이끄는 접속사 / fifteen = the cost of admission / my sister = Dona / since: 이유의 부사절을 이끄는 접속사 / to go swimming: to부정사의 형용사적 용법(money 수식) / racing: 현재분사(능동) / which was darker, the floor or us: 의문사절(목적어 역할))

해석 ❶ John과 내가 만났을 때는 한낮이었고, 그는 Lincoln 고등학교에 수영하러 가자고 제안했다. ❷ 그가 입장료인 15센트를 만드는 데 5센트가 필요했기 때문에, 나는 그에게 5센트를 빌려주었다. ❸ 우리는 자전거를 가지러 집으로 달려갔고, 나의 여동생인 Dona가 우리가 수영하러 갈 거라는 것을 알았을 때, 그녀는 가진 것이 빈 콜라병밖에 없고 수영장에 갈 돈이 없어서 울었다. ❹ 나는 그녀에게 오라고 손을 흔들었고 우리 셋은 자전거에 올라탔다. – Dona는 크로스바에, John은 차액을 메우기 위해 5센트짜리 동전으로 바꿀 콜라병을 들고 핸들바에 탔고, 나는 차를 피하며 도로를 질주했다. ❺ 우리는 오후의 햇살 아래서 수영을 하며 하루를 보냈고, 그래서 집에 왔을 때 엄마는 우리에게 바닥과 우리 중 무엇이 더 시꺼먼지 물으셨다. ❻ 그녀의 손은 허리께에 얹혀 있었고 입술은 꼭 다물어져 있었다.

해설 3 (A)의 she는 함께 수영을 가고 싶어 하는 'I'의 여동생 Dona를 가리키고, (B)의 Her는 수영을 하고 온 아이들에게 이야기하는 엄마를 가리킨다.
4 '~하면서 …을 보내다'는 「spend+시간+-ing」로 나타낸다.

지칭하는 대명사 바로 앞뒤의 문맥을 잘 파악해 봐.

2일 필수 체크 전략 2 BOOK 2·16~17쪽

1 ④ 2 ④

1 심경 파악하기 | 답 ④

❶ The secrets(S) / (which[that]) I found in chess / captivated(V) me(O). ❷ I made(V1) a chessboard by myself / and nailed(V2) it to the wall / next to my bed, / where(관계부사의 계속적 용법) I would stare for hours / at imaginary battles. ❸ Soon / I no longer(더 이상 ~않다) lost any games / but I lost my adversaries. ❹ Willy and Bill were more interested in racing the streets / after school / in their cowboy hats. ❺ I was really disappointed. ❻ Walking home from school one day,(분사구문) / I saw(V) elderly guys(O) / playing(O·C) chess on an old folding table. ❼ I ran home / and grabbed my chess set. ❽ I returned to the park / and approached a man. ❾ "Want to play?" I said. ❿ He smiled / as(시간의 부사절을 이끄는 접속사) he looked at the box under my arm. ⓫ "It's been(현재완료(= has been)) a long time since(~이래로) I played chess with a young man," / he said kindly. ⓬ Filled with joy,(분사구문) / I immediately placed the package / in front of him.

해석 ❶ 내가 체스에서 찾은 비밀들은 나를 사로잡았다. ❷ 나는 혼자서 체스판을 만들어 침대 옆 벽에 못으로 고정시켰고, 거기서 나는 몇 시간 동안 상상 속의 전투를 바라보곤 했다. ❸ 곧 나는 더 이상 어느 게임에서도 지지 않았지만 나의 적수들을 잃었다. ❹ Willy와 Bill은 방과 후에 카우보이 모자를 쓰고 거리를 달리는데 더 관심이 있었다. ❺ 나는 정말 실망스러웠다. ❻ 어느 날 학교에서 집으로 걸어가던 중, 나는 낡은 접이식 탁자에서 체스를 두고 있는 나이 든 사람들을 보았다. ❼ 나는 집으로 달려가서 나의 체스 세트를 집어 들었다. ❽ 나는 공원으로 돌아와 한 남자에게 다가갔다. ❾ "게임 하실래요?"라고 나는 말했다. ❿ 그는 내 팔 아래 낀 상자를 보며 미소를 지었다. ⓫ "젊은이와 체스를 둔 지 오래되었군."이라고 그가 친절하게 말했다. ⓬ 기쁨에 차서, 나는 즉시 그의 앞에 꾸러미를 놓았다.

해설 체스의 매력에 빠진 'I'는 체스를 같이 할 친구들이 없어 실망했으나, 공원에서 체스를 두는 사람들을 발견하고 함께 체스를 두게 되어 기쁜 마음이 들었다. disappointed, filled with joy 등의 표현에서 'I'의 심경 변화를 알 수 있다.

① 따분한 → 걱정하는 ② 기쁜 → 슬픈 ③ 긴장한 → 안심한 ④ 낙담한 → 기쁜 ⑤ 걱정하는 → 실망한

2 지칭 추론하기 | 답 ④

❶ As(부사절을 이끄는 접속사) Nancy's interview date draws near, / my mother acts / as if(마치 ~인 것처럼) her nerves have rotted and fallen apart / like old rubber bands. ❷ She doesn't seem / to be able to sit still. ❸ She can't seem / to stop moving(stop+동명사: ~하는 것을 멈추다). ❹ She can't take her gaze / away from Nancy. ❺ Nancy's birthday is the day before her interview. ❻ We've had(현재완료) many talks about it. ❼ Should we mark the occasion(행사를 기념하다)? ❽ Will the party throw Nancy off her schedule, /

or will Nancy be more unhappy / if she misses her birthday? ❾ No detail is too small / to be considered.
조건의 부사절을 이끄는 접속사 too+형용사[부사]+to부정사: 너무 ~해서 …할 수 없다
❿ And we always return to / where we began. ⓫ We'll maintain Nancy's routine the same this week / and
관계부사 V O O·C
celebrate Nancy's birthday / in the same manner ∧ we usually do. ⓬ But it feels like / my mother has to
(that)
make her decision / all over again / every night.

해석 ❶ Nancy의 면접 날짜가 다가오면서, 엄마는 마치 오래된 고무줄처럼 신경이 삭아서 허물어진 것처럼 행동한다. ❷ 그녀는 가만히 앉아 있지 못하는 것 같다. ❸ 그녀는 움직이는 것을 멈출 수 없는 것 같다. ❹ 그녀는 Nancy에게서 시선을 뗄 수 없는 것으로 보인다. ❺ Nancy의 생일은 그녀의 면접 바로 전날이다. ❻ 우리는 그것에 대해 많은 대화를 나눴다. ❼ 우리가 생일을 기념해야 할까? ❽ 파티가 Nancy를 일정으로부터 팽개쳐지게 할까, 아니면 Nancy는 생일을 놓치면 더 불행해할까? ❾ 고려하기에 너무 작은 세부 사항은 없다. ❿ 그리고 우리는 늘 우리가 시작했던 곳으로 되돌아온다. ⓫ 우리는 이번 주에 Nancy의 일과를 그대로 유지하고 우리가 늘 하는 방식으로 Nancy의 생일을 축하할 것이다. ⓬ 하지만 우리 엄마는 매일 밤 자신의 결정을 다시 해야 하는 것 같다.

해설 ④는 Nancy를 가리키고, 나머지는 모두 Nancy의 면접이 다가오면서 긴장한 모습을 보이는 my mother를 가리킨다.

3일 필수 체크 전략 1

BOOK 2 · 18~21쪽

1 ④ **2** ③ **3** ② **4** ③ were → was

1 빈칸 추론하기 1 | 답 ④

❶ Half of the world's population / currently lives in cities, / and by 2050, / two-thirds will. ❷ But in cities, /
2/3
two of the world's most serious issues / come together: / poverty and environmental destruction.
최상급
❸ Most individuals / migrate to cities and towns / because they see rural regions / as harsh and primitive.
이유의 부사절을 이끄는 접속사
❹ Urbanization occurs / when people migrate to more developed regions / like cities and towns.
시간의 부사절을 이끄는 접속사 과거분사(수동)
❺ This usually contributes to the development / of land for commercial and social purposes. ❻ However, /
~에 기여하다
these eventually create / urbanization problems: / the growth of slums, poor air and water quality, water scarcity, and waste disposal issues. ❼ As the world's cities continue to develop, / effective city planning /
~하면서 to부정사(목적어 역할)
will be necessary / for these and other difficulties.

해석 ❶ 현재 세계 인구의 절반이 도시에 살고 있으며, 2050년에는 3분의 2가 살게 될 것이다. ❷ 그러나 도시에서는 세계에서 가장 심각한 두 가지 문제인 빈곤과 환경 파괴가 함께 일어난다. ❸ 대부분의 사람들은 시골 지역을 혹독하고 원시적이라고 보기 때문에 도시나 소도시로 이주한다. ❹ 도시화는 사람들이 도시나 소도시와 같은 더 발전된 지역으로 이주할 때 발생한다. ❺ 이것은 보통 상업적이고 사회적인 목적의 토지 개발에 기여한다. ❻ 그러나,

이것들은 결국 빈민가의 확산, 나쁜 공기와 수질, 물 부족, 쓰레기 처리 문제와 같은 도시화 문제를 일으킨다. ❼ 세계의 도시들이 계속 성장함에 따라, 효과적인 도시 계획이 이러한 그리고 다른 어려움들을 위해 필요할 것이다.

해설 글의 중심 내용이 도시화와 그것이 일으키는 문제점들이고, 빈칸이 포함된 문장은 이러한 문제점들에 대해 효과적인 도시 계획이 필요하다는 내용이므로 ④가 가장 적절하다.

① 계획들 ② 자본 환경 ③ 환경들 ④ 어려움들 ⑤ 장점들

2 빈칸 추론하기 2 | 답 ③

❶ Composting(S) / reduces(V1) waste, / lessens(V2) reliance on landfills, / and decreases(V3) greenhouse gas emissions. ❷ The typical American produces / approximately 1,600 pounds of garbage / per year. ❸ The majority of(~의 대부분) this garbage / is transported(수동태) to landfill, / with 34% of it being recycled / and 13% being burned. ❹ About 22% of all municipal solid trash in landfills / is food scraps. ❺ Landfill organic matter / decomposes without oxygen. ❻ This isn't / the same as / naturally occurring aerobic decomposition. ❼ Without oxygen, / food decomposes / and releases more greenhouse gases, / leading to global warming(분사구문). ❽ The landfills for municipal trash in the United States / are the third-largest human-related methane gas emitter. ❾ Composting, / however, / allows(V) organic matter(O) to decompose(O·C(to부정사)) aerobically, / as in nature. ❿ Thus, composting reduces / waste sent(과거분사(수동)) to landfills / and greenhouse gas emissions.

해석 ❶ 퇴비화는 폐기물을 줄이고, 쓰레기 매립 의존도를 낮추며, 온실가스 배출을 줄인다. ❷ 보통의 미국인은 대략 매년 1,600 파운드의 쓰레기를 생산한다. ❸ 이 쓰레기의 대부분은 매립지로 운반되며, 약 34%는 재활용되고 13%는 소각된다. ❹ 전체 도시 매립 고형 폐기물의 약 22%가 음식물 쓰레기이다. ❺ 매립지의 유기물은 산소 없이 분해된다. ❻ 이는 자연적으로 발생하는 산소에 의한 분해와는 다르다. ❼ 산소가 없으면, 음식은 분해되어 지구 온난화를 초래하며 더 많은 온실가스를 방출한다. ❽ 미국의 도시 폐기물 매립지는 인간과 관련된 메탄가스 배출원 중 세 번째로 크다. ❾ 그러나 퇴비화는, 자연에서처럼, 유기물이 산소를 사용하여 분해되도록 한다. ❿ 그러므로, 퇴비화는 매립지로 보내지는 쓰레기와 온실가스 배출을 감소시킨다.

해설 빈칸 바로 앞에서 산소 없이 이루어지는 매립지에서의 음식물 쓰레기 분해가 온실가스를 배출한다고 했고, 온실가스는 지구 온난화와 관련이 있으므로 ③이 알맞다.

① 쓰레기를 줄이며 ② 토양을 강화하며 ③ 지구 온난화를 초래하며 ④ 건강한 식물 성장을 촉진하며 ⑤ 우리가 매립지에 덜 의존하게 하며

3~4 빈칸 추론하기 2 | 답 3 ② 4 ③ were → was

❶ A study looked at the impact / of providing restricted or many choices / on decision-making. ❷ Participants chose a chocolate / from a set of six or thirty. ❸ The researcher was interested in / people's

satisfaction with the selection process, / their actual satisfaction with their choice after eating it, / and
O1 O2
their willingness to choose it again in the future. ❹ Participants said / that selecting from a display of thirty
O3 목적어절을 이끄는 접속사
choices were more enjoyable / than choosing from a display of six options. ❺ On the other hand, / those
who chose from a set of six options / later reported feeling more pleased with their decision / and more
주격 관계대명사 동명사(목적어 역할)
wanting to choose it again. ❻ The study shows / that though people are attracted to having lots of choices, /
동명사(목적어 역할) 양보의 부사절을 이끄는 접속사
giving them a limited number of choices / may lead to people's satisfaction: / when ^ choosing from fewer
동명사(주어 역할) (they are)
options, / people tend to feel more confident in their choice / once they make the decision.
접속사(일단 ~하면)

해석 ❶ 한 연구가 의사 결정에 있어 제한적이거나 많은 수의 선택권을 제공하는 것이 미치는 영향을 살펴보았다. ❷ 참가자들은 6개 또는 30개 세트의 초콜릿 중에서 하나를 골랐다. ❸ 연구자는 선택 과정에 대한 사람들의 만족도, 그것을 먹은 후 그들의 선택에 대한 실제 만족도, 그리고 미래에 그것을 다시 선택하려는 그들의 의향에 관심이 있었다. ❹ 참가자들은 30개의 진열 중에서 선택하는 것이 6개의 진열 중에서 선택하는 것보다 더 즐겁다고 말했다. ❺ 반면에, 6가지 선택 중에서 골랐던 사람들은 나중에 자신의 결정에 더 만족감을 느끼고 후에 다시 선택하고 싶어 한다는 것을 보고했다. ❻ 이 연구는 비록 사람들이 많은 선택권을 가지는 것에 끌리지만, 제한된 수의 선택을 주는 것이 사람들의 만족으로 이어지도록 할 수 있다는 것을 보여 준다. 더 적은 선택에서 고를 때, 사람들은 일단 그들이 결정을 하면 그들의 선택에 대해 더 확신하는 경향이 있다.

해설 3 빈칸 앞에 6가지의 선택 중에서 고른 사람들이 30가지의 선택 중에서 고른 사람들보다 자신들의 결정에 더 큰 만족감을 느꼈다는 내용이 있고, 빈칸 뒤에는 적은 수의 선택에서 고를 때 사람들이 선택에 대한 확신을 더 많이 가진다는 내용이 있으므로 문맥상 ②가 알맞다.
① 그들이 동기를 잃게 할 수 있다 ② 사람들의 만족으로 이어지도록 할 수 있다 ③ 그들의 선택을 더 어렵게 한다 ④ 사람들이 그들의 선택에 확신할 수 없게 한다 ⑤ 사람들이 옳은 결정을 하지 못하게 한다
4 ③의 주어는 동명사구인 selecting from a display of thirty choices이므로 단수 취급하여 동사의 수를 일치시킨다.

3일 필수 체크 전략 2

BOOK 2 22~23쪽

1 ⑤ 2 ④

1 빈칸 추론하기 2 | 답 ⑤

❶ The anchoring effect / is a cognitive bias / that explains people's tendency / to make choices based on
주격 관계대명사 to부정사의 형용사적 용법(tendency 수식)
the first piece of information / ^ they are given. ❷ Anchoring happens / when people use an early piece of
(that) 시간의 부사절을 이끄는 접속사
information / to create future judgments / during decision-making. ❸ Once an anchor is established, /
to부정사의 부사적 용법(목적) ~동안 접속사(일단 ~하면) 수동태
other judgments are made / by adjusting away from that anchor, / and there is a bias / toward interpreting
전치사+동명사
other information / around the anchor. ❹ For example, / the initial price / offered for a used car / sets
과거분사(수동)

the standard for the rest of the negotiations, / so that prices ^(which are) lower than the initial price / seem more reasonable / even if they are still higher than what the car is really worth.
even if: 양보의 부사절을 이끄는 접속사

해석 ❶ 앵커링 효과는 처음에 주어진 정보를 바탕으로 선택을 하는 사람들의 경향을 설명하는 인지적 편향이다. ❷ 앵커링은 사람들이 의사 결정하는 과정에서 미래의 판단을 하기 위해 초기의 정보를 사용할 때 발생한다. ❸ 일단 닻이 확립되면, 다른 판단들은 그 닻으로부터 조정해 나감으로써 이루어지고, 그 닻 주변에서 다른 정보를 해석하려는 편향이 있다. ❹ 예를 들어, 최초에 제시된 중고차의 가격이 나머지 협상에 대한 기준을 정하고, 그래서 최초에 제시된 가격보다 낮은 가격들은, 자동차의 진짜 가치보다 여전히 더 높더라도, 더 합리적으로 보일 수 있다.

해설 앵커링 효과에 의하면 처음의 정보에 의해 생긴 판단의 기준이 이후의 판단에도 영향을 미치므로, 처음에 제시된 가격보다 내려간 가격들이 차의 가치보다 비쌈에도 합리적으로 보일 수 있다는 내용의 ⑤가 알맞다.
① 자동차가 고급이다 ② 자동차가 더 오래된 모델이다 ③ 가격이 비교적 낮다 ④ 자동차가 실제로 좋은 상태가 아니다 ⑤ 그것들이 자동차의 진짜 가치보다 여전히 높다

2 빈칸 추론하기 1 | 답 ④

❶ Food neophobia is an eating habit / in which one refuses / to taste and eat foods / that he or she is not familiar with. ❷ It is believed to be heritable, up to 78%, / and affects people of all ages. ❸ A study / looking at how eating habits affect nutrition and risk factors / shows / that food neophobia is linked to dietary inconsistency and chronic diseases. ❹ Firstly, / there is a risk of a poorer dietary lifestyle. ❺ For example, / dietary fiber and protein / may be lower, / and saturated fat and salt intake / may be higher / in people with food neophobia. ❻ Also, / food neophobia can increase / the risk of diabetes and heart disease. ❼ Studies show / that a varied and balanced diet / is important for health / and early intervention in food neophobia / may help ^(to) postpone health issues.

in which: 전치사+관계대명사
that: 목적격 관계대명사
It is believed to be heritable: = People believe that it is heritable, ~
looking: 현재분사(능동)
how eating habits affect nutrition and risk factors: 의문사절(전치사의 목적어)
varied and balanced: 과거분사(수동)

해석 ❶ 푸드 네오포비아는 한 사람이 자신이 익숙하지 않은 음식을 맛보거나 먹는 것을 거부하는 식습관이다. ❷ 그것은 78%까지 유전되는 것으로 생각되며, 모든 연령대의 사람들에게 영향을 미친다. ❸ 식습관이 영양과 위험 요소에 어떻게 영향을 미치는지 살펴보는 연구는 푸드 네오포비아가 식생활의 비일관성, 만성 질환과 관련이 있다는 것을 보여 준다. ❹ 우선, 더 나쁜 식생활의 위험이 있다. ❺ 예를 들어, 푸드 네오포비아가 있는 사람들에게 식이 섬유, 단백질은 더 낮을 수 있고, 포화 지방과 염분 섭취는 더 높을 수 있다. ❻ 또한, 푸드 네오포비아는 당뇨병과 심장병의 위험을 증가시킬 수 있다. ❼ 연구들은 다양하고 균형 잡힌 식단이 건강에 중요하며, 푸드 네오포비아에 대한 이른 개입이 건강 문제를 늦추는 데 도움이 될 수 있다는 것을 보여 준다.

해설 빈칸이 포함되어 있는 문장 다음에 예로 든 내용을 종합할 수 있는 문장이 되어야 한다. 이어지는 문장에서 언급된, 푸드 네오포비아가 있는 사람들에게서 식이 섬유, 단백질은 더 낮을 수 있고, 포화 지방과 염분 섭취는 더 높을 수 있다는 내용은 나쁜 식생활의 예라 할 수 있으므로 ④가 알맞다.
① 만성적인 통증 ② 과학에 대한 불신 ③ 우울증 발병 ④ 더 나쁜 식생활 ⑤ 너무 많은 음식 섭취

누구나 합격 전략

BOOK 2 24~27쪽

1 ⑤ **2** ① **3** ⑤ **4** ⑤

1 심경 파악하기 | 답 ⑤

해석 Christie's에서 나는 작은 워크스테이션이 있었는데, 그것은 '분쇄해 주세요.'라고 표시된 4피트 높이의 서류 더미가 있는 벽을 바라보고 있었다. 나의 여름은 화려한 회사원의 삶과 거리가 멀었다. 내가 예상했던 것과 달리, 그것은 수 톤의 종이를 파쇄하고, 나의 감독자를 위한 잠재적 고객에 대한 보고서를 팩스로 보내고, 정리하여 보관하고, 작성하는 것이었다. Christie's에 있는 것은 처음에는 침울했지만, 나는 곧 그 분위기 – 각 방을 가득 채운 세계적인 걸작들, 그리고 경매 진행자의 망치가 각 스탠드를 때릴 때 내는 우레와 같은 소리가 좋아졌다. 나는 나에게 요구되는 모든 것과 그 이상을 하겠다고 다짐했다. 나는 매일 웃으며, 그리고 손가락에 종이에 베인 상처를 안고 나타났다. 여름이 끝나갈 무렵, 그들은 마침내 정말 기쁘게도 나에게 정규직 자리를 주었다.

해설 'I'는 기대했던 화려한 직장인의 삶과 다른 단순 업무를 맡아 실망하였으나, 곧 적극적으로 열심히 일하면서 결국 정규직 자리를 얻게 되는 기쁨을 누렸다. at first depressing과 같은 표현에서 앞부분의 심경을, fond of, smile, much to my joy와 같은 표현에서 뒷부분의 심경을 알 수 있다.
① 우울한 → 긴박한 ② 영감을 받은 → 질투하는 ③ 편안한 → 부끄러운
④ 화가 난 → 낙담한 ⑤ 실망한 → 신이 난

2 지칭 추론하기 | 답 ①

해석 아주 더운 한여름 낮이다. Robert가 주차장 옆에 있는 자전거 보관소를 따라 걸어가고 있을 때, 그는 Ann과 Gary의 집 방향에서 흰색 차가 나오는 것을 본다. 조수석에는 안경을 쓴 단호한 표정의 여성이 양팔 가득 서류와 종이를 들고 앉아 있다. 운전석에는 흰 셔츠를 입은 남자가 앉아 있다. Robert는 차가 모퉁이를 돌 때 치이지 않기 위해 길 밖으로 뛰어야 한다. 그 남자는 고개를 돌려 앞 유리를 통해 Robert 쪽을 바라보는데, 막 일어난 일이 마치 Robert의 책임이라는 것처럼 안경을 살짝 들어 올리며 우월한 묘한 미소를 짓는다. Robert가 차 뒤에 소리치지만, 그로부터 아무런 반응이 없는 것처럼 보인다.

해설 글에서 대명사는 Robert 또는 자동차를 운전하는 남자를 가리킬 수 있는데, ①은 Robert를, 나머지는 자동차를 운전하는 남자를 가리킨다.

3 빈칸 추론하기 2 | 답 ⑤

해석 이중 언어 사용은 몇 가지 이점을 제공하는 것처럼 보인다. 장기적인 이중 언어 사용자는 일하는 동안 관련 없는 정보를 무시하는 능력이 더 좋다. 한 실험의 참가자들이 색 잉크로 인쇄된 단어의 색을 식별하도록 요구받았다. 색은 단어의 의미와 같거나 다를 수 있다. 색과 단어가 일치하지 않을 때, 이중 언어 사용자는 단일 언어 사용자보다 더 나은 결과를 냈는데, 이는 이중 언어 사용자가 관련 없는 정보에 의해 덜 산만해짐을 보여 준다. 또한, 이중 언어를 구사하는 것은 최근 알츠하이머 병의 진행을 지연시키는 것으로 입증되었다. 알츠하이머병은 기억 상실 그리고 다른 인지적 문제를 일으키며, 이는 시간이 지남에 따라 악화된다. 수많은 연구들이 이중 언어를 사용하는 알츠하이머병 환자들이 단일 언어를 사용하는 알츠하이머병 환자들보다 발병 시작이 4~5년 늦다는 것을 보여 주었다. 어린아이들을 학교에서든 집에서든 다른 언어에 노출되게 하는 것은 평생 지속되는 인지적 이점을 가져올 수 있다.

해설 글의 중심 내용은 두 개의 언어를 사용하는 사람이 그렇지 않은 사람보다 인지 능력이 뛰어나며, 알츠하이머병의 진행도 더 느리다는 것이다. 그러므로 인지적 이점이 있다는 내용의 ⑤가 알맞다.
① 색에 대한 미적 능력 ② 국가 정체성에 대한 혼란 ③ 노년기에 알츠하이머병이 발병하는 것 ④ 모국어를 적절히 배우는 것의 지연 ⑤ 평생 지속되는 인지적 이점

4 빈칸 추론하기 2 | 답 ⑤

해석 명상은 사람들이 자존감과 다른 이점들을 얻도록 도울 수 있다. 명상은 우리의 긴장을 풀어 주고 감정을 조절해 준다. 명상의 실행은 우리에게 반응하기보다 관찰하도록 가르친다. '자의식을 놓는' 것은 긍정적인 자아상을 형성하고 유지하기 위한 좋은 전략이다. 명상은, 우리의 생각들이 평가 혹은

강한 감정적 반응 없이 지나가게 하면서, 우리가 그것들과의 과도한 공감 없이 내면의 경험을 인지할 수 있도록 도와준다. 자아에 대한 과도한 공감은 낮은 자존감으로 이어진다. 우리는 그것이 긍정적이든(나는 최고야) 부정적이든(내가 가장 형편없어) 간에 우리의 자아에 대한 인식에 지나친 중요성을 부여한다. 우리는 심지어 모든 단어, 생각 또는 느낌을 분석하면서 자기 강박에 빠질 수 있다. 규칙적으로 명상을 행하는 것은 당신의 생각과 감정을 놓아 줌으로써 당신 자신에 대해 더 좋게 느끼도록 만들 수 있다. 이것은 과도하게 비판적인 내면의 목소리로부터 독립에 이르도록 한다.

해설 명상이 반응보다는 관찰을 통해 자의식을 놓도록 돕고, 이로 인해 생각과 감정을 놓아 줌으로써 자아에 대해 긍정적인 인식을 하도록 한다는 것이 중심 내용이므로, 과도하게 비판적인 내면의 소리로부터 독립하게 해준다는 내용의 ⑤가 알맞다.
① 치료사들이 고객을 격려하게 한다 ② 자아에 대한 강박의 증대를 자극한다 ③ 주변 사람들로부터의 평가나 교정의 원인이 된다 ④ 당신이 스스로에 대해 가지고 있는 부정적인 생각들을 증대시킨다 ⑤ 과도하게 비판적인 내면의 목소리로부터 독립에 이르도록 한다

창의·융합·코딩 전략 1·2

BOOK 2 28~31쪽

1 ⑤ **2** (1) poor (2) control (3) secure (4) goals **3** (1) T (2) F (3) F
4 (1) cooperate (2) complementary (3) competition

1~2 빈칸 추론하기 2 | 답 1 ⑤ 2 (1) poor (2) control (3) secure (4) goals

해석 리더가 감정적 지능이 부족하면 무슨 일이 일어날까? 리더들은 종종 역경에 직면한다. 떨어지는 감정적 지능을 가진 스트레스를 받은 리더는 그들의 감정을 통제하지 못하고 밖으로 표출하기 쉽다. 그들은 소리를 지르거나 손가락질을 할 수 있다. 그래서 직원들은 통제할 수 없는 붕괴를 피하길 바라면서 항상 경계한다. 상사가 어떻게 반응할지 걱정될 때는 협업하기가 어렵다. 상사가 감정의 통제력을 잃고 부적절하게 행동할 때, 직원들은 제안하기를 꺼린다. 그러면, 리더들은 갈등을 파악하고 해결하는 데 어려움을 겪을 수 있다. 반면에, 감정적으로 지적인 리더는 직원들이 협력하여 일하면서 자기 자신을 표현하고 건설적인 의견을 말할 수 있는 안전한 환경을 만든다. 감정적으로 지적인 리더들은 일들을 사적으로 받아들이지 않고 그들의 자아가 상처 받는 것에 대한 두려움 없이 그들의 목표를 추구할 수 있다. 어떤 사람들은 다른 사람들보다 더 높은 수준의 감정적 지능을 가지고 있지만, 그것은 평가되고 개발될 수 있는 특성이다.

해설 **1** 리더들의 감정적 지능이 조직에 미치는 영향이 글의 중심 내용이다. 글의 앞부분에는 감정적 지능이 떨어지는 리더의 경우를, 뒷부분에는 감정적 지능이 높은 리더의 경우를 제시하여 비교하고 있다. 빈칸이 포함되어 있는 문장은 감정적 지능이 떨어지는 리더가 미치는 영향에 대한 부연 설명 부분이므로 ⑤가 알맞다.
① 갈등을 인지하고 그것에 효과적으로 대처한다 ② 그들의 감정적 지능 수준을 유지한다 ③ 직원들이 그들의 의견을 자유롭게 표현하도록 허락한다 ④ 직원들이 스스로 문제를 해결하도록 돕는다 ⑤ 갈등을 파악하고 해결하는 데 어려움을 겪는다
2 글에서 감정적 지능이 부족한 리더는 감정을 통제하지 못하여 직원들과 협력하여 문제를 해결하는 데 어려움을 겪는 반면, 감정적으로 지적인 리더는 직원들이 자신들의 의견을 자유롭게 말할 수 있는 안전한 환경을 만들고 자아가 상처 받는 것에 대한 두려움 없이 목표를 추구한다고 언급하고 있다.

부족한 감정적 지능을 가진 리더는 …	감정적으로 지적인 리더는 …
– 감정의 통제를 잃을 수 있다. – 문제를 해결하기 위해 직원들과 협업하는 데 어려움을 겪을 수 있다.	– 직원들을 위해 감정적으로 안전한 환경을 만든다. – 그들의 자아가 상처 받는 것에 대한 두려움 없이 목표를 추구한다.

표의 내용을 파악하고, 해당 내용을 본문에서 찾아 대조해.

3~4 | 답 3 (1) T (2) F (3) F 4 (1) cooperate (2) complementary (3) competition

해석 우리는 운동선수들에게 경쟁과 더불어 협력의 가치를 가르쳐야 한다. 우리는 믿을 수 없을 정도로 의존적이고 협력적인 사회에 살고 있다. 일상생활에서 우리는 경쟁하지 않고 하루를 보낼 수도 있지만, 직장이나 가정에서 다른 사람과 협력하는 것에서부터 다른 사람이 제조한 제품을 구매하거나 다른 사람이 구매할 수 있도록 제품을 개발하는 것까지 다양한 방식으로 협업한다. 따라서, 오늘날의 세계에서, 협력하는 것을 배우는 것은 경쟁하는 것을 배우는 것만큼 우리의 어린 운동선수들을 위해 중요하다. 이는 지도 철학의 구성 요소로 발전할 수 있다. 경쟁과 협업은 그들이 상호 보완적이라는 사실에도 불구하고, 종종 정반대되는 과정으로 기술된다. 스포츠 사회학자인 Gunther Luschen은 경쟁과 협력 사이의 관계를 '연계'로 설명했는데, 이는

개인이나 팀이 효과적으로 경쟁하기 위해 협력해야 하는 방식이다. 팀 운동을 하는 운동선수들은 그들의 팀이 응집력 있게 임무를 수행하기 위해 서로 협력해야 한다. 그러나 또한, 경쟁이 일어나기 위해서는 서로 다른 팀들이 협력할 필요가 있다. 팀들은 그들의 경쟁을 위한 시간과 장소뿐 아니라, 특정한 규칙 체계에도 동의해야 한다.

해설 3 (2) 경쟁과 협력이 서로 반대되는 것으로 자주 기술되지만 실제로는 상호 보완적이라고 언급되어 있다. (3) 팀 스포츠의 운동선수들이 서로 협력할 때 팀이 응집력 있게 임무를 수행할 수 있다고 언급되어 있다.

(1) 어린 운동선수들에게 협동하는 기술은 경쟁하는 기술만큼 동등하게 중요하다.

(2) 실제로, 경쟁과 협동은 서로 반대되는 과정이다.

(3) 운동선수들이 협력 없이 가장 잘 임무를 수행할 수 있다는 것이 한 스포츠 사회학자에 의해 지적되었다.

4 우리가 사는 사회는 매우 의존적이고 협력적이며, 경쟁과 협력이 반대되는 것이 아닌 상호 보완적인 것이므로, 운동선수들에게 경쟁과 협력을 함께 가르쳐야 한다는 것이 글의 중심 내용이다.

주장	우리는 운동선수들에게 경쟁하는 방법뿐 아니라 협력하는 방법도 가르쳐야 한다.
논거	– 우리는 의존적이고 협력적인 사회에 산다. – 경쟁과 협력은 비록 종종 반대되는 과정으로 기술됨에도 불구하고 상호 보완적이다. – 팀 스포츠의 운동선수뿐 아니라 서로 다른 팀들도 경쟁이 일어나기 위해서는 서로 협력해야 한다.

BOOK 2 2주 통합적으로 이해하라

1일 개념 돌파 전략 1

BOOK 2 · 34~37쪽

1 ③ 2 ③ 3 ③ 4 ②

1 무관한 문장 찾기 | 답 ③

❶ Not all hackers are bad. ❷ 'White hat hackers,' / sometimes known (과거분사(수동)) as 'good hackers' or 'ethical hackers,' / use the same hacking tactics as 'black hat hackers' / but first acquire permission / from the system's owner. ❸ A white hat hacker / uses computers or networks / to identify (to부정사의 부사적 용법(목적)) and fix security problems. ❹ Despite (= In spite of) the fact / that (동격의 that) network security is a major concern, / maintaining it is difficult / due to (~ 때문에) the high cost. ❺ White hat hackers attack systems / in order to / find and fix flaws / and prevent black hat hackers from gaining access to data. ❻ To secure (to부정사의 부사적 용법(목적)) their networks, / many corporations and government agencies / hire white hat hackers.

해석 ❶ 모든 해커가 나쁜 것은 아니다. ❷ 때때로 '좋은 해커' 또는 '윤리적 해커'로 알려진 '화이트 햇 해커'는 '블랙 햇 해커'와 동일한 해킹 전술을 사용하지만, 먼저 시스템의 소유자로부터 허가를 받는다. ❸ 화이트 햇 해커는 보안 문제를 식별하고 수정하기 위해 컴퓨터나 네트워크를 이용한다. ❹ 네트워크 보안이 주요 관심사라는 사실에도 불구하고, 그것을 유지하는 것은 높은 비용으로 인해 어렵다. ❺ 화이트 햇 해커는 결함을 찾아 수정하고 블랙 햇 해커가 데이터에 접근하는 것을 방지하기 위해 시스템을 공격한다. ❻ 네트워크를 보호하기 위해 많은 기업과 정부 기관에서 화이트 햇 해커를 고용한다.

해설 글의 전반부를 통해 화이트 햇 해커가 핵심 소재임을 알 수 있다. ③은 네트워크 보안에 비용이 많이 든다는 내용으로, 소재는 유사하지만 화이트 햇 해커에 관한 직접적인 설명이라고 볼 수 없다.

글의 소재와 주제가 무엇인지 명확히 파악하는 것이 중요해.

2 글의 순서 배열하기 | 답 ③

❶ Although whales are mammals, like humans, / they can stay underwater / for extended periods of time / owing to their unique respiratory system. ❷ Because of the undersea environment / where they live, / whales must breathe consciously. (B) ❸ In other words, / they think about every breath / (that) they take. ❹ They rise to the surface of the water / to breathe / through blowholes on their heads. (C) ❺ Also, / because whales live under the sea, / they may drown / if they stay asleep. ❻ It is believed / that one hemisphere of the whale's brain / is awake / while the other sleeps. (A) ❼ Since they must stay partially conscious like this, / they rest / but (they) never completely sleep. ❽ They may do so / near the surface / to readily come up for air.

(Although: 양보의 부사절을 이끄는 접속사 / extended: 과거분사(수동) / owing to: ~ 때문에 / Because of: = Owing to / where: 관계부사 / to breathe: to부정사의 부사적 용법(목적) / because: 이유의 부사절을 이끄는 접속사 / if: 조건의 부사절을 이끄는 접속사 / that: 목적어절을 이끄는 접속사 / while: ~하는 동안 / Since: 이유의 부사절을 이끄는 접속사)

해석 ❶ 고래는 인간과 같은 포유류이지만, 독특한 호흡 체계를 가지고 있어서 물속에서 오랜 시간 머무를 수 있다. ❷ 그들이 사는 해저 환경 때문에, 고래는 의식적으로 호흡을 해야 한다. (B) ❸ 다시 말해서, 그들은 들이쉬는 모든 숨에 대해 생각한다. ❹ 그들은 머리에 있는 숨구멍을 통해 호흡하기 위해 수면으로 올라간다. (C) ❺ 또한, 고래는 물속에 살기 때문에, 그들이 계속 잠들어 있으면 익사할 수 있다. ❻ 고래의 뇌의 한쪽 반구는 다른 쪽이 자는 동안 깨어 있다고 여겨진다. (A) ❼ 그들이 이렇게 부분적으로 깨어 있어야 하기 때문에, 그들은 휴식을 취하지만 완전히 잠들지 않는다. ❽ 그들은 쉽게 공기를 마시려 수면으로 올라오기 위해 수면 근처에서 그렇게 할 수 있다.

해설 글의 전반부에서 고래가 살아가는 해저 환경과 그로 인한 독특한 호흡 체계가 언급된다. 앞에서 언급한 '의식적으로 호흡을 한다'라는 내용을 다시 설명하는 (B)가 이어지고, (C)에서 물속에 살기 때문에 고래가 계속 수면을 할 수 없다는 내용이 추가된다. (A)에서는 고래의 수면에 대한 설명이 추가로 이어지고 있다.

단락의 앞 또는 뒤의 내용이 다른 단락과 어떻게 연결될 수 있는지 살펴봐.

3 문장의 위치 파악하기 | 답 ③

❶ Trekking, / regardless of the length of your trek, your location, or even your physical level, / is a great activity / with many advantages. ❷ Whether in the mountains, in the desert or in a more urban environment, / it allows you / to escape and to get away from your daily life, / to discover new things and new spaces. ❸ Like many other strenuous activities, / trekking is beneficial / for your physical health. ❹ For example, / it strengthens your bones, / improves your cardiovascular and respiratory capacities, / boosts your immune system, / and increases your muscular capacity. ❺ Furthermore, / a change in pace and place / promotes the reduction of stress. ❻ Disconnection from daily life / really is a great way / to step back from mundane worries / and (to) connect with yourself.

(Trekking: S / regardless of: ~에 상관없이 / is: V / Whether … or: whether A or B: A이든 B이든 / allows: V / you: O / to escape and to get away: O·C1 / to discover: O·C2 / it: S / strengthens: V1 / improves: V2 / boosts: V3 / increases: V4 / to step back: to부정사의 형용사적 용법(way 수식))

해석 ❶ 트레킹은, 당신의 트레킹 거리, 위치 또는 신체 수준과 상관없이, 많은 장점이 있는 훌륭한 활동이다. ❷ 산에서든, 사막에서든, 더 도시적인 환경에서든, 그것은 당신의 일상으로부터 탈출하고 멀어지도록 해 주고, 새로운 것들과 새로운 공간들을 발견하게 해 준다. ❸ 많은 다른 격렬한 활동과 마찬가지로, 트레킹은 신체 건강에 이롭다. ❹ 예를 들어, 그것은 뼈를 강화하고, 심혈관 및 호흡 능력을 향상시키고, 면역 체계를 강화하며 근육량을 증가시킨다. ❺ 또한, 속도와 장소의 변화는 스트레스 감소를 촉진한다. ❻ 일상과의 단절은 일상적인 걱정에서 한발 물러나 당신 자신과 연결하는 좋은 방법이다.

해설 주어진 문장에서 For example과 함께 신체에 긍정적인 영향을 미치는 내용에 대한 구체적인 예시들이 제시되므로, 트레킹이 신체 건강에 유익하다는 문장 바로 뒤인 ③이 알맞다.

4 요약문 완성하기 | 답 ②

❶ Music education has / numerous advantages for youngsters. ❷ Music aids in the development of social skills, / which is incredibly beneficial in schools. ❸ As they play instruments together, / students must pay attention to others / to better evaluate volume and other elements. ❹ They can quickly learn / not only to value other people's viewpoints and ideas, / but also / how to effectively blend such ideas / in order to finish the task at hand. ❺ In addition to collaboration and teamwork, / music education fosters / long-term connections and relationships. ❻ Students / who are members of a band or chorus / build special links / because they share a passion for music. ❼ They bond over music, / enjoy thrilling moments, / and encourage one another. ❽ This special bond also increases / students' engagement and motivation in school.

- which: 관계대명사의 계속적 용법
- As: 시간의 부사절을 이끄는 접속사
- to better evaluate: to부정사의 부사적 용법(목적)
- not only *A* but also *B*: A뿐만 아니라 B도
- to value: to부정사의 명사적 용법(목적어 역할)
- how to effectively blend: 의문사+to부정사(목적어 역할)
- Students: S / who: 주격 관계대명사 / build: V
- because: 이유의 부사절을 이끄는 접속사
- bond: V1 / enjoy: V2 / encourage: V3

해석 ❶ 음악 교육은 청소년들에게 많은 이점이 있다. ❷ 음악은 사회적 기술 개발에 도움이 되는데, 이는 학교에서 매우 유익하다. ❸ 함께 악기를 연주할 때, 학생들은 음량과 다른 요소를 더 잘 평가하기 위해 다른 사람들에게 주의를 기울여야 한다. ❹ 그들은 다른 사람들의 관점과 아이디어를 가치 있게 여기는 법을 빠르게 배울 수 있을 뿐만 아니라, 당면한 과제를 완료하기 위해 그러한 아이디어를 효과적으로 혼합하는 방법을 배울 수 있다. ❺ 협업과 팀워크 외에도, 음악 교육은 장기적인 연결과 관계를 조성한다. ❻ 밴드나 합창단의 일원인 학생들은 음악에 대한 열정을 공유하기 때문에 특별한 유대감을 형성한다. ❼ 그들은 음악을 통해 유대감을 만들고, 짜릿한 순간을 즐기며, 서로를 격려한다. ❽ 이 특별한 유대감은 또한 학교에서 학생들의 참여와 동기 부여를 증가시킨다.

해설 social skills, collaboration, teamwork 등의 단어와 같은 맥락에서 cooperation이 알맞고, 마지막 문장의 increases와 같은 의미를 가진 enhances를 사용하여 요약문을 완성할 수 있다.
→ 학생들은 음악 교육을 통해 (A) 협동심을 배우고 음악에 대한 열정을 나누며 유대감을 형성하는데, 이는 학교생활의 동기 부여를 (B) 높인다.

1일 개념 돌파 전략 2

BOOK 2 38~39쪽

1 ⑤ 2 ④

1 무관한 문장 찾기 | 답 ⑤

❶ Fashion designers create / various apparel for people. ❷ They are now beginning to use / new

- to use: to부정사(목적어 역할)

technologies / such as body-scanning / for a better custom fit, / or seamless knitting technologies / that can produce clothing / with just a simple push of a button. ❸ New technology, resources, and tools / will change the face of fashion in the future, / much as the sewing machine did / in the past. ❹ New consumer demands and preferences / have more to do with function / and less to do with style. ❺ Thus, high-tech textiles / will allow fashion designers / to build new product lines / with practical functions like sun protection. ❻ With the development of industrial sewing machines, / dressmaking at home / rapidly declined.

such as: ~와 같은 / that: 주격 관계대명사 / much as: ~와 마찬가지로 / did = changed the face of fashion / have to do with: ~와 관계가 있다 / allow: V / fashion designers: O / to build: O·C(to부정사)

해석 ❶ 패션 디자이너는 사람들을 위한 다양한 의상을 만든다. ❷ 그들은 이제 더 나은 맞춤 핏을 위한 신체 스캔, 그저 버튼 하나만 누르면 옷을 만들 수 있는 이음매가 없는 뜨개질 기술과 같은 새로운 기술을 사용하기 시작했다. ❸ 새로운 기술, 자원, 도구는 과거에 재봉틀이 그랬던 것처럼 미래에 패션의 얼굴을 바꿀 것이다. ❹ 새로운 소비자의 요구와 선호는 스타일보다는 기능과 더 관련이 있다. ❺ 그래서, 첨단 직물은 패션 디자이너들이 자외선 차단과 같은 실용적인 기능을 갖춘 새로운 제품 라인을 구축할 수 있게 해 줄 것이다. ❻ 공업용 재봉틀의 발달로 가정에서의 재봉은 급격히 감소하였다.

해설 패션 산업의 기술 발달과 옷의 기능성에 대한 소비자의 요구와 선호도 증가에 관한 내용으로, 공업용 재봉틀의 발달로 인한 가정 내 재봉 감소에 관한 내용인 ⑤는 문맥상 어색하다.

2 문장의 위치 파악하기 | 답 ④

❶ We understand / how to live / a more environmentally responsible lifestyle, / from recycling to cycling to work. ❷ Avoiding animal products / can help to lower / one's carbon footprint dramatically. ❸ Why are meat and dairy so bad / for the environment? ❹ Beyond transporting meat and other animal products, / the animals' needs for food and water / are harmful to the environment. ❺ Animal feed consumption / contributes considerably to / deforestation, habitat loss, and species extinction. ❻ For instance, / Brazil alone / grows soybeans for European livestock / on 5.6 million acres. ❼ Even worse, / poor people are pushed to grow / commercial crops for animal feed / instead of food crops. ❽ Vegetarian diets, / however, / require far fewer crops and much less water / to sustain. ❾ Vegetarianism is a simple and practical way / to lessen our carbon impact. ❿ We can safeguard / both our health and the global ecology / by eating local vegetables in season.

how to+동사원형: ~하는 방법 / from *A* to *B*: A에서 B까지 / Avoiding animal products: 동명사구(주어 역할) / Beyond transporting: 전치사+동명사 / contribute to: (~의) 원인이 되다 / For instance = For example / poor people are pushed to grow: 5형식 문장의 수동태 / far, much: 비교급 강조 / to sustain: to부정사의 부사적 용법(목적) / to lessen: to부정사의 형용사적 용법(way 수식) / both *A* and *B*: A와 B 둘 다 / by eating: 전치사+동명사

해석 ❶ 우리는 재활용에서 자전거로 출근하기에 이르기까지 보다 환경적으로 책임 있는 생활 방식으로 사는 법을 알고 있다. ❷ 동물성 제품을 피하는 것은 탄소 발자국을 크게 줄이는 데 도움이 될 수 있다. ❸ 육류와 유제품이 환경에 나쁜 이유는 무엇일까? ❹ 육류 및 기타 동물성 제품을 운송하는 것 외에도, 식량과 물에 대한 동물들의 요구는 환경에 해롭다. ❺ 동물 사료 소비는 삼림 벌채, 서식지 손실 및 종의 멸종의 상당한 원인이 된다. ❻ 예를 들어, 브라질에서만 560만 에이커의 넓이에서 유럽의 가축을 위한 콩을 재배하고 있다. ❼ 설상가상으로, 가난한 사람들은 식용 작물 대신 동물 사료용 상업 작물을 재배하도록 강요받고 있다. ❽ 그러나, 채식 식단은 유지하기 위해 훨씬 적은 작물과 훨씬 적은 양의 물을 필요로 한다. ❾ 채식은 우리의 탄소 영향을 줄이는 간단하고 실용적인 방법이다. ❿ 우리는 지역의 제철 채소를 섭취함으로써 건강과 지구 생태계를 모두 지킬 수 있다.

해설 글의 주된 흐름은 육류 소비의 부작용에 대한 해결 방안으로 채식 식단을 제시하는 내용이다. ④ 이후의 문장에는 채식의 장점이 나열되어 있다.

주어진 문장에서 어떤 연결어가 사용되었는지 파악하고, 문맥상 적절한 위치를 찾아.

2일 필수 체크 전략 1

BOOK 2 40~43쪽

1 ④ 2 ④ 3 ② 4 (1) obligations (2) permit

1 무관한 문장 찾기 | 답 ④

❶ One of the biggest challenges / facing South Korean society / is its rapidly aging population. ❷ South Korea is / one of the fastest aging countries. ❸ A study showed / (that) it will become / the world's most aged society by 2067, / with the senior population making up 46.5 percent of the whole population. ❹ Marriage rates are falling / and child births are at an all-time low, / which is to blame for the country's upcoming disaster. ❺ Korea's fertility rate, / which estimates the average number of children / (that) a woman will have in her lifetime, / reached a record low of 0.83 in 2020. ❻ Women's increased participation in society / improves the international competitiveness / of the country. ❼ Korea must take immediate action / to address the issue / of its aging population.

(facing: 현재분사(능동) / aging: 현재분사(능동) / one of the + 최상급 + 복수 명사: 가장 ~한 … 중 하나 / aged: 과거분사(수동) / with + 명사구 + 현재분사: ~가 …한 채로 / which: 관계대명사의 계속적 용법 / Korea's fertility rate: S / which: 관계대명사의 계속적 용법 / reached: V / increased: 과거분사(수동) / to address: to부정사의 부사적 용법(목적))

해석 ❶ 한국 사회가 직면한 가장 큰 도전 중 하나는 급속한 인구의 고령화이다. ❷ 한국은 가장 빠르게 나이 드는 국가 중 하나이다. ❸ 한 연구는 한국이 2067년까지 세계에서 가장 고령화된 사회가 될 것이며, 노인 인구가 전체 인구의 46.5퍼센트를 차지할 것을 보여 주었다. ❹ 혼인율이 떨어지고 출산율이 사상 최저치를 기록하고 있는데, 이는 곧 나라의 다가오는 재앙의 원인이 될 것이다. ❺ 여성이 평생 낳을 평균 자녀 수를 추정하는 한국의 출산율은 2020년 0.83명으로 사상 최저치를 기록했다. ❻ 여성의 사회 참여 확대는 국가의 국제 경쟁력을 향상시킨다. ❼ 한국은 고령화되는 인구 문제를 다루기 위해 즉각적인 조치를 취해야 한다.

해설 한국 사회의 급속한 고령화와 그 심각성에 관한 내용으로, ④의 여성의 사회 참여 확대로 인한 국가 경쟁력 강화는 문맥에서 벗어난 내용이다.

2 글의 순서 배열하기 | 답 ④

❶ In Hongseong, Korea, / a dog named Baekgu, / one of the most common local dogs, / was honored as a rescue dog. ❷ Baekgu has shown / why dogs are people's best friends. (C) ❸ Ms. Kim, the owner of Baekgu, a 90-year-old woman with dementia, / went missing / on a rainy day in the middle of summer. ❹ On a nearby farm's video camera, / Ms. Kim and her dog, Baekgu, / were spotted leaving the village. (A) ❺ After 40 hours of searching, / she was found / two kilometers from her home. ❻ The search crew / had sent out a thermal drone, / which discovered Baekgu / in a rice field. ❼ Ms. Kim had collapsed there, / where the rice grew tall / and hid her from view. (B) ❽ Also, / when Ms. Kim began to show signs of hypothermia, / Baekgu kept her / warm / throughout. ❾ If it had not been for Baekgu, / she might not have been found safe. ❿ Ms. Kim is now recovering in the hospital.

(named: 과거분사(수동) / as: ~로서 / why: 관계부사 / Ms. Kim = the owner of Baekgu = a 90-year-old woman with dementia / her dog = Baekgu / were spotted leaving: 5형식 문장의 수동태 / which: 관계대명사의 계속적 용법 / where: 관계부사 / when: 시간의 부사절을 이끄는 접속사 / kept: V, her: O, warm: O·C / If it had not been for: 가정법 과거완료(~이 없었다면))

해석 ❶ 한국의 홍성에서는, 가장 흔한 지역 견종 중 하나인 백구라는 이름의 개가 구조견으로서의 영예를 안았다. ❷ 백구는 개가 사람들의 가장 친한 친구인 이유를 보여 주었다. (C) ❸ 치매를 앓는 90세 여성인 백구의 주인 김 씨는 한여름의 비 오는 날에 실종됐다. ❹ 인근 농장의 비디오 카메라에는 김 씨와 그녀의 반려견 백구가 마을을 떠나는 모습이 포착됐다. (A) ❺ 40시간 동안 수색한 끝에, 그녀는 집에서 2km 떨어진 곳에서 발견됐다. ❻ 수색대는 열화상 드론을 보냈고, 논에서 백구를 발견했다. ❼ 김 씨는 그곳에서 쓰러졌는데, 거기에는 벼가 높게 자라서 그녀를 시야에서 가렸다. (B) ❽ 또한, 김 씨가 저체온증의 징후를 보이기 시작했을 때, 백구는 내내 그녀를 따뜻하게 해 주었다. ❾ 백구가 없었다면 그녀는 안전하게 발견되지 못했을 것이다. ❿ 김 씨는 현재 병원에서 회복하고 있다.

해설 백구의 주인 김 씨가 실종되었는데, 백구와 함께 마을을 나가는 것이 카메라에 찍혔고, 드론 수색 끝에 김 씨의 개 백구로 인해 김 씨가 발견되었으며, 김 씨가 저체온증 증상을 보일 때 백구가 체온을 유지해 주기도 했다는 흐름이 알맞다.

3~4 글의 순서 배열하기 | 답 3 ② 4 (1) obligations (2) permit

❶ In the U.S., / a driver's license / is not so difficult to get; / nonetheless, / you must pass / a driving skills test / as well as a written test / before the state will issue you one. (A) ❷ First, / in order to pass the written exam, / you must be familiar with the rules of the road / and comprehend your obligations as a driver. ❸ After passing the written exam, / you will be able to get your permit. (C) ❹ This permit allows you / to practice driving / while accompanied by a licensed driver. ❺ After having enough practice behind the wheel, / you need to schedule an appointment for the driving skills test / to demonstrate your driving ability. (B) ❻ The driving skills test, / also referred to as the road test, / is a little more challenging than

(to get: to부정사의 부사적 용법(difficult 수식) / as well as: *A* as well as *B*: B뿐만 아니라 A도 / one = a driver's license / be familiar with: ~에 익숙하다 / as: ~로서 / allows: V, you: O, to practice: O·C(to부정사) / while ∧ accompanied: (you are) / to demonstrate: to부정사의 부사적 용법(목적) / more challenging than: 비교급)

the written test. ❼ Not everyone passes the driving test the first time, / but if you fail, / you can try again another day.
조건의 부사절을 이끄는 접속사

해석 ❶ 미국에서, 운전면허를 따는 것은 그렇게 어렵지 않다. 그렇지만, 주에서 면허를 발급해 주기 전에 필기시험뿐 아니라 운전 능력 시험을 통과해야 한다. (A) ❷ 우선, 필기시험에 합격하려면, 도로 규칙을 숙지하고 운전자로서의 의무를 이해해야 한다. ❸ 필기시험에 합격하면 허가증을 받을 수 있다. (C) ❹ 이 허가증은 당신이 면허가 있는 운전자와 동행하여 운전을 연습할 수 있도록 허락한다. ❺ 운전석에서 충분한 연습을 한 후, 운전 능력을 입증하기 위해 운전 능력 시험을 위한 일정을 잡아야 한다. (B) ❻ 도로 주행 시험이라고도 하는 운전 능력 시험은, 필기시험보다는 조금 더 어렵다. ❼ 모든 사람이 한 번에 운전 시험에 합격하는 것은 아니지만, 만약 불합격하면 다른 날에 다시 도전할 수 있다.

해설 3 미국에서 운전면허를 따는 절차에 관한 글이다. 일단 필기시험에 합격하면, 면허가 있는 운전자와 동행하여 운전 연습을 할 수 있는 허가증이 나오고, 충분한 연습 후에 날짜를 정해서 운전 실력을 입증하는 운전 능력 시험에 응시하는 과정을 순서대로 배열한다. 필기시험에 대해 언급하는 (A)가 가장 먼저 나오고, 문맥상 (C)의 첫 번째 단어 this permit이 (A)의 내용과 이어지므로 (C)가 다음에 온다. (C)에서 운전 연습 후에 운전 능력 시험 일자를 잡는다고 했으므로, 운전 능력 시험에 대해 언급하는 (B)가 마지막에 온다.

4 (1)은 의무(obligations)에 대한 설명이고, (2)는 허가증(permit)에 대한 설명이다.

(1) 법, 규칙, 약속 등에 따라 반드시 해야 하는 것들

(2) 한 사람이 무언가를 하거나 가지도록 허용되었다는 것을 보여 주는 공식적인 문서

document 문서

2일 필수 체크 전략 2

BOOK 2 · 44~45쪽

1 ③ 2 ②

1 무관한 문장 찾기 | 답 ③

❶ Whether you have a gym membership or not, / one of the most effective exercise equipment / is most likely to be available / between your basement and main floor: / a stairway. ❷ Walking up the stairs / works on a range of leg and core muscles, / as well as your balance. ❸ When you climb the stairs, / you are also engaging your hip and thigh muscles / to a significant degree, / which is beneficial. ❹ As home training has grown in popularity, / a growing number of films / have been put online / that may be viewed and followed / from the comfort of one's own home. ❺ It's twice as difficult as brisk walking on flat ground / and half as difficult as climbing a hill or mountain. ❻ Going up a few flights of stairs / is good for your overall health.

whether *A* or *B*: A이든 B이든 / 동명사구(주어 역할) / *A* as well as *B*: B뿐만 아니라 A도 / 관계대명사의 계속적 용법 / 선행사 / 배수 표현+as+원급+as: ~보다 –배 더 …한 / 동명사구(주어 역할)

해석 ❶ 당신이 체육관 회원 자격이 있든 없든, 가장 효과적인 운동 장비 중 하나는 지하층과 1층 사이에 있을 가능성이 매우 높다. 바로 계단이다. ❷ 계단을 오르는 것은 균형뿐만 아니라 다양한 다리와 코어 근육에 작용 한다. ❸ 계단을 오를 때, 당신은 당신의 엉덩이와 넓적다리 근육도 상당한 수준으로 관여시키는데, 이는 유익하다. ❹ 홈 트레이닝의 인기가 높아짐에 따라, 집에서 편안하게 보고 따라 할 수 있는 온라인 영상의 수가 점점 늘어나고 있다.

❺ 그것은 평지를 빠르게 걷는 것의 두 배, 언덕이나 산을 오르는 것의 절반만큼 힘들다. ❻ 몇 층의 계단을 올라가는 것은 당신의 전반적인 건강에 좋다.

해설 계단 오르기의 긍정적 효과에 관해 설명하는 글이다. ③의 홈 트레이닝의 인기에 따른 온라인 운동 영상 수의 증가에 관한 문장은 글의 핵심 소재와 관련이 없다. 또한, 문맥상 ④의 주어 it이 계단 오르기를 가리키므로 ③은 글의 흐름상 어색하다.

2 글의 순서 배열하기 | 답 ②

❶ Trevor Noah's *Born a Crime* / is the story of a naughty kid / who grows into a brave young man / trying to find his place in a world / where it is not appropriate for him to be. ❷ In his incredible journey / from apartheid-era South Africa to his current position / as host of The *Daily Show*, / it all began with a criminal act: his birth. (B) ❸ Trevor's country at the time / outlawed / a white Swiss father and a black Xhosa mother. ❹ The couple could have been sentenced to five years in prison / just because he was born. (A) ❺ Therefore, / he spent most of his childhood indoors / due to his mother's fear of a government / that could take him away at any time. (C) ❻ With the end of white rule in South Africa, / Trevor finally sets out on a magnificent adventure. ❼ He lives his life openly and freely, / bearing decades of sacrifice in his heart.

(who: 주격 관계대명사 / trying: 현재분사(능동) / where: 관계부사 / for him: to 부정사의 의미상 주어 / from A to B: A에서 B까지 / could have been: could have+과거분사: ~할 수도 있었다 / due to: ~ 때문에 / that: 주격 관계대명사 / bearing decades of sacrifice in his heart: 분사구문)

해석 ❶ Trevor Noah의 *Born a Crime*은 그가 있기에 적절하지 않은 세상에서 그의 자리를 찾으려고 노력하는 용감한 청년으로 자란 장난꾸러기 꼬마의 이야기이다. ❷ 아파르트헤이트 시대의 남아프리카 공화국으로부터 현재 *The Daily Show*의 진행자 자리까지의 그의 놀라운 여정에서, 모든 것은 그의 출생이라는 범죄 행위로부터 시작되었다. (B) ❸ 당시 Trevor의 나라는 스위스인 백인 아버지와 Xhosa족 흑인 어머니를 불법으로 규정했다. ❹ 부부는 그가 태어났다는 이유만으로 5년 형을 선고받을 수 있었다. (A) ❺ 그래서, 그는 언제든지 그를 데려갈 수 있는 정부에 대한 어머니의 두려움 때문에 어린 시절 대부분을 실내에서 보냈다. (C) ❻ 남아프리카 공화국에서 백인 통치가 끝나자, Trevor는 마침내 멋진 모험을 시작한다. ❼ 그는 수십 년간의 희생을 가슴에 품고, 공개적이고 자유롭게 그의 삶을 살아간다.

해설 주어진 글의 마지막 부분에서 Trevor의 출생이 범죄였다는 언급이 나오고, (B)에서 이를 부연 설명하고 있다. 또한, (B)의 내용이 원인이 되어 어머니가 (A)와 같이 행동했다는 내용이 접속부사 therefore로 연결된다. (C)에서는 백인 통치가 끝남에 따라 (A)의 내용과 반대로 Trevor가 마침내 공개적이고 자유로운 삶을 살게 되었다는 내용이 이어지는 것이 적절하다.

앞뒤 문맥과 시간 순서를 고려하여 글의 순서를 추측해.

3일 필수 체크 전략 1

BOOK 2 46~49쪽

1 ③ 2 ① 3 ① 4 where 또는 in which

1 문장의 위치 파악하기 | 답 ③

❶ Flamenco is a form of Spanish dance / that is highly expressive. ❷ Flamenco is a dance / that features hand clapping, percussive footwork, and delicate hand, arm, and torso movements. ❸ The dance is usually

(that: 주격 관계대명사 / that: 주격 관계대명사)

accompanied by a vocalist and a guitarist. ❹ A flamenco dancer may stay motionless and expressionless / for the first few moments of a song. ❺ Then, / as the dancer becomes familiar with the music, / he or she may begin to clap their hands / in a regular rhythm. ❻ As the emotion grows, / the dancer will gradually move into / more passionate movements. ❼ The dance's climax / is frequently marked by forceful stomping, / which is typically intensified with percussion attachments on the shoes, / as well as beautiful arm gestures. ❽ Folding fans are used / for aesthetic purposes, / and castanets are sometimes held in the hands / for clicking.

(stay: V / motionless and expressionless: C / as: 부사절을 이끄는 접속사(~하면서) / is ~ marked: 수동태 / which: 관계대명사의 계속적 용법 / as well as: *A* as well as *B*: B뿐만 아니라 A도 / are used: 수동태 / for: ~을 위해 / are ~ held: 수동태)

해석 ❶ 플라멩코는 표현력이 뛰어난 스페인 춤의 한 형태이다. ❷ 플라멩코는 박수, 구르는 발놀림, 섬세한 손, 팔, 몸통 움직임이 특징인 춤이다. ❸ 그 춤에는 대개 가수와 기타 연주자가 동반된다. ❹ 플라멩코 무용수는 노래의 처음 몇 순간 동안은 움직이지 않고 감정 표현이 없는 채로 있을 수 있다. ❺ 그리고, 무용수가 음악에 익숙해지면서, 그는 규칙적인 리듬으로 손뼉을 치기 시작할 수 있다. ❻ 감정이 고조될수록 무용수는 더 열정적인 움직임으로 옮겨갈 것이다. ❼ 춤의 절정은 힘차게 발을 구르는 것으로 자주 표현되는데, 이는 보통 아름다운 팔 동작뿐 아니라 신발에 있는 타악기 부착물로 강화된다. ❽ 쥘부채가 미관을 위해 사용되고, 캐스터네츠는 때로 딸깍거리는 소리를 내기 위해 손에 쥐어진다.

해설 무용수가 음악의 초반에는 움직임이나 감정 표현 없이 있다가, 그 이후에 감정이 고조되면 점점 더 열정적인 춤으로 옮겨가면서 절정을 표현하게 된다는 내용이 이어진다. 그러므로, 음악에 익숙해지고, 규칙적으로 박수를 치기 시작한다는 내용의 주어진 문장은 감정이 고조되긴 전인 ③에 위치하는 것이 자연스럽다.

2 요약문 완성하기 | 답 ①

❶ Humans are known to be the only creatures on earth / with the ability to laugh. ❷ Laughter enhances the quality of life / and may relieve the body of so many health problems. ❸ For instance, / laughter is considered to be a stress buster, / and researchers found / a direct link between laughter and the healthy function of blood vessels. ❹ When you laugh, / your brain releases endorphins, / which might help you feel better. ❺ Laughter also increases the number of antibody-producing cells / and improves the efficacy of T-cells, / which help the immune system function better. ❻ Because laughter has such a positive effect on the body, mind, and spirit, / all you have to do / to live a happy life / is laugh.

(are known to: be known to: ~로 알려지다 / to laugh: to부정사의 형용사적 용법(ability 수식) / relieve ~ of: relieve *A* of *B*: A에게서 B를 덜어 주다 / is considered to: be considered to: ~로 여겨지다 / between ~ and: between *A* and *B*: A와 B 사이에 / When: 시간의 부사절을 이끄는 접속사 / which: 관계대명사의 계속적 용법 / help: V / the immune system: O / function: O·C / Because: = Since / to live: to부정사의 부사적 용법(목적))

해석 ❶ 인간은 지구상에서 웃을 수 있는 능력을 가진 유일한 생물로 알려져 있다. ❷ 웃음은 삶의 질을 높이고 신체의 수많은 건강 문제를 완화할 수 있다. ❸ 예를 들어, 웃음은 스트레스 해소 수단으로 간주되며, 연구자들은 웃음과 혈관의 건강한 기능 사이의 직접적인 연관성을 발견했다. ❹ 웃으면 뇌에서 엔도르핀이 분비되는데, 이는 당신의 기분이 더 나아지도록 도울 수 있다. ❺ 웃음은 또한 항체를 생산하는 세포의 수를 증가시키고 T세포의 효능을 향상시키는데, 그것은 면역 체계가 더 잘 기능하도록 돕는다. ❻ 웃음이 몸과 마음과 정신에 매우 긍정적인 영향을 미치기 때문에, 당신이 행복한 삶을 살기 위해 해야 할 일은 웃는 것이다.

해설 인간의 고유한 특징으로 여겨지는 웃음의 기능에 대한 글로, 웃는 것이 스트레스를 해소하고 기분을 개선시키며, 면역력을 증진시킨다는 내용이 나열되어 있다. 스트레스를 '경감시키다, 줄이다'에 해당하는 reduce와 '면역력'을 뜻하는 immunity가 빈칸 (A), (B)에 적합하다.
→ 인간의 고유한 특성인 웃음은 스트레스를 (A) 줄이고, 기분을 나아지게 하고, (B) 면역력을 증진시키는 힘이 있는데, 이 모든 것은 다양한 건강 문제에 도움이 된다.

선택지에 본문의 중심 내용을 나타낼 수 있는 동의어가 있는지 살펴 봐.

3~4 문장의 위치 파악하기 | 답 3 ① 4 where 또는 in which

❶ Artificial intelligence / may or may not someday replace / human labor. ❷ Machines translate documents / faster than(비교급) humans, / saving time and money(분사구문). ❸ It is an automated(과거분사(수동)) process / for translating(전치사+동명사) textual content / from one language into another. ❹ It offers a faster turnaround / and may be more cost-effective. ❺ However, / machine translation does not understand / context and tone. ❻ Translation software / often struggles with the ability of a word or phrase / to have(to부정사의 형용사적 용법(ability 수식)) multiple meanings. ❼ This means / a failure to consider(to부정사의 형용사적 용법(failure 수식)) the different contexts / where(관계부사) the same word of a language can be used. ❽ Also, / a piece of content may have different tones — / formal or casual, persuasive or humorous. ❾ Machine translations often miss these nuances, / and thus the content fails to satisfy the target audience. ❿ Therefore, / machine translation always needs a final review. ⓫ It must be proofread(조동사가 있을 때의 수동태) / for potential errors.

해석 ❶ 인공 지능은 언젠가 인간의 노동을 대체할 수도 있고 그렇지 않을 수도 있다. ❷ 기계는 사람보다 빠르게 문서를 번역하여 시간과 비용을 절약한다. ❸ 그것은 문서의 내용을 한 언어에서 다른 언어로 번역하기 위한 자동화된 과정이다. ❹ 그것은 더 빠른 처리 시간을 제공하고, 비용면에서 더 효율적일 수 있다. ❺ 그러나, 기계 번역은 문맥과 어조를 이해하지 못한다. ❻ 번역 소프트웨어는 종종 여러 의미를 갖는 단어나 구의 능력에 어려움을 겪는다. ❼ 이는 한 언어의 같은 단어가 사용될 수 있는 다른 문맥을 고려하지 못하는 것을 의미한다. ❽ 또한, 하나의 내용이 다른 어조를 가질 수 있다. 그것은 격식을 차리거나 차리지 않기도 하고, 또는 설득력 있거나 익살스러울 수 있다. ❾ 기계 번역은 종종 이러한 뉘앙스를 놓치기 때문에 그 내용이 이용 대상을 만족시키지 못한다. ❿ 따라서, 기계 번역은 항상 최종 검토가 필요하다. ⓫ 그것은 잠재적인 오류가 교정되어야 한다.

해설 3 글의 중심 내용은 인공 지능을 바탕으로 한 기계 번역에 대한 설명이고, 전반부는 기계 번역의 장점, 후반부는 한계점에 대해 이야기하고 있다. 주어진 문장이 However로 시작하고, 이 문장 이후에 기계 번역의 단점이 나열되는 것이 자연스러우므로 ①에 위치하는 것이 적절하다.
그러나, 기계 번역은 문맥과 어조를 이해하지 못한다.
4 앞에 있는 contexts를 선행사로 하는 관계부사 where 또는 「전치사+관계대명사」 형태인 in which가 알맞다.

3일 필수 체크 전략 2 BOOK 2 50~51쪽

1 ② 2 ⑤

1 문장의 위치 파악하기 | 답 ②

❶ Color therapy is an alternative remedy / that(주격 관계대명사) uses color and light / to treat(to부정사의 부사적 용법(목적)) physical or mental health.

❷ This concept dates back to ancient Egyptians / who used sun-activated solarium rooms / constructed with colored glass / for therapeutic purposes. ❸ Color therapy is based on the premise / that different colors evoke different responses in people. ❹ For example, / some colors are considered to be stimulating, / while others may be soothing. ❺ Therefore, / colors may impact / one's energy level, mood, appetite, emotions and even decision-making. ❻ Perhaps / this suggests / that color and lighting might be effective healing aids / for a variety of ailments. ❼ Color therapy has been believed to positively affect / wide range of fields / such as academic performance, aggressive behavior, learning disabilities, insomnia, and muscle relaxation.

(dates back to: ~까지 거슬러 올라가다 / who: 주격 관계대명사 / constructed: 과거분사(수동) / is based on: ~에 기초하다 / that: = 동격의 that / while: ~인 반면에 / that: 목적어절을 이끄는 접속사 / has been believed: 현재완료시제 수동태)

해석 ❶ 색상 치료는 색상과 빛을 사용하여 신체적 또는 정신적 건강을 치료하는 대체 치료법이다. ❷ 이 개념은 치료 목적을 위해 색을 입힌 유리로 지어진, 태양으로 활성화되는 일광욕실을 사용했던 고대 이집트인들로 거슬러 올라간다. ❸ 색상 치료는 다양한 색상이 사람들에게 각기 다른 반응을 불러일으킨다는 전제에 기반을 두고 있다. ❹ 예를 들어, 일부 색상은 자극적인 것으로 간주되는 반면, 다른 색상은 진정시킬 수 있다. ❺ 따라서, 색상은 사람의 에너지 수준, 기분, 식욕, 감정과 심지어 의사 결정에도 영향을 줄 수 있다. ❻ 아마도 이것은 색상과 조명이 다양한 질병에 효과적인 치유 보조물일 수 있음을 시사한다. ❼ 색상 치료는 학업 성취도, 공격적 행동, 학습 장애, 불면증, 근육 이완과 같은 광범위한 분야에 긍정적인 영향을 미치는 것으로 여겨져 왔다.

해설 주어진 문장은 다양한 색상이 사람들에게 각기 다른 반응을 불러일으킨다는 전제에 대한 예시이다. 자극적이거나 진정 효과가 있는 색상을 예로 들어 설명한 것으로, 주어진 문장의 위치는 ②가 알맞다.

For example로 시작되는 문장은 앞에 문장의 내용을 포함하는 내용이 와.

2 요약문 완성하기 | 답 ⑤

❶ Movies have been a part of our culture / for decades. ❷ People have been fascinated by the imaginative worlds / depicted in theater. ❸ The movie industry, / however, / has been challenged / in recent years by streaming services. ❹ These internet-based businesses / are transforming / the way we consume content and / how we perceive entertainment. ❺ For many years, / streaming services went unrecognized / as a potentially disruptive trend, / but due to their reduced cost, / they have steadily gained popularity / over going to the movies. ❻ Even if certain exceptional films are exclusively accessible in theaters, / many people are unwilling to pay / when there is a more appealing alternative of watching movies at home / for a lesser price. ❼ For individuals / who desire easy access to entertainment / sitting on a couch, / it is a terrific option. ❽ Furthermore, / the most noteworthy benefit of streaming services is / that an immense amount of content is available / at the same time worldwide.

(have been: 현재완료시제 / have been fascinated by: 현재완료시제 수동태 / depicted: 과거분사(수동) / has been challenged: 현재완료시제 수동태 / the way: = how / how: = the way / went: 2형식의 go / unrecognized: C / as: ~로서 / due to: = because of / reduced: 과거분사(수동) / Even if: = Though / when: 시간의 부사절을 이끄는 접속사 / more appealing: 비교급 / who: 주격 관계대명사 / sitting on a couch: 분사구문 / that: 보어절을 이끄는 접속사)

해석 ❶ 영화는 수십 년 동안 우리 문화의 일부였다. ❷ 사람들은 극장에서 그려지는 상상의 세계에 매료되었다. ❸ 그러나 영화 산업은 최근 몇 년 동안 스트리밍 서비스의 도전을 받아 왔다. ❹ 이러한 인터넷 기반 사업은 우리가 콘텐츠를 소비하는 방식과 엔터테인먼트를 인식하는 방식을 변화시키고 있다. ❺ 수년 동안, 스트리밍 서비스는 잠재적으로 지장을 줄 수 있는 유행으로서 인정을 받지 못했지만, 저렴한 비용으로 인해 영화를 보러 가는 것보다 꾸준히 인기를 얻어 왔다. ❻ 몇몇 예외적인 영화를 극장에서만 볼 수 있다고 해도, 많은 사람들은 집에서 보다 저렴한 가격으로 영화를 볼 수 있는 더 매력적인 대안이 있을 때 돈을 지불하는 것을 원치 않는다. ❼ 소파에 앉아서 엔터테인먼트에 쉽게 접근하려는 사람들에게 스트리밍은 훌륭한 옵션이다. ❽ 게다가, 스트리밍 서비스의 가장 주목할만한 이점은 전 세계적으로 동시에 방대한 양의 콘텐츠를 사용할 수 있다는 것이다.

해설 최근 스트리밍 서비스가 낮은 비용, 편리성(convenience), 풍부한 콘텐츠를 앞세워 엔터테인먼트 업계에 혁신(innovation)을 가져왔다는 것이 글의 중심 내용이다.

→ 저렴한 비용, (A) 편의성, 방대한 콘텐츠라는 강점으로 스트리밍 서비스는 엔터테인먼트 업계의 (B) 혁신을 촉발했다.

누구나 합격 전략

BOOK 2 · 52~55쪽

1 ① 2 ① 3 ④ 4 ②

1 무관한 문장 찾기 | 답 ①

해석 당신이 여행을 하고 변화를 만들고 싶다면, 해외 자원봉사 프로그램을 살펴볼 수 있다. 네팔에는 멋진 산과 도전해 볼 만한 하이킹이 있다. 당신은 Annapurna, Langtang, Everest의 자연미와 규모에 놀라게 될 것이다. 히말라야는 평온함의 아름다움을 발견하기에 최적의 장소이다. 당신은 세계의 이 지역에서 살아가는 것의 어려움뿐만 아니라 독특한 문화에 대해서도 배우게 될 것이다. 당신은 또한 여행했던 마을들을 도울 수도 있다. 여행하면서, 안전사고에 주의해야 하며 여행 보험에 가입하는 것이 좋다. 네팔에 있는 많은 학교들은 당신이 방문하는 동안 도움이 필요할 것이다. 네팔 지역 학교에서 자원봉사를 하여 아이들의 학습 여건을 개선하는 것을 돕고 새로운 시각을 얻어라. 그러나 가르치는 것은 일반적으로 장기간의 헌신이므로 현명하게 선택하라. 당신이 가르칠 수 없더라도, 지역 사회의 교육을 도울 다른 방법들이 많이 있다.

해설 네팔 여행을 통해 그 지역에 도움을 줄 수 있는 방법에 대해 이야기하고 있는 글이다. ①은 여행이라는 소재는 일치하지만 문맥에서 벗어난 내용이다.

2 글의 순서 배열하기 | 답 ①

해석 Paulo Coelho가 쓴 '연금술사'는 역사상 가장 널리 읽힌 책 중 하나이다. 그것은 1988년 포르투갈어로 처음 출판된 이후 전 세계의 다른 여러 언어로 번역되었다. 책의 주요 주제는 꿈을 따라가고 운명을 깨닫는 것이다. (A) 주인공인 Santiago에게 주어진 조언인 '진심으로 무언가 이루어지기를 원하면, 소원이 이루어지도록 온 우주가 공모한다.'라는 것이 소설의 주요 주제를 나타내는 철학의 핵심이다. (C) 이 이야기의 또 다른 흥미로운 주제는 무언가를 두려워하는 것이 가져오는 해로운 결과이다. 두려움이 자신의 삶을 지배하도록 내버려 둔 사람들은 불행하게 살 것이다. (B) Santiago가 자신의 꿈을 실현하는 동안 두려움이 자신을 통제하도록 내버려 두었다면, 그는 부를 발견하지 못했을 것이며, 더욱 중요하게, 그는 그의 삶의 목적을 발견하지 못했을 것이다.

해설 주어진 글의 마지막 문장에서 책의 주요 주제를 소개한다. (A)에서 주요 주제를 소설 속에 나온 충고를 통해 구체적으로 풀어서 설명한 내용이 이어진다. (C)에서는 이야기의 또 다른 주제인 두려움을 가지는 것의 나쁜 결과에 대해 서술했으며, 그것을 (B)에서 주인공의 예를 들어 부연 설명하고 있다.

3 문장의 위치 파악하기 | 답 ④

해석 사회 학습 이론에 따르면, 사람들은 '직접적인 경험 또는 다른 사람을 관찰함으로써' 새로운 행동을 배운다. Albert Bandura 교수와 그의 팀은 어린이들이 폭력을 모방하는지 확인하기 위해 실물 크기의 볼링핀 모양 풍선 장난감인 Bobo 인형을 사용했다. 그들은 Stanford 대학 보육원의 어린이 72명을 24명씩 세 그룹으로 나누었다. 한 그룹은 어른들이 Bobo 인형에게 소리치는 것을 보았다. 성인 피험자들은 때때로 장난감을 때리거나 던졌다. 또 다른 그룹은 어른이 Bobo 인형을 공격적이지 않게 다루는 것을 보았고, 마지막 그룹은 Bobo 인형만을 보았다. 아이들은 그들의 놀이 패턴이 어떻게 바뀌었는지 평가하기 위해 각 세션 후에 장난감이 있는 방으로 안내되었다. Bandura는 폭력적인 성인을 보는 아이들이 더 공격적으로 반응하는 경향이 있다는 것을 발견했다. 그 연구 결과는 어떻게 아이들이 다른 사람들로부터 배우는지를 강조한다.

해설 72명의 어린이를 세 그룹으로 나누어 각각 인형을 다루는 다른 방식에 노출하고, 그에 따른 아이들의 행동을 관찰하는 실험이다. 주어진 문장은 각각의 세션 후에 아이들의 놀이 행동의 변화를 평가한다는 내용이므로, 세 그룹이 각각 관찰한 내용을 설명한 후인 ④에 오는 것이 알맞다.

4 요약문 완성하기 | 답 ②

해석 몇몇 사람들은 의료 AI가 병원의 90%에서 사용되고 의사가 하는 일의 80%까지 대체할 것이라고 추정한다. 데이터 분석, 클라우드 컴퓨팅 및 기타 현대적인 정보 기술을 사용하여 고객의 의료 연구를 지원하는 AI 플랫폼은 의사보다 심장 질환을 더 잘 진단할 수 있다. 스마트폰 앱은 이제 피부암을 정확하게 식별한다. 그러나, 환자들은 의료 AI가 인간 의사를 능가하는 경우에도 그것의 사용을 경계한다. 왜일까? 환자들은 알고리즘이 그들의 특정한 의학적 요구를 다룰 수 없다고 믿는다. 환자들은 AI 기반 치료보다 더 저렴한 의료 서비스를 선호했다. 그것은 더 많은 오진을 의미했지만, 그들은 인간의 의료 행위 제공을 선호했다. 환자들은 AI가 더 비싸거나 불편하거나 덜 유익하다고 생각하지 않는다. 의료 AI에 대한 반대는 AI가 개인의 차이를 무시한다는 믿음에서 생겨나는 것으로 보인다. 사람들은 건강을 포함하여 자신이 특별하다고 느낀다. 다른 사람들은 그냥 감기에 걸리지만, '나의' 감기는 독특한 질병인 것이다.

해설 AI 의료의 우수성에도 불구하고 사람들은 여전히 인간 의사의 의료 행위를 선호(prefer)하며, 그 이유는 AI의 능력에 대한 불신 때문이 아니라 환자들이 개개인의 고유한 특수성을 존중(respect) 받고 싶어하는 요구 때문이라는 것이 중심 내용이다.

→ AI 의사가 업무를 수행하는 능력이 입증되었음에도 불구하고, 환자들은 자신의 고유한 특성과 상황이 더 (B) 존중되기를 원하기 때문에 인간 의사를 (A) 선호한다.

창의 • 융합 • 코딩 전략 1·2

BOOK 2 56~59쪽

1 (1) ⓐ (2) ⓒ (3) ⓑ **2** (1) 한계 (2) 산소 (3) 위험 **3** (A) senses (B) productive (C) improve **4** ③, ⑤

1~2 | 답 1 (1) ⓐ (2) ⓒ (3) ⓑ 2 (1) 한계 (2) 산소 (3) 위험

해석 익스트림 스포츠는 당신이 활력이 넘치고, 강력하며, 거의 멈출 수 없는 듯한 기분을 느끼게 한다. 그것은 당신이 한계를 넘어서고, 두려움을 극복하며, 자기 자신을 개선하고, 새로운 목표를 설정하는 것을 도울 것이다. 익스트림 스포츠 중독은 과학적, 생물학적 근거가 있으므로, 그것들이 중독을 일으킬 수 있다는 것은 놀라운 일이 아니다. 외부 사건에 반응하도록 신체를 준비시키는 호르몬인 아드레날린이 그 원인이다. 그것은 우리의 호흡 능력을 증가시켜 더 많은 산소가 근육에 도달할 수 있도록 한다. 결과적으로, 당신은 강력하고, 민첩하고, 빠르다고 느끼고, 높아지는 행복감과 줄어드는 두려움을 느낀다. 당신 몸의 이러한 변화 후에, 또 다른 행복 호르몬인 엔도르핀이 나온다. 이것은 기분과 행복에 극적인 영향을 미친다. 사람들은 위험한 활동에 참여하는 스릴에 매료되고, 그들은 더 많은 자극을 갈망한다. 이것은 또한 신체가 특정 수준의 스릴을 달성하기 위해서 위험의 양을 증가시킬 필요가 있게 하며 특정 감각에 익숙해진다는 사실 때문이기도 하다.

해설 1 (1) 본문에서 익스트림 스포츠 중독은 과학적, 생물학적 근거가 있다고 언급된다. (2) 아드레날린이 외부 사건에 반응하도록 신체를 준비시킨다는 내용에 대한 부연 설명이다. (3) 엔도르핀이 기분과 행복에 영향을 미친다는 내용이 언급된다.

(1) 익스트림 스포츠는 중독으로 이어질 수 있는데, 이는 예상치 못한 발견이 아니다.

(2) 아드레날린이라 불리는 호르몬은 호흡 능력을 증가시키고 더 많은 산소가 근육에 도달하도록 한다.

(3) 기쁨과 행복의 느낌은 엔도르핀 분비의 결과로 높아진다.

2 익스트림 스포츠는 한계를 넘어서고, 두려움을 극복하고, 자기 자신을 개선하는 등 긍정적인 영향을 준다. 이는 중독으로 이어질 수 있는 과학적, 생물학적 근거를 가지고 있다. 아드레날린으로 인해 민첩하고 빠르게 느껴지고, 엔도르핀이 기분을 좋게 만들기 때문이다. 익스트림 스포츠에 중독되면, 더 큰 자극을 원하게 되는데, 이는 신체가 특정 감각에 익숙해져서 특정 수준의 스릴을 느끼기 위해서 더 큰 위험을 경험할 필요가 있기 때문이다.

3~4 요약문 완성하기 | 답 3 (A) senses (B) productive (C) improve 4 ③, ⑤

해석 많은 요소들이 우리가 얼마나 잘 배우는지에 영향을 미친다. 우리는 모든 요소들을 통제할 수는 없지만 그것들의 많은 부분을 통제할 수 있다. 당신의 감각이 뇌에 정보를 제공한다는 것을 기억하라. 결과적으로, 당신의 뇌는 감각을 사용할 때 더 쉽게 집중하고 기억할 수 있다. 당신은 학습을 돕기 위해 읽은 것을 머릿속에서 영화처럼 그려 냄으로써 시각을 사용할 수 있다. 이것을 '시각화'라고 한다. 노란색 형광펜을 사용하여 본문의 요점을 강조하고 다른 색상으로 메모를 강조하라. 마인드맵, 도표 및 그림으로 배운 내용을 기록하라. 소리 내어 읽거나 다른 사람들에게 새로운 주제를 가르치는 등 학습을 위해 청각을 활용할 수도 있다. 배우는 동안 껌을 씹는 것은 미각을 사용하는 데 도움이 될 것이다. 두뇌 능력을 높이는 또 다른 방법은 당신이 작업을 잘할 수 있는 환경을 만드는 것이다. 많은 사람들이 창을 통해 들어오는 자연광에서 일하는 것을 좋아한다. 온도 또한 중요하다. 더운 방은 당신을 피곤하게 만들 수 있다. 어떤 사람들은 음악을 들으며 공부하는 것을 좋아하는 반면, 어떤 사람들은 조용한 것을 선호한다. 그것이 무엇이든, 방해가 되는 모든 것을 제거하라. 예를 들어, 전화기를 끄고 가족에게 혼자 있는 것이 필요하다고 말하라.

해설 3 (A) vision, hearing, taste 등을 묶어서 감각(senses)이라 할 수 있다. (B) 빛, 온도, 소음 등을 통제하는 것은 집중을 잘할 수 있는 생산적인(productive) 환경을 만드는 것이라고 볼 수 있다. (C) 다양한 감각을 활용하고, 환경을 통제하는 것은 학습 효율을 향상시키기(improve) 위한 방법들이다.

→ 학습 효율을 (C) 향상시키기 위해서는 시각, 청각, 미각과 같은 많은 (A) 감각을 사용하고 조명, 온도 및 소음을 제어함으로써 (B) 생산적인 환경을 만드는 것이 중요하다.

efficiency 효율

4 본문에서 많은 사람들이 자연광에서 일하는 것을 좋아한다고 언급했고, 집중을 잘하기 위해 주의를 산만하게 하는 요소들을 제거해야 한다고 했으므로 ③, ⑤는 알맞지 않다.

신유형 • 신경향 • 서술형 전략

BOOK 2 62~65쪽

1 ④ **2** gives a new depth to their entire therapy **3** ③ **4** reaching the highest levels of the legal system

1~2 빈칸 추론하기 2 | 답 1 ④ 2 gives a new depth to their entire therapy

해석 시를 쓰는 것은 우리로 하여금 개방적이고 우리의 감정에 솔직할 것을 요구하는데, 이는 우리 자신을 진정으로 표현하는 첫걸음이다. 우리의 깊은 생각에 대한 이러한 인지는 우리가 스스로에게 진실하도록 해주고 우리의 자존감을 향상시킨다. 우리의 감정에 완전히 몰입하고 우리가 느끼고 있는 것을 이해하려고 할 때, 우리는 가장 좋은 시를 쓴다. 분출구로서 펜과 종이에 감정을 풀어내는 것은 우리가 긴장을 완화하고, 명료함을 얻고, 앞으로 나아갈 수 있도록 돕는다. 시의 강력한 치유적 특성은 두 차례 세계 대전과 미국 남북전쟁 기간 동안 기록되었다. 전쟁 기간 동안, 시는 군인들이 정신적 외상과 전쟁의 잔혹함을 다루는 것을 돕기 위해 사용되었다. 또한 시는 의사들에 의해서도 사용되어 왔다. 의사들은 환자들과 감정적 관계를 확립하기 위해 그들의 환자들을 위한 시를 썼다. 시는 의사와 환자 모두 환자가 겪고 있을지 모르는 감정을 이해할 수 있도록 도와주며 그들의 치료 전체에 새로운 깊이를 부여한다.

해설 **1** 시를 쓰는 것이 갖는 효과가 글의 중심 내용이고, 빈칸이 포함된 문장 앞에 시 쓰기가 자신의 감정을 풀어 놓음으로써 긴장을 풀고, 명료함을 얻고, 앞으로 나아가게 하는 기능이 있다고 언급하였으므로 ④가 알맞다.

① 시의 부정적 효과 ② 시를 창작하기 위한 시인들의 노력 ③ 시를 쓰는 것의 어려움 ④ 시의 강력한 치유적 특성 ⑤ 시적 언어의 모호한 특성

ambiguous 모호한

2 전치사 to가 있으므로「give+직접목적어+to+간접목적어」형태가 알맞다.

이어지는 부연 설명의 내용을 가장 잘 나타내는 선택지를 찾아.

3~4 글의 순서 배열하기 | 답 3 ③ 4 reaching the highest levels of the legal system

해석 Ruth Bader Ginsburg는 1993년부터 2020년 9월 사망할 때까지 미국 대법원에서 일한 변호사이자 판사였다. 그녀의 임명은 모든 성 고정 관념에 저항하는 것이었다. 그녀는 차별과 여성 인권 침해의 특정 영역을 하나씩 공격했다. (B) 예를 들어, Ledbetter 대 Goodyear Tire & Rubber Co.의 소송에서, 그녀는 여성 근로자가 동일한 자격을 가진 남성보다 훨씬 적은 급여를 받았다는 이유로 반대 의견을 제기했다. 그녀의 강한 반대와 확고한 헌신 덕분에 그녀는 30년 넘게 대법원에서 일할 수 있었다. (C) 그녀의 인내, 맹렬한 태도, 그리고 장벽을 허물기 위한 추진력은 그녀를 법조계의 거인뿐만 아니라 대중문화의 우상으로 만들었다. 그녀의 얼굴은 '나는 반대합니다.'라고 적힌 앞치마, 티셔츠, 밈에 나타난다. (A) 또한, *the Notorious R.B.G.* 소셜 미디어 페이지는 상품과 패러디 뮤직 비디오를 제공하여 젊은이들 사이에서 인기를 얻었다. 그녀의 차별을 극복하고 법 체제의 가장 높은 수준에 도달한 것의 경험은 젊은 여성들에게 영감을 준다.

해설 **3** 주어진 글의 마지막에서 Ruth Bader Ginsburg가 차별과 여성 인권 침해의 특정 영역을 하나씩 공격했다고 했고, 그 구체적인 예가 (B)에 제시되어 있다. 이어서 그녀가 대중문화의 우상이 되었다고 소개하는 내용이 (C)에 나오고, 그에 대한 추가적인 예시로 그녀의 소셜 미디어에 관한 내용이 (A)에서 제시된다.

4 전치사 of의 목적어로 동명사 overcoming이 쓰였으므로, 병렬 구조로 동명사 reaching이 와야 한다. '가장 높은 수준'은 최상급을 써서 the highest levels로 나타낼 수 있다.

고난도 해결 전략 1회

BOOK 1 · 66~69쪽

1 ④ 2 ② 3 ① 4 quite difficult to determine if digital information is reliable and trustworthy
5 ② 6 ③ is → are

1 심경 파악하기 | 답 ④

해석 그들은 여기저기서 그를 찾고 있었다. Alice는 마침내 가 버렸다. 그들은 그녀가 방금 일어나서 걸어가 버린 것처럼 '가 버렸다'라는 단어를 사용했다. 1시간 전쯤 검사를 받았을 때, 그녀는 이전과 같은 상태였지만 그러더니 가버렸다. 그는 종종 그녀가 여기 없다면 무엇이 달라졌을지 궁금해했다. 그러나, 그녀의 부재 속에 남겨진 공허함은 놀라웠다. 그는 슬픔에 잠긴 채로 간호사를 바라보았다. 그녀는 그가 다음에 무엇을 해야 하는지 묻고 있다고 생각했고, 그래서 그녀는 그에게 무엇을 해야 하는지 말해 주었다. 서류를 작성하세요. 그는 그녀가 무슨 말을 하는지 잘 이해했지만, 여전히 엄청난 충격에 빠져있었다. 그녀는 과거에는 존재했지만, 더 이상 존재하지 않았다. 전혀, 마치 아무 일도 없었던 것처럼 말이다.

해설 글 속의 'He'가 병원에서 Alice를 죽음으로 떠나보낸 후의 슬픈 상황을 나타내고 있다. emptiness, in grief, devastated 등의 표현에서 'He'의 심경을 알 수 있다.

① 지루한 ② 분노한 ③ 안심한 ④ 슬픈 ⑤ 고무된

등장인물의 행동이나 심경을 묘사하는 부분에 주목해 봐.

2 지칭 추론하기 | 답 ②

해석 Brad는 길거리의 거지에게 돈을 줘서는 안 된다고 Jessie를 설득하려 했다. 왜냐하면 그녀는 그 돈을 단지 술을 사는데 사용했기 때문이다. 반면에, Jessie는 계속해서 그렇게 했다. 그녀는 "그녀는 그 돈으로 그녀가 원하는 모든 것을 할 수 있어요."라고 말했다. Brad가 불평을 하자, 그녀는 다른 사람에게 베푸는 것은 받는 사람뿐만 아니라 주는 사람에게도 축복이 된다면서 그저 웃으며 그의 커다란 손을 잡았다. 다음날 그녀는 한낮에 잠자리에 들었다. 왜 그랬는지 물었을 때, 그녀는 그것이 스페인에서 사람들이 하는 일이며, 사람은 나라의 지역적인 전통을 따라야 한다고 말했다. Brad는 그것이 전통에 관한 것이라기보다 그녀의 개인적 취향에 관한 것이라고 믿었고 이것은 그녀에게 핑계로 매우 잘 어울렸다.

해설 글에서 대명사 she 또는 her가 가리킬 수 있는 대상은 Jessie와 the street beggar이다. ②는 술을 사는 데 돈을 써버리는 the street beggar, 나머지는 Jessie를 가리킨다.

3~4 빈칸 추론하기 2 | 답 3 ① 4 quite difficult to determine if digital information is reliable and trustworthy

해석 디지털 정보가 신뢰할 수 있고 믿을 만한지 판단하는 것은 매우 어렵다. 순전히 디지털 콘텐츠의 양만 해도 압도적이고, 그것은 점점 더 빠르게 증가하고 있다. 잘못된 정보 또는 소위 '가짜 뉴스'에 대한 우려는 무엇을 믿어야 할지 결정하는 것을 더 어렵게 만든다. 오늘날의 세계에서 배우고, 문제를 해결하고, 효과적으로 결정을 하기 위해서 우리는 노출되는 정보의 정확성, 관련성, 신뢰성 및 품질을 평가하는 데 필요한 디지털 정보 활용 능력을 갖춰야 한다. 이러한 맥락에서 '디지털 정보 활용 능력'은 효율적이고 윤리적인 방식으로 디지털 정보를 분석, 변경, 생성, 사용 및 분배하는 기술을 말한다. 디지털 정보 활용 능력이 있다는 것은 단순히 특정 응용 프로그램이나 소프트웨어를 사용하는 방법을 이해하는 것 이상의 것을 포함한다; 그것은 또한 어려운 목표를 달성하기 위해 비판적인 사고 기술을 사용하는 것을 포함한다. 이러한 기술들의 효과적인 사용은 값싼 집을 찾고, 건강 보험 계획을 세우고, 어느 대학에 입학할지 결정하는 것과 같은 다양한 일에 필요하다.

해설 3 빈칸이 포함된 문장에는 디지털 정보 활용 능력이 있다는 것이 무엇인지 설명하는 내용이 와야 한다. 단순히 응용 프로그램이나 소프트웨어를 사용하는 것을 넘어서는 능력이라는 언급이 앞에 있고, 가격이 저렴한 집 구하기, 건강 보험 계획하기, 진학할 대학 정하기 등과 같은 복합적인 문제 해결을 위해서 필요한 능력이라는 내용이 뒤에 나오므로, 정보에 대해 비판적으로 사고하는 능력을 나타내는 ①이 알맞다.

① 어려운 목표를 달성하기 위해 비판적인 사고 기술을 사용하는 것 ② 경쟁에 이김으로써 직장에서 성공하는 것 ③ 인터넷에서 필요한 정보를 최대한 빨리 얻는 것 ④ 어린 시절부터 읽고 쓰는 기술을 보여 주는 것 ⑤ 점점 더 복잡하고, 빠르게 변하는 디지털 도구들을 얻는 것

4 주어로 사용되는 to부정사구가 길 때, to부정사구를 뒤로 보내고 그 자리에 가주어 it을 쓸 수 있다.

5~6 빈칸 추론하기 2 | 답 5 ② 6 ③ is → are

해석 박테리아와 바이러스는 육안으로는 보이지 않지만, 우리 주위에 있다. 하지만 박테리아와 바이러스의 차이를 어떻게 식별할 수 있을까? 박테리아가 빠르게 항생제 내성을 얻기 때문에, 그 차이를 이해하는 것은 필수적이다. 바이러스는 스스로 복제할 수 없고, 그래서 그들은 살아남기 위해 숙주가 필요하다. COVID-19와 같은 바이러스는 손 씻기로 쉽게 죽일 수 있는데, 비누가 그것들의 지방층을 부수기 때문이다. 손 씻기와 안전한 거리를 유지하는 것이 그것들에 대한 가장 주요한 방어이다. 바이러스와 달리, 박테리아는 몸 안 또는 밖에서 독립적으로 살 수 있는 세포이다. 몇몇 박테리아는 우리의 소화 계통에 살거나 우리의 피부 위에 살고, 소화와 에너지 대사를 돕는다. 다른 위험한 박테리아는 역사상 많은 인간을 죽인 감염병을 일으킬 수 있다. 우리는 항생제 오남용과 항생제에 내성이 있는 슈퍼버그의 출현을 피하기 위해 바이러스성 질병과 박테리아성 질병을 구별할 필요가 있다. 바이러스는 항생제로 치료될 수 없고, 박테리아는 항바이러스제로 치료될 수 없다. 그래서, 만약 여러분이 감기와 같은 바이러스성 질병을 가지고 있다면, 여러분은 당신의 의사가 항생제를 처방해 주기를 기대해서는 안 된다.

해설 5 앞에서 항생제(antibiotics) 오남용과 항생제 내성 슈퍼버그의 출현을 피하기 위해 바이러스성 질병과 박테리아성 질병을 구분해야 한다고 했고, 바이러스는 항생제로, 박테리아는 항바이러스제로 치료될 수 없다고 했으므로 이 내용과 일치하는 것은 ②이다.

① 당신의 몸속에 있는 좋은 박테리아를 없애다 ② 당신의 의사가 항생제를 처방해 주기를 기대하다 ③ 의사에 의해 처방된 어떤 약이든 복용하다 ④ 가능한 한 빨리 항생제를 먹는 것을 잊다 ⑤ 손을 씻거나 마스크를 쓰는 것을 등한시하다

eliminate 없애다 prescribe 처방하다 neglect 등한시하다

6 주어는 handwashing and maintaining a safe distance이다. 「*A* and *B*」 형태로 복수 취급해야 하므로 be동사로 is가 아닌 are가 알맞다.

고난도 해결 전략 2회

BOOK 2 70~73쪽

1 ③ 2 ④ 3 ① 4 (A) pollution (B) resources (C) environmental 5 ④ 6 ③

1 무관한 문장 찾기 | 답 ③

해석 낙타 경주는 관련 지역 사회에서 인기 있는 사회 활동이자 축제 유산이다. 이 스포츠는 수 세기 동안 존재해 왔지만, 기술이 게임을 바꾸고 있다. 2002년에 어린이 기수가 불법화된 이후로, '더 인간적인' 형태의 경주를 확립하기 위한 하나의 노력으로 이제 인간 대신 작은 로봇이 자주 사용되고 있다. 로봇 기수는 어린 낙타를 훈련하는 데 사용되며, 더 성숙한 낙타는 숙련된 기수에 의해 훈련된다. 동물 권리 옹호론자와 같은 동물 학대 반대자들은 낙타를 타는 것을 더이상 오락 활동으로 지지하지 않는다. 이 로봇은, 무게가 4kg을 넘지 않는데, 리모컨으로 작동되는 소형 자동 채찍 뿐 아니라, 소유자가 경주 중에 낙타에게 명령을 전달할 수 있는 무전 스피커도 가지고 있다. 경주가 시작되면, 한 무리의 자동차가 낙타와 함께 달리며 소유자가 그들의 로봇의 채찍 속도를 제어할 수 있도록 한다.

해설 기술의 발달이 낙타 경주에 가져온 변화가 글의 중심 내용이고, 구체적으로 로봇 기수의 역할에 대해 언급하고 있다. ③의 동물 권리 옹호론자들에 대한 언급은 낙타 경주에 관한 내용이지만, 로봇 기수와는 관련이 없으므로 전체적인 흐름과 어울리지 않는다.

2 글의 순서 배열하기 | 답 ④

해석 스페인의 북동쪽 해안에 위치한 Barcelona는 수도인 Madrid보다 작음에도 불구하고 그 나라에서 가장 인기 있는 관광지이다. (C) 따뜻한 날씨, 햇살에 젖은 해변, 분주한 거리가 있어, 이 항구 도시는 지중해 문화로의 완벽한 관문이다. Barcelona는 로마, 고딕 및 현대 건축의 융합이다. Sagrada Familia는 이 흥미로운 도시에서 꼭 봐야 할 관광 명소이다. (A) 이 로마 가톨릭 교회는 건축가 Antoni Gaudi 유산의 보석이다. Sagrada Familia의 건설은 1882년에 시작되었지만, 그 건물은 아직 미완성으로 남아있다. Gaudi가 이 교회에 평생을 바쳤음에도, 1926년 그가 세상을 떠났을 때 그 계획의 4분의 1만이 완성되었다. (B) 그러나 일단 완공되면, 그것은 그 지역에서 가장 높은 산만큼 높을 것인데, Gaudi가 어떤 인공 구조물도 신의 창조물보다 높아서는 안 된다고 믿었기 때문이다. 아름다운 자연 채광을 만들어내는 높은 천장과 유리창으로, Sagrada Familia의 실내 장식은 모든 방문객에게 일생에 한 번뿐인 경험을 제공한다.

해설 주어진 글은 Barcelona를 소개하고 있다. (C)의 this port city가 Barcelona를 가리키므로 바로 뒤에 올 수 있다. (A)의 This Roman Catholic church가 (C)에서 소개하는 Sagrada Familia를 가리키므로 두 번째에 오고, (B)에서 Sagrada Familia에 대한 추가적인 설명이 이어지므로 마지막에 오는 것이 알맞다.

3~4 문장의 위치 파악하기 / 요약문 완성하기 | 답 3 ① 4 (A) pollution (B) resources (C) environmental

해석 패션은 매년 세계 경제에서 약 1조 파운드를 차지한다. 그럼에도 불구하고, 그것은 지구상에서 가장 오염을 일으키는 산업 중 하나이다. 우리가 가능한 한 빨리 패션 산업의 부정적인 영향을 처리하기 시작하지 않으면, 미래에는 패션 산업이 없을 것이나. 무엇보다, 지속 가능한 의류 소재를 찾는 것이 중요하다. 오늘날 패션 산업에서 사용되는 재료의 상당 부분은 자원 집약적이다. 예를 들어, 면은 물을 많이 사용한다. 폴리에스터와 같은 몇몇 합성 섬유는 석유와 같은 재생 불가능한 자원으로 만들어진다. 비스코스와 같은 다른 재료는 대규모 삼림 파괴를 유발하여 멸종 위기에 처한 종에 해를 끼친다. 결과적으로, 우리는 패션 산업과 지구 모두를 위해 보다 지속 가능한 소재를 계속해서 생산해야 한다. 진실은 우리가 이런 식으로 자원을 계속 사용하면 자원이 고갈된다는 것이다.

해설 3 주어진 문장은 패션 산업에 사용되는 재료가 자원 집약적이라는 내용이다. 이에 대한 구체적인 예로 물 소비를 많이 하는 면에 대한 내용이 이어지는 것이 자연스러우므로 주어진 문장이 들어갈 적절한 위치는 ①이다.
오늘날 패션 산업에서 사용되는 재료의 상당 부분은 자원 집약적이다.
4 패션 산업은 커다란 (A) 오염을 초래한다. 미래에 이 산업을 지속시키기 위해서, 우리는 (B) 자원을 보다 적게 소모하고 (C) 환경의 파괴를 최소화하는 재료를 개발해야 한다.

5~6 문장의 위치 파악하기 / 내용 일치 | 답 5 ④ 6 ③

해석 당신의 관심과 학업 배경에 적합한 대학을 선택하는 것은 학업의 성공에 있어 매우 중요하다. 당신이 바랐던 대학에서 무엇을 원하는지와 졸업 후에 무엇을 하고 싶은지 스스로에게 물어보라. 특정 직업에 관심이 있다면, 그 분야에서 다른 대학들보다 더 평판이 좋은 대학을 찾아라. 성격 유형도 학업 성취에 영향을 미친다. 학구적인 학생은 시험에 합격하고 좋은 평가를 받기 위해 열심히 노력하는데 의욕적이다. 이런 사람은 고도로 학문적인 분위기에서 성공할 것이다. 당신이 장기간 공부할 수 없고, 좋은 성적을 받는 것이 주요한 목적이 아닌 경우에는 보다 편안한 학업 환경의 기관에 다닐 수 있다. 마지막으로, 수업료와 생활비를 감당할 수 있는 재정적 능력을 계산하라. 두 비용 모두 지역이나 대학에 따라 다르므로, 어느 것이 당신의 상황에 가장 적합한지 알아보기 위해 조사하라. 당신이 원하는 교육에 대한 비용을 감당할 수 없다면, 학자금 대출, 보조금 또는 장학금을 받을 수 있다. 대출을 받으면 졸업한 후에 상환해야 한다는 사실을 기억하라.

해설 5 주어진 문장은 학비와 생활비를 감당할 수 있는지 재정 능력을 검토하라는 내용이다. ④ 바로 뒤의 Both costs가 학비와 생활비를 가리키고, 대학 선택에 있어 재정 상황에 따라 고려할 점에 대한 언급이 시작되므로 ④에 위치하는 것이 알맞다.
마지막으로, 수업료와 생활비를 감당할 수 있는 재정적 능력을 계산하라.
tuition 수업료
6 글에서 학구적인 학생은 고도로 학문적인 분위기에서 더 성공할 확률이 높고, 그렇지 않은 학생은 보다 편안한 학업 환경의 기관에 다니는 것이 좋다고 언급하므로 ③의 내용은 일치하지 않는다.
① 학업적 성취를 이루기 위해, 적합한 대학을 선택해야 한다.
② 특정한 진로를 염두에 두고 있다면, 그 분야에서 평판이 좋은 대학을 찾아라.
③ 좋은 성적을 얻기 위해 열심히 노력한다면, 덜 엄격한 학업 환경을 고려해야 한다.
④ 수업료와 생활비는 지역과 대학에 따라 다르다.
⑤ 학자금 대출은 당신이 교육 자금을 대는 것을 돕기 위해 이용할 수 있다.
rigorous 엄격한 fund 자금을 대다

memo

memo

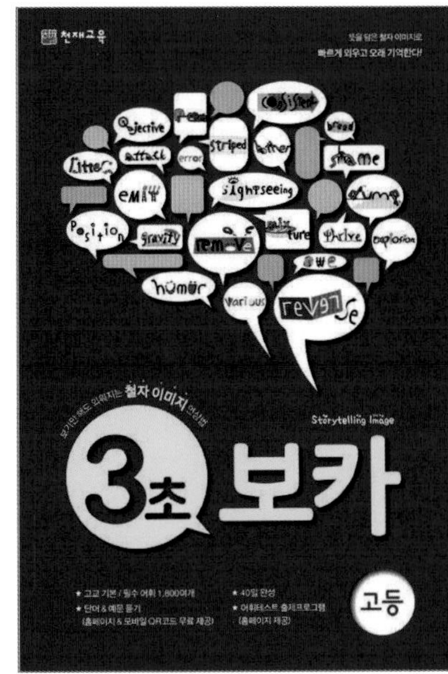
천재교육
Storytelling Image
3초 보카
고등

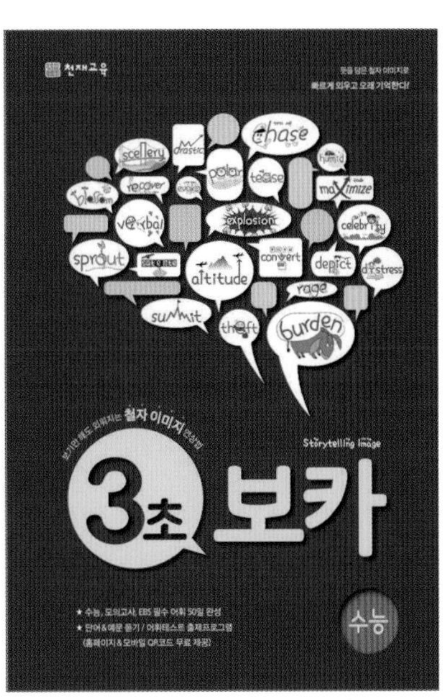
천재교육
Storytelling Image
3초 보카
수능

정답은
이안에
있어!